FACETTEN

FACETTEN

Dreimal Beleuchtet

AN INTERMEDIATE GERMAN READER

Virginia M. Coombs
Susquehanna University

Christiane Frederickson

Klaus A. Mueller
The University of California at Berkeley

Gerda H. Snapper

1817

HARPER & ROW, PUBLISHERS, New York
Grand Rapids, Philadelphia, St. Louis, San Francisco,
London, Singapore, Sydney, Tokyo

Sponsoring Editor: Laura McKenna
Project Editor: Brigitte Pelner
Text Design: Keithley and Assoc., Inc.
Cover Design: Delgado Design, Inc.
Production Manager: Jeanie Berke
Production Assistant: Beth Maglione
Compositor: TAPSCO, Inc.
Printer and Binder: R. R. Donnelly & Sons Company
Cover Printer: Phoenix Color Corp.

Facetten: Dreimal Beleuchtet
        An Intermediate German Reader

Copyright © 1989 by Harper & Row, Publishers, Inc.
All rights reserved. Printed in the United States of America. No part of this book may be used or reproduced in any manner whatsoever without written permission, except in the case of brief quotations embodied in critical articles and reviews. For information address Harper & Row, Publishers, Inc., 10 East 53d Street, New York, NY 10022.

Library of Congress Cataloging in Publication Data

Facetten: dreimal beleuchtet: an intermediate German reader/
  Virginia M. Coombs . . . [et al.].
      p.   cm.
  ISBN 0-06-044657-9
   1. German language—Readers. 2. German language—
Grammar—1950 3. German language—Textbooks for foreign
speakers—English.
I. Coombs, Virginia M., 1946–
PF3117.F26, 1989
438.6′421—dc19

89 90 91 9 8 7 6 5 4 3 2 1   88-23275
                                                        CIP

Contents

Preface ... ix

Notes to the Instructor ... xiii

KAPITEL 1
Technologie: "... . . und wie wir's dann zuletzt so herrlich weit gebracht."* ... 1
A: Der Roboter führt meinen Hund spazieren ... 3
B: Ist der gläserne Mensch die Lösung der Zukunft? ... 5
C: Mechanischer Doppelgänger ... 7
D: Maschinenherz ... 12

KAPITEL 2
Alt werden—und was nun? ... 13
A: Bloß nicht ins Altersheim ... 15
B: Altern als Lebenskrise ... 18
C: Demonstration ... 22

KAPITEL 3
Musisches ... 27
A: Kultursaison ... 30
B: Hunderttausendmal Mona Lisa ... 32
C: Das Märchen vom Dis ... 35
D: Neu—Neu—Neu ... 41

KAPITEL 4
Beruf: Warum nicht was Traditionelles werden? ... 43
A: Vier junge Freunde ... 46
B: Traditionsberufe in neuem Gewand ... 48
C: Bekenntnis eines Hundefängers ... 51
D: Annoncen ... 57

* Goethe: *Faust I*

KAPITEL 5
Wie süchtig sind wir?   59
A: Sucht als Chance?   62
B: An alle Jugendlichen   68
C: Und die Seele nach außen kehren   72
D: Apropos Alkohol. Testen Sie Ihr Verhältnis zum Alkohol   76

KAPITEL 6
Zurück zur Natur   77
A: Der eigene Dreck   80
B: Recycling: Wiederverwerten oder Müll ist eine saubere Sache   83
C: Das Meer. Smogalarm   88
D: Baum-Mieter   95

KAPITEL 7
Gift im Essen?   97
A: Gift im Essen? Ich hab's langsam satt   99
B: Lustgewinn in der Imbißbude   102
C: Ist die schwarze Köchin da?   106
D: Zuviel Fett und Salz   113

KAPITEL 8
Kriminelles   115
A: Der Hörzu-Krimi   117
B: Kommissar Computer   119
C: Das Gottesurteil   123

KAPITEL 9
Im Verkehr   129
A: Geschwindigkeitsbeschränkungen   132
B: Führerschein auf Probe tritt in Kraft   134
C: Erwerb des Führerscheins   137
D: Fahrerflucht   138

KAPITEL 10
Zukunftsaspekte   147
A: Was tun mit der Angst?   150
B: Gegner gesucht   157
C: 10. Oktober 2021 oder Kastanien oder sogar naive Malerei   160

KAPITEL 11
Mensch und Tier 165
A: Tierschutz mit Verstand und Herz 168
B: Alternativ-Methoden 171
C: Nordrhein-Westfalen: Initiativen 174
D: Affenkäfig 176
E: Die Entwicklung der Menschheit 182

KAPITEL 12
Sprachliches 183
A: Laß uns mal 'ne Schnecke angraben 186
B: Intelligenz für Ihren C 64 194
C: Wörterputzer 202

Grammar Notes 207
Vocabulary 241

Preface

Facetten: Dreimal Beleuchtet is a textbook designed for intermediate and advanced German courses, principally the fourth semester and beyond at the college level. It can also be used in some third-semester college and fourth-year high school courses. The text adopts a thematic approach for each of the twelve chapters. Selections in each chapter illustrate the theme from at least three perspectives as the title of the text suggests: cultural, popular scientific, and literary. All the reading selections are authentic and unedited, and offer representative statements on different aspects of everyday life ranging from the practical to larger social concerns. *Facetten: Dreimal Beleuchtet* aims to develop speaking, reading, comprehension, and writing skills by integrating the reading selections with exercises, group activities, pictorial material, realia, and grammar notes for each topic.

The book is divided into twelve chapters; each contains the following elements:

Einführung in das Thema: Each lesson begins with a one- or two-page introduction to the topic, consisting of pictorial and/or textual material illustrating the central aspects or main theme of the lesson. The introduction achieves a number of goals: (1) it familiarizes students with the lesson topic; (2) it provides a stimulus for description, free association, and conjecture; (3) it focuses on particular aspects of the topic; and (4) it helps with the acquisition of new vocabulary.

Reading selections: Each chapter contains three reading selections from three different areas: general culture, popular science, and literature. Each provides a different focus on the topic and a different stylistic approach to it. Brief footnotes on authors and selected items follow each text.

1. General cultural texts. The majority of these readings have appeared in recent newspapers, magazines, and other publications concerned with cultural issues. They introduce the student to various journalistic styles.

2. Popular scientific texts. These were selected from the realm of general scientific writings and display the syntax and style typical of science texts.

3. Literary texts. Most of the selections are contemporary. Those which do not fall into this category either offer a timeless treatment of the topic

or an opportunity for students to examine and contrast their style with those of modern texts.

4. Unglossed texts. In some chapters, a fourth *unglossed* text appears. It presents another perspective on the topic and gives the student additional reading material, ideas for discussion topics, essays, and an opportunity to read an unglossed text with the help of a dictionary.

The triple exposure to each topic produces the following benefits: Students gain command of key vocabulary in each chapter; they learn to recognize and analyze different written styles; and the repeated exposure to literary as well as journalistic and scientific German increases their insight into the nuances of the German language while improving their command of it.

Exercises: Two sets of exercises follow each reading selection. *Zum Verständnis* focuses on comprehension and vocabulary; *Zur Bedeutung* focuses on meaning, style, and interpretation. The variety of reading material in *Facetten: Dreimal Beleuchtet* calls for a variety of exercises. In some cases more detailed content questions actually guide the student through a difficult text. In others, pre-reading exercises familiarize students with particular lexical or grammatical items. In some of the longer selections students must find and work with main themes and/or analyze the structure of the piece. Careful stylistic examinations help students determine the intent of an author. Referrals to the grammar notes increase understanding of grammatical structures and encourage students to experiment with them, leading to greater mastery of German grammar.

A third group of exercises called *Diskussionsthemen und Debatten* pertains to all three reading selections. Discussion themes expand upon the scope of the readings and allow students to express their own views on and knowledge of the chapter topic. Whenever appropriate, we have included group activities: *Gruppenarbeit* for oral practice and *Schriftliches*, topics for essays.

The pictorial material and realia are an integral part of *Facetten: Dreimal Beleuchtet.* They not only add information, stimulate discussion, and provoke creative thought, but also provide an added dimension to both the readings and the exercises.

The section Notes to the Instructor, following the preface, contains practical suggestions and hints on the use of all the components of the text.

The *Grammar Notes* follow the main part of the book. No attempt is made to provide a comprehensive grammar of modern German; rather, these notes contain discussion of the grammatical points which are troublesome to the fourth-semester student and which occur with some frequency in the reading selections. They are intended to be used in conjunction with a reference grammar text. Morphological charts and actual examples from the readings accompany the explanations.

The final section of this book consists of a German-English Vocabulary. It includes all the glossed items as well as selected unglossed items from the reading selections. At the intermediate level instructors should include in the course objective the efficient use of an English-German/German-English hardback dictionary; therefore, all words which appear in the reading selections are not included in the end vocabulary. *Facetten: Dreimal Beleuchtet* enables students to become competent speakers, readers, and writers of the German language.

Facetten: Dreimal Beleuchtet is a versatile text which lends itself well to the looser structure of more advanced language teaching. The threefold approach to the topics guarantees appeal of the subject matter not only to students of literature, but also to those of culture and the sciences. It offers ample material for a one-semester course and can easily be used for a full year. Ideally, all selections should be read; however, the omission of some, or reading chapters in a different order than presented, will not adversely affect the students' mastery of the four skills.

Acknowledgments

The authors would like to thank the following persons for their contributions to this text: Carola Patrzek for her assistance in collecting the reading material; Carola Patrzek and Marie-Luise Bonner-Hummel for reading the manuscript and providing us with useful criticism; Katherine Gyorfi for the many illustrations and cartoons she drew for this book; John Clark, Hilde Lorentz, Ann von Pohl, Claudia Pump, Byron Schiffman, and Greg Trauth, graduate students at the University of California at Berkeley, for helping in the preparation of the final manuscript; Professor Cornelia Moore of the University of Hawaii for using our manuscript in her German Composition and German Conversation courses during the spring semester of 1988; and Linda von Höhne for using some chapters in her third-semester German class at UC Berkeley in the spring of 1987.

The authors would also like to acknowledge the following reviewers for their helpful suggestions: John Austin, Georgia State University; William Anthony, Northwestern University; Patrick McConeghy, Michigan State University; Helga Kraft, University of Florida; Christiane Keck, Purdue University; David Dollenmayer, Massachusetts Institute of Technology.

A very special thank you to Beverly, Lew, Johan, and Stefan for their support and patience during the many months it took to complete this project.

Virginia M. Coombs   Christiane Frederickson
Klaus A. Mueller   Gerda H. Snapper

Notes to the Instructor

As stated in the preface, *Facetten: Dreimal Beleuchtet* can be used for a one- or two-semester course. It contains all the components necessary to help students become more proficient in each of the four language skills. While the text is intended to develop all language skills, it can also be used specifically for the following:

Emphasis on conversational skill: The pictures, cartoons, and realia are sources for discussion topics in addition to those provided in the exercises in each chapter. The *Redewendungen* and *Abtönungspartikeln* will be particularly helpful, providing students with idiomatic expressions used in spoken German.

Emphasis on writing skill: The variety of writing styles found within the three principal types of texts provides the opportunity to analyze the construction of the texts with regard to purpose, intended audience, and the author's voice. Many items in the *Diskussionsthemen und Debatten* are suitable as essay topics to develop writing skills in exposition, persuasion, and argumentation.

We recommend you review specific grammatical structures using the Grammar Notes as noted for specific chapters. Since topics such as adjective endings, passive voice constructions, verb tenses, and vocabulary building can be reviewed with every chapter, we do not refer to every text where these constructions are found.

The *Redewendungen* and *Abtönungspartikeln* can be integrated into the exercises in each chapter (see specific suggestions below). Encourage students to use them in debates and group work throughout the course.

Suggestions for *Einführung in das Thema:*

Assign material as homework.

Use brainstorming technique with blackboard or overhead projector as aids.

Divide class into groups and assign individual illustrations/word groups to each student group for initial reaction to the topic.

Suggestions for *Diskussionsthemen und Debatten:*

Generate a common set of vocabulary (key words, phrases, items) via brainstorming technique.

Generate topic sentences.

Generate points of view, expressed in short sentences/phrases (especially for opposing viewpoints in debates).

We recommend students use a good hardback German-English/English-German dictionary to supplement the Vocabulary at the end of the book. Students should learn to use the dictionary correctly and become familiar with the way in which lexical information is presented.

While we realize that instructors determine what is appropriate for their instructional goals, we offer suggestions for approaching the materials in each chapter. These suggestions are meant to facilitate course organization and class preparation, linking the readings to the exercises and the Grammar Notes.

Chapter 1

1. *Gruppenarbeit Nr. 2* (p. 11) provides a good opportunity to practice *Redewendungen* for both "surprise" and "clarification." As a preparation for this exercise, discuss *Redewendungen* in general (Grammar Notes, p. 234) then invent surprise and clarification situations for short skits (1–2 minutes each), and have them acted out. Example:

    a. Ein Freund erzählt Ihnen, daß er gerade den ersten Preis in einem Preisausschreiben gewonnen hat.
    b. Sie rufen eine Freundin an, können sie aber schlecht verstehen, weil etwas mit ihrem Telefon nicht in Ordnung ist.

2. The readings in this chapter contain the intensifying particles *allerdings, denn, doch, eben, ja, nur, wohl*. Discuss intensifiers as a group (Grammar Notes, p. 236), practice them according to the suggestions in the Grammar Notes; then have students go through the texts hunting for the particles and determining their function and meaning ("*auf Partikeljagd gehen*").

Chapter 2

1. Fendrich records are released by Philips Co.
2. *Altern als Lebenskrise: Zum Verständnis 1* (p. 22): Review essay-writing strategies prior to discussing this assignment in class:

Topic sentence (stating purpose of essay)

Supporting sub-topics

Supporting examples

Transitional sections

Conclusion (how does an author finish off a piece?)

This review will also help students to do the *Schriftliches* exercise on page 26.

3. *Gruppenarbeit Nr. 2* (p. 26) provides an opportunity to practice *Redewendungen* necessary in a debate. Proceed as in Chapter 1, #1.

4. *Schriftliches* (p. 26): Refer students back to the writing exercise in #2, above.

Chapter 3

1. *Einführung in das Thema* provides an opportunity to practice Redewendungen pertaining to likes and dislikes. Proceed as in Chapter 1, #1.

2. *Kultursaison. Zur Bedeutung 1* (p. 31): Briefly discuss the function of language in advertising before doing this exercise in class.

Bring ads for different products, services to class.

Focus on "Was wird hier verkauft?"

What grammar constructions are being used?

Have students take notes and keep them for *Gruppenarbeit 1* (p. 41). Can also be used for Chapter 12, *Wörterputzer. Zum Verständnis 4* (p. 205).

3. *Hunderttausendmal Mona Lisa:* Review extended participle constructions (Grammar Notes p. 209), then have students untangle the examples in the text prior to discussing *Zum Verständnis.*

4. *Das Märchen vom Dis:Zur Bedeutung 1* (p. 38): Elicit information using familiar Grimm fairy tales as a point of comparison:

Woraus besteht ein Märchen?

Welche Elemente findet man in einem Märchen?

Ask for simple words/phrases in German:

gut/böse; Held/Heldin; Tiere reden; Großmutter; Wald; usw

5. *Das Märchen vom Dis:* Review reflexive verb constructions (Grammar Notes p. 221).

Chapter 4

1. *Einführung in das Thema: Paul Flora, "Die Brotlosen Berufe":* Review compounding (Grammar Notes p. 231). Discuss why these professions are *brotlos,* and encourage students to invent other fantasy professions.

2. Discuss the heading of the Loriot cartoon, "*Auf den Hund gekommen,*" and relate it to the end of the Böll story.

3. *Hundefänger:Gruppenarbeit* (p. 54): Encourage students to practice using intensifying particles in this interview, especially in the questions (*denn, eigentlich*).

4. All texts in this chapter: Review infinitive constructions (Grammar Notes p. 213).

Chapter 5

1. *Sucht als Chance* and *An alle Jugendlichen* contain a number of intensifying particles (*doch, eigentlich, einmal, ja, schon*). Proceed as in Chapter 1, #1.

2. *An alle Jugendlichen:* Review subjective/objective use of modals (Grammar Notes p. 217).
3. *Und die Seele nach außen kehren:* Challenge students to illustrate that the content of *Hohes Gericht* is much easier to understand than the style suggests. Have them isolate the individual ideas, disregard the form, and then rewrite the content in the simplest terms possible. Could be done in groups or as a class project. (Also serves as preparation for *Zum Verständnis 2* in Chapter 11, p. 173.)

Chapter 6
1. The readings in this chapter contain a number of intensifying particles (*doch, eigentlich, ja*). Proceed as in Chapter 1, #1.
2. Bettina Wegner's records are released by CBS Schallplatten GmbH, Frankfurt/Main, FRG.
3. Discuss with students the emergence of new words in a language as new concerns and concepts appear in a society. Throughout this chapter, have students collect terminology relating to environmental concerns and identify positive or negative connotations. (This exercise ties in with the ones in Chapter 12.)

Chapter 7
1. *Einführung in das Thema:* Note the different styles which are used in the cooking directions. Review directives (Grammar Notes p. 212). German cookbooks are a useful aid in this chapter (see specifically *Gruppenarbeit* p. 113).
2. *Ist die schwarze Köchin da? Zum Verständnis 1* (p. 111): Discuss difference between *gehobene Sprache* and *Alltagssprache* before doing this exercise in class.

Chapter 8
1. *Einführung in das Thema:* Do second part of this exercise after students have read all texts.
2. *Hörzu Krimi:* Discuss names of characters and their meanings.
3. *Das Gottesurteil:* Before doing *Zum Verständnis*, review extended participle constructions (Grammar Notes p. 209) and have students untangle the examples in this text.
4. *Das Gottesurteil. Gruppenarbeit:* Review indirect discourse (Grammar Notes p. 225), and make sure students switch from direct to indirect discourse depending on their role.

Chapter 9
1. *Führerschein auf Probe tritt in Kraft:* Review passive voice (Grammar Notes p. 219).
2. *Erwerb des Führerscheins:* Discuss differences between German and U.S. driver's licenses.
3. *Fahrerflucht* contains numerous intensifying particles (*ja, denn, doch, schon*). Proceed as in Chapter 1, #2.

4. *Fahrerflucht:* Review tenses (Grammar Notes p. 229). Discuss what the author achieves by switching from past to present.
5. *Gruppenarbeit* (p. 146): Begin by illustrating the difficulty of being a reliable witness. Ask a student to leave the room for a few minutes, and have the others describe his or her appearance and behavior prior to leaving the room as accurately as possible.

Chapter 10
1. *Einführung in das Thema:* If students only know the English of certain words, provide translations. Let them associate freely. Discuss those words/phrases which directly relate to the texts.
2. *Was tun mit der Angst?* For the purpose of facilitating comprehension, we have divided the text into 16 sections. See *Zum Verständnis 2a* (p. 156). Refer students back to Chapter 2 for a review of essay writing strategies.
3. *Gegner gesucht:* This text provides opportunities to practice *Redewendungen* (debates). Proceed as in Chapter 1, #1.
4. *10. Oktober . . . Zum Verständnis 1* (p. 163): Provide historical background as necessary.

Chapter 11
1. *Einführung in das Thema:* Definition of *Bollenaal*, as given by the artist Nikolaus Heidelbach: "*Bollen: umgangssprachlich für Kugel (Roßballen, schwäbisch für Pferdeapfel); Bollenaal: Zum Zierfisch degenerierter Aal, kann bis zu 500 Jahre alt werden und stinkt. 1978 erstmals nachgewiesen.*"
2. *Alternativ-Methoden:* Review passive, subjunctive, and extended adjective constructions (Grammar Notes pp. 219, 225, 209) before doing *Zum Verständnis 2* (p. 173) in class. (See Chapter 5, #3 for a similar exercise.)
3. *Nordrhein-Westfalen—Initiativen:* Review passive voice (Grammar Notes p. 219).

Chapter 12
1. *Einführung:* Direct students to dictionary entries in Grammar Notes (p. 233). Yet another kind of definition, worthwhile discussing, is found in Chapter 4, Paul Flora: *Die Brotlosen Berufe.*
2. There are numerous occurrences of the particles *doch* and *ja* throughout this chapter. Proceed as in Chapter 1, #2.
3. *Wörterputzer. Zum Verständnis 4* (p. 205): Call particular attention to the colorful verbs in this story.
4. *Schriftliches* (p. 206): Refer students to their notes on language and advertising as discussed in Chapter 3.

KAPITEL 1

**Technologie:
„... und wie wir's dann zuletzt so herrlich weit gebracht."**

Einführung in das Thema

Was fällt Ihnen bei der Betrachtung der Abbildungen und Texte ein? Machen Sie eine Liste von Ihren Eindrücken.

Das ideale Spielzeug für Ihr Kind! Dieser Roboter läßt sich ganz leicht programmieren. Er hört auf Ihre Stimme und kann acht verschiedene Funktionen ausführen. Bedienungsanleitung und Batterien liegen bei. Nur DM 185.00

„Er verlangt eine vierwöchige Ferienpause...!"

Ein Schulaufsatz
Der Roboter führt meinen Hund spazieren

"Viel zu intellektuell sprechen wir Erwachsenen über **Nachrüstung** und Umweltschutz, aber was in den Köpfen unserer Kinder vorgeht und ihr ganzes Leben beinflußt, erfahren wir nur selten", schreibt Dagmar Grauhan aus Berlin. Sie schickte uns einen Schulaufsatz ihrer zwölfjährigen Tochter Juliane zum Thema „Wie ich mir mein Leben in zwanzig Jahren vorstelle".

    Ich bin eine Nachrichtensprecherin und einunddreißig Jahre alt. Ich wohne mit meiner Familie in Nikolassee.[1] Früher habe ich den Tisch gedeckt, bin mit den Hunden gegangen und habe die Kinder zur Schule gebracht. Heute tut das unser Roboter. Er fährt auch einkaufen. Ich arbeite drei Stunden lang im Studio. Und das ist heutzutage recht viel, denn auch das haben hauptsächlich Roboter übernommen. Außer mir arbeiten nur vier Kollegen mit am ganzen Tagesprogramm, einschließlich des Filmteams. Vor sieben Jahren, auf einem Roboterball, habe ich meinen Mann kennengelernt. Wir beide sind erfolgreich in der Friedensbewegung. Wir bekämpfen gerade das neue Produkt des **Verteidigungsministers:** die kleine Atombombe für den Keller zur Selbstverteidigung.

    Wir arbeiten auch für den Umweltschutz mit. Doch da ist es zu spät. An der ganzen Rehwiese[2] stehen noch zweiundzwanzig Bäume, fünf Büsche und dreizehn Blumen. Deshalb gibt es auch nur Kunsthonig (**ekelhaft**). Aus dem Grunewald[3] wurde eine Atombombenabstellstation. Meine Nachbarin meinte: „Jetzt wissen sie nicht mehr, wohin damit!" Wir (mein Mann, meine beiden Kinder, zwei Hunde und ich) sind stolze Besitzer eines Kirschbaumes, der aber keine Kirschen mehr trägt. Sonst besteht der Garten aus **Kunstrasen,** Gummiblumen und Plastikbüschen. Wenn wir abends am Kamin sitzen, träumen wir von der „guten alten Zeit", in der man noch das Summen der Bienen hören konnte und das Zwitschern der Vögel. Da gab es noch echtes Gras und massig Blumen. Doch dann erwachen wir aus den Träumen und finden uns in der Wirklichkeit ein. Es gibt kaum noch Äpfel. **Erst recht** keine Apfelsinen oder Bananen. Wenn es dann mal einige gibt, sind sie unbe-

armament

Secretary of Defense

disgusting

artificial lawn

to say nothing of

---

[1] *Nikolassee:* district in West Berlin.
[2] *Rehwiese:* park in Nikolassee.
[3] *Grunewald:* famous recreation area outside Berlin.

3 Technologie: „... und wie wir's dann zuletzt so herrlich weit gebracht."

zahlbar. Die Kinder bekommen zum Geburtstag ein paar Äpfel. Wir werden aber alle weiterkämpfen, um alles Leben, bevor es zu einem Atomkrieg kommt! Es gibt Arbeitslose wie Atombomben in Europa (früher sagte man „wie Sand am Meer"). Aber da es keine Meere, sondern nur noch verdreckte kleine **Tümpel** gibt, hat sich der Spruch eben geändert. „Das Jahrhundert 2000 ist das Jahrhundert der Roboter und nicht der Menschen." „Der Mensch hat **verspielt**." „Er war eine **Sackgasse** der Entwicklung." „Er ist mit seinen Erfindungen zu weit gegangen." So hört man viele Leute reden. Doch wir kämpfen bis zum Letzten!

pools

lost
dead end

 Jule Grauhan

„Ich habe noch drei ältere Kinder, die in derselben Schule, ebenfalls in der sechsten Klasse, den Aufsatz zum gleichen Thema schreiben mußten", berichtet die Mutter. „Vor zwölf Jahren mein ältester Sohn, ein Jahr später sein Bruder (1967) und vor sieben Jahren meine ältere Tochter (1978)—alle Aufsätze gaben ein positives Weltbild wieder, auch die Aufsätze der Klassenkameraden. 1985 hat sich das geändert. Umweltgefährdung und Kriegsangst sind in die **Bewußtseinswelt** unserer Kinder eingedrungen."

consciousness

"Früher mein Sohn, gab es hier nur Ungeziefer: Ameisen, Mäuse, Wespen, eklige Käfer und Spinnen, giftige Pilze, klebriger Farn und Äste konnten einem auf den Kopf fallen."

Zum Verständnis

1. Welche verschiedenen Aufgaben erfüllt der Roboter?
2. Was gehört für Jule zur Wirklichkeit? Was zur „guten, alten Zeit"? Stellen Sie jeweils eine Liste von Wörtern, Ausdrücken und Konzepten zusammen.

Zur Bedeutung

1. Ist Jules Weltbild positiv oder negativ? Begründen Sie Ihre Antworten mit Beispielen aus dem Text.
2. Inwieweit haben sich Jules Vorstellungen von der Zukunft schon verwirklicht? Beziehen Sie sich dabei auf die oben zusammengestellten Listen. (#2).

Ist der gläserne Mensch die Lösung der Zukunft?
Volker Arzt[1]

Dr. Gregory M. Fahy, 32 jährig, **Kryobiologe aus Leidenschaft**, wie er selbst sagt, zeigte mir seinen jüngsten, erst wenige Tage alten Erfolg: Eine in **Flüssigstickstoff** gefrorene, aber völlig frisch und natürlich aussehende **Kaninchenniere**, 5 ohne die Spur einer **Trübung**. „Die ist nicht gefroren, sondern vitrifiziert"—und er geht gleich davon aus, daß ich nicht weiß, was das ist. Als Vergleich zeigt er mir erstmal eine andere, nun wirklich gefrorene Niere. Sie ist milchig trüb, und man sieht ihr schon **äußerlich** an, daß sie, wie Fahy mit einem 10 **Brocken** Deutsch versichert, „kaputt" ist.

 Eigentlich bedeutet „Vitrifizieren", der Schlüsselbegriff für Fahys Arbeit, nichts anderes als „zu Glas machen". Tatsächlich gefriert hierbei die Flüssigkeit innerhalb und außerhalb der Zellen nicht zu Eis, sondern verhält sich völlig anders: Sie 15 wird beim Abkühlen immer **zähflüssiger** und **erstarrt** schließlich zu einer Art Glas. Entscheidend dabei ist, daß keinerlei Eiskristalle entstehen, die das **Gewebe** zerstören könnten. **Das Ei des Kolumbus?**[2]

a passionate cryobiologist

liquid nitrogen
rabbit kidney
cloudiness

externally
bit of

more viscous / solidifies

tissue
a pat solution

---

[1] *Volker Arzt:* physicist, journalist, and author of numerous TV programs on scientific subjects.
[2] *„Das Ei des Kolumbus":* refers to the task of making an egg stand upright. It is reported that Christopher Columbus did this by boiling the egg and breaking the tip to make it stand. The expression is now used for a surprisingly simple solution to a seemingly difficult task.

5 Technologie: „... und wie wir's dann zuletzt so herrlich weit gebracht."

Noch nicht ganz. In zwei Jahren glaubt Fahy—„wenn alles
so weiterläuft wie bisher"—, menschliche Nieren „glasifi-
zieren" und bei minus 196 Grad **beliebig lange** konservieren *for any length of time*
zu können. Ganz einfach ist die Prozedur allerdings nicht. Zu-
nächst muß durch das **Adernetz** der Niere eine spezielle Lö- *blood vessels*
sung gepumpt werden, bis das ganze Organ **durchtränkt** ist. *saturated*
Die Crux dabei: Diese Lösung müßte—damit sie später zu Glas
erstarren kann—so konzentriert sein, daß sie ihrerseits das
Organ vergiften würde. Fahys Ausweg: Er arbeitet mit Druck.
Bei einem Druck von 1000 Atmosphären gelingt die Vitrifikation schon bei verhältnismäßig niedrigen Konzentrationen.

„Wie soll aber eine Niere 1000 Atmosphären aushalten?" *werfe ... ein interject /*
werfe ich **ein**, „das ist **immerhin** der Druck in 10 000 Meter *after all / at any rate*
Wassertiefe." Fahy lacht und gesteht, daß er in diesem Punkt
unverschämtes Glück gehabt habe. Die Lösung mache die *undeserved*
Niere zufällig auch besonders **widerstandsfähig** gegen Druck. *resistant*
Zwei Fliegen also mit einer Klappe. Abends setzen wir unsere
Unterhaltung bei einem Glas Wein fort. Ob die Größe eines Or-
gans eine Rolle spiele, frage ich. „Überhaupt nicht. Wenn Sie
wollen, vitrifiziere ich auch eine Elefantenleber". Ich will
nicht, aber ich will wissen—und habe die Tiefkühltoten Kaliforniens im Sinn—, ob sein Verfahren eines Tages zum
„Glasifizieren" von Menschen führen könnte. Die Antwort
kommt ohne **Zögern**: „Ich denke schon." Und nach einer *hesitation*
Pause: „Aber das **Gehirn** allein sollte genügen." Gehirne seien *brain*
wegen ihrer besseren **Durchblutung,** das heißt ihres dichteren *circulation*
Kapillarnetzes, **ohnehin** leichter zu vitrifizieren als andere Or- *anyhow*
gane.

„Und was bringt es, **lediglich** sein Gehirn zu konser- *only*
vieren?" Fahy erstaunt, als verstehe er meine Frage nicht:
„Aber wieso denn, irgendeinen Körper findet man doch
immer."

Zum Verständnis

1. Erklären Sie die Begriffe „einfrieren" und „vitrifizieren." Worin bestehen die Unterschiede?

2. Für wen ist der Artikel geschrieben? Begründen Sie Ihre Antwort.

3. Liest sich dieser Artikel leicht oder schwer? Warum? Welche Elemente machen diesen wissenschaftlichen Text auch für den Laien verständlich? Gehen Sie ins Detail.

Zur Bedeutung

1. Welche Auswirkung könnte die Vitrifikation von Organen auf die
Medizin haben?

2. Erkundigen Sie sich in der Bibliothek nach den „Tiefkühltoten" Kaliforniens und besprechen Sie die Ergebnisse Ihrer Nachforschung.

Mechanischer Doppelgänger
Hermann Kasack[1]

double

„Ein Herr wünscht Sie zu sprechen", meldete die Sekretärin. Ich las auf der **Besuchskarte:** Tobias Hull, B.A.—**Keine Vorstellung.** Auf meinen fragenden Blick: „Ein Herr in den besten Jahren, elegant."

business card / no idea

5 Anscheinend ein Ausländer. Immer diese Störungen. Irgendein **Vertreter.** Oder? Was weiß man.—**„Ich lasse bitten."**

salesman / ask him to come in

Herr Tobias Hull tritt mit vorsichtigen Schritten ein. Er setzt Fuß vor Fuß, als fürchte er, zu stark aufzutreten. Ob er leidend ist? Ich schätze sein Alter auf Mitte vierzig. Eine große
10 Freundlichkeit strahlt aus seinem glattrasierten, nicht unsympathischen Gesicht. Sehr korrekt angezogen, beinahe zu exakt in seinen **verbindlichen** Bewegungen, scheint mir. Nun, man wird sehen. Mit der Hand zum Sessel weisend: „Was verschafft mir die Ehre Ihres Besuches?"

courteous

15 „Oh! Ich wollte mich Ihnen nur vorstellen." „Sehr angenehm", sage ich.

„Oh! Sie verstehen!" Dieses mit einem leicht **jaulenden** Ton vorgebrachte Oh! ist unnachahmlich. Seine müde, etwas monotone Stimme hat einen kleinen fremden Akzent. Er sieht
20 mich mit freundlicher Erwartung an.

whining

Über das Benehmen meines Besuches doch ein wenig erstaunt, wiederhole ich: „Sehr angenehm. Aber darf ich Sie fragen—"

Da werde ich sogleich mit seinem „Oh!" unterbrochen:
25 „Bitte, fragen Sie mich nicht." Und dann beginnt er, seine Geschichte zu erzählen, die er anscheinend schon hundertmal **vorgebracht** hat: „Ich bin **nämlich** ausgestopft!"

„**Aber—erlauben Sie mal!**"

Das **eigentümliche** Wesen, das mich **überlegen** fixiert,
30 beachtet den **Einwurf** nicht, sondern fährt unbeirrt fort: „Erschrecken Sie nicht, weil ich eine Art Automat bin, eine Maschine in Menschenform, ein Ersatz sozusagen. Mr. Tobias

told / you know
Huh? Wait a minute!
strange / with superiority
interjection

---

[1] *Hermann Kasack:* born 1896 in Potsdam, died 1966 in Stuttgart. Studied German Literature, freelance writer in Stuttgart. In 1953 became president of the German Academy for Language and Poetry. Author of numerous novels, poetry, dramas, and literary criticism.

7 Technologie: „... und wie wir's dann zuletzt so herrlich weit gebracht."

Hull existiert wirklich. Der Chef einer großen Fabrik zur Herstellung von mechanischen Doppelgängern. Ich bin, wie sagt man, seine Projektion, ja, Agent in Propaganda. Ich kann Ihnen natürlich meinen Mechanismus im einzelnen nicht erklären—Sie verstehen: Fabrikationsgeheimnis! Aber wenn Sie daran denken, daß die meisten Menschen heutzutage ganz **schablonenmäßig** leben, handeln und denken, dann werden Sie sofort begreifen, worauf sich unsere Theorie gründet! Herz und Verstand werden bei uns ausgeschaltet. Sie sind es ja, die im Leben so oft die störenden Komplikationen hervorrufen. Bei uns ersetzt die Routine alles. Sehr einleuchtend, nicht wahr?"

according to pattern

Ich nicke verstört.

„Oh! Mein Inneres ist ein System elektrischer Ströme, automatischer **Hebel**, großartig! Eine Antennenkonstruktion, die auf die feinsten Schwingungen reagiert. Sie läßt mich alle Funktionen eines menschlichen Wesens **verrichten,** ja, in gewisser Weise noch darüber hinaus. Sie sehen selbst, wie gut ich funktioniere."

levers

carry out

Zweifelnd, mißtrauisch betrachte ich das seltsame Geschöpf. „Unmöglich!" sage ich. „Ein **Taschenspielertrick.** Sehr **apart.** Indessen—"

sleight of hand
unusual

„Oh! Ich kann mich in sieben Sprachen verständigen. Wenn ich zum Beispiel den obersten Knopf meiner Weste drehe, so spreche ich fließend englisch, und wenn ich den nächsten Knopf berühre, so spreche ich fließend französisch, und wenn ich—"

„Aber selbstverständlich haben wir auch für Ihren Bedarf passende Software!"

„Das ist wirklich erstaunlich!"

„Oh! In gewisser Weise; vor allem aber angenehm. Wünschen Sie ein Gespräch über das Wetter, über Film, über Sport? Über Politik oder abstrakte Malerei? Fast alle Themen und Vokabeln des modernen Menschen sind in mir **vorrätig**. *stored*
Auch eine **Spule** von Gemeinplätzen läßt sich abrollen. Alles *reel*
sinnreich, komfortabel und praktisch. Wie angenehm wird es für Sie sein, wenn Sie sich erst einen mechanischen Doppelgänger von sich halten—oder besser, wenn Sie gleich zwei Exemplare von sich **zur Verfügung** haben. Sie könnten gleich- *at your disposal*
zeitig verschiedene Dienstreisen unternehmen, an mehreren Tagungen teilnehmen, überall gesehen werden und selber **obendrein** ruhig zu Hause sitzen. Sie haben einen **Stellvertreter** *moreover / representative*
Ihres Ich, der Ihre Geschäfte wahrscheinlich besser erledigt als Sie selbst. Sie werden das Doppelte verdienen und können
Ihre eigene Person vor vielen **Überflüssigkeiten** des Lebens *unnecessary things*
bewahren. Ihr Wesen ist **vervielfältigt**. Sie können sogar ster- *duplicated*
ben, ohne daß die Welt etwas davon merkt. Denn wir Automaten beziehen unsere Existenz aus jeder Begegnung mit wirklichen Menschen."

„Aber dann werden ja die Menschen allmählich ganz überflüssig."

„Nein. Aus eben diesem Grunde nicht. Zwei Menschenautomaten können mit sich selber nur wenig anfangen. Haben Sie also einen **Auftrag** für mich?" *order*

Mit **jähem** Ruck sprang das Wesen auf und sauste im Zim- *sudden*
mer hin und her.

„Oh! Wir können auch die Geschwindigkeit regulieren. Berühmte Rennfahrer und Wettläufer halten sich schon Doppelgänger-Automaten, die ihre Rekorde ständig steigern."

„Phantastisch! Man weiß bald gar nicht mehr, ob man einen Menschen oder einen Automaten vor sich hat."

„Oh!" zischte es an mein Ohr, „das letzte Geheimnis der Natur werden wir nie **ergründen.**—Darf ich also ein Duplikat *discover*
von Ihnen herstellen lassen? Sie sind nicht besonders kompliziert zusammengesetzt, das ist **günstig**. Das hineingesteckte *fortunate*
Kapital wird sich bestimmt **rentieren**. Morgen wird ein Herr *be worth it*
kommen und Maß nehmen."

„Die Probe Ihrer Existenz war in der Tat **verblüffend**, je- *amazing*
doch—" Mir fehlten die Worte und ich tat so, als ob ich überlegte.

„Jedoch, sagen Sie nur noch: Der Herr, der morgen kommen soll, ist das nun ein Automat oder ein richtiger Mensch?"

„Ich nehme an, noch ein richtiger Mensch. Aber es bliebe sich gleich. Guten Tag."

Mr. Tobias Hull war fort. Von Einbildung kann keine Rede sein, die Sekretärin ist mein Zeuge. Aber es muß diesem Gen-

---

9 Technologie: „... und wie wir's dann zuletzt so herrlich weit gebracht."

tlemangeschöpf unmittelbar nach seinem Besuch bei mir etwas **zugestoßen** sein, denn weder am nächsten noch an einem späteren Tage kam jemand, um für meinen Doppel-
110 gänger Maß zu nehmen. Doch hoffe ich, wenigstens durch diese Zeilen die Aufmerksamkeit der Tobias-Hull-Gesellschaft wieder auf meine Person zu lenken.

happened

Denn eines weiß ich seit jener Unterhaltung gewiß: Ich bin inzwischen vielen Menschen begegnet, im Theater und im
115 Kino, bei Versammlungen und auf Gesellschaften, im Klub und beim Stammtisch, die bestimmt nicht sie selber waren, sondern bereits ihre mechanischen Doppelgänger.

Computer sind auch nur Menschen...

Zum Verständnis

1. Beschreiben Sie den Doppelgänger Tobias Hull.
    a. Wie sieht er aus?
    b. Wie benimmt er sich?
    c. Was kann er alles machen?

2. Der Erzähler weiß anfangs nicht recht, was er von seinem Besucher halten soll. Welche unterschiedlichen Reaktionen zeigt er während der Unterhaltung? Machen Sie eine Liste. (z.B. Verwunderung, Überraschung usw).

Zur Bedeutung

1. Die Tobias-Hull-Gesellschaft hat offenbar bereits viele mechanische Doppelgänger hergestellt. Wie erklärt sich der Erfolg der Firma?

2. „Zwei Menschenautomaten können mit sich selber nur sehr wenig anfangen." Wieso eigentlich?

3. Was meint der Doppelgänger, wenn er sagt: „das letzte Geheimnis der Natur werden wir nie ergründen."?

Diskussionsthemen und Debatten

1. Wie und wo könnte ein Roboter im Alltag helfen?

2. Inwiefern stellen Roboter eine Gefahr für die menschliche Existenz dar?

3. Wozu könnte die Kombination eines vitrifizierten Gehirns und eines ausgestopften Menschen führen?

4. Besprechen Sie die Vor- und Nachteile moderner Technologie, wie sie in den drei Lesestücken dargestellt werden.

5. Nehmen Sie an, den mechanischen Doppelgänger gibt es eines Tages wirklich. Wie wäre er von einem echten Menschen zu unterscheiden?

6. Besprechen Sie, inwieweit sich Ihre Eindrücke jetzt, nach der Beendung des Kapitels, mit den ersten in „Einführung in das Thema", decken.

Gruppenarbeit

1. Diskutieren Sie in kleinen Gruppen, wie *Sie* sich die Welt in 15, 30 Jahren vorstellen, und vergleichen Sie Ihre Ergebnisse mit den anderen Gruppen.

Ein Garten im Jahr 2000

Viereckige Paradeiser, wie sie in den USA bereits jetzt angebaut werden

Viereckige Paradeiser, Stachelbeeren ohne Stacheln oder ein Kürbis, der einen Zentner wiegt – das klingt ganz so, als habe sich die Natur einige Scherze erlaubt.

Es sind aber keine natürlichen Scherze, sondern die Ergebnisse jahrelanger menschlicher Versuche.

Und wenn all die Versuche mit Pflanzen, die zur Zeit laufen, erfolgreich sind, werden unsere Gärten in einigen Jahren ganz anders aussehen als heute.

Lesen Sie, welche neuartigen Genüsse für Auge und Gaumen demnächst in unseren Breiten wachsen werden

Ein Baum, der drei verschiedene Früchte trägt: Zwetschken, Äpfel und riesengroße Erdbeeren. Möglich gemacht durch Aufpropfen.

2. Erfinden Sie einen Dialog zwischen der Sekretärin aus der Erzählung *Mechanischer Doppelgänger* und einem Freund/einer Freundin von ihr. (Ausgangsposition: die Sekretärin überhört die Unterhaltung zwischen ihrem Chef und Hull. Sie greift, sobald sich jener verabschiedet, zum Telefon.—Verwenden Sie dabei die in „Zum Verständnis 2) zusammengestellte Liste.

3. Schreiben Sie ein neues Ende für die Geschichte *Mechanischer Doppelgänger* (z.B. der Doppelgänger zeigt mechanische Störungen, am nächsten Tag kommt tatsächlich jemand um Maß zu nehmen, usw).

Maschinenherz

Vier Monate nach dem Einpflanzen eines Kunstherzes ist in Berlin der Empfänger, ein 52jähriger Mann, gestorben. Eine seiner Nieren hatte sich nicht mehr erholt, andere Organe waren in ihrer Funktion so weit geschädigt, daß sich eine Transplantation verbot. Das „störungsfrei funktionierende Kunstherz wurde gestoppt"—so heißt es wörtlich in einer Stellungnahme des Chirurgen.

Eine makabre Situation: Die Technik erfüllt alle in sie gesetzten Erwartungen, aber der menschliche Körper versagt. Eine Maschine muß abgeschaltet werden, durch die ein Mensch lebte. Ohne Zweifel keine ungewöhnliche Situation, auf Intensiv- oder Unfallstationen mag sie oft auftreten, aber in einer Hinsicht wohl doch eine fürchterliche Ausnahme: eine Maschine im Menschen.

Die Medizin wird deswegen nicht auf Forschung und Fortschritt verzichten. Aber vielleicht sollte sie einen Moment innehalten und sich darauf besinnen, daß zum Leben auch der Tod gehört. Ein Schwerkranker wird die Grenzen des ethisch erlaubten Eingreifens fraglos weiter ziehen als ein gesunder Jugendlicher. Aber zu der Macht, die Krankheit und Gesellschaft den Medizinern einräumen, gehört auch die Pflicht, sich über die Grenzen ihres Handelns und der menschlichen Würde klar zu werden.

Eine Maschine wurde abgeschaltet—oder ein Mensch? Die Antwort darauf fällt schwer. Doch dies enthebt uns nicht der Pflicht, sie zu suchen.

KAPITEL 2

Alt werden— und was nun?

Einführung in das Thema

Der folgende Text (links das Original, rechts die „Übersetzung") stammt von dem österreichischen Liedermacher Rainhard Fendrich. Wie stellt Fendrich das Altern dar? Welche Alternativen zu Fendrichs Darstellung können Sie sich denken?

SONNTAG NACHMITTAG

Sonntag Nachmittag um viertel drei
Jetzt ist die Besuchszeit bald vorbei
Er hat sein schönsten Anzug an
Und geht so grad wie er no kann
Zum Fenster und wart wie scho so oft

An die Schwestern hat er si scho gwöhnt
Sie behandeln eam wia a klanes Kind
Er derf aufs Heusel net alla
Und patzt er si beim Essn a
Kriagt er nachher net amoe sei Schaln Kaffee

Es is eam klar dass des für eam und alle andern besser is
A alter Mann des is und bleibt a schwere Last
Und jeder hat eam gsagt des Heim des is für di des Paradies
Weu du durt alles was du brauchst ganz afach hast

Er sicht des alles ein nur tät er gern
Wieder amoe Kinderlachen hean
Seine Enkerln aufn Schoss
Ah na die san ja scho zu gross
Na ja er hats scho so lang nimmer gsehn

Sonntag nachmittag dreiviertel drei
Jetzt is die Besuchszeit glei vorbei
Er wass dass er nur hoffen kann
Sie werden doch net vergessen habn
Auf die halbe Stund am Sonntagnachmittag

Die Tür geht auf die Schwester schaut eam an
Und sicht die Augen von an alten Mann
Für dens jetzt nix mehr gibt
Denn er hat nur noch gelebt
Für a halbe Stund am Sonntagnachmittag

Sonntagnachmittag um Viertel drei
Jetzt ist die Besuchszeit bald vorbei
Er hat seinen schönsten Anzug an
Und geht so gerade wie er noch kann
Zum Fenster und wartet wie schon so oft

An die Schwestern hat er sich schon gewöhnt
Sie behandeln ihn wie ein kleines Kind
Er darf nicht allein auf die Toilette
Und beschmutzt er sich beim Essen
Kriegt er nachher nicht einmal seine Schale Kaffee

Es ist ihm klar daß das für ihn und alle andern besser ist/Ein alter Mann, das ist und bleibt eine schwere Last/Und jeder hat ihm gesagt das Heim das ist für dich das Paradies/Weil du dort alles was du brauchst ganz einfach hast

Er sieht das alles ein nur würde er gerne
Wieder einmal Kinderlachen hören
Seine Enkel auf dem Schoß
Ach nein die sind ja schon zu groß
Naja er hat sie schon so lange nicht mehr gesehen

Sonntagnachmittag dreiviertel drei
Jetzt ist die Besuchszeit gleich vorbei
Er weiß daß er nur hoffen kann
Sie werden doch nicht vergessen haben
Auf die halbe Stunde am Sonntagnachmittag

Die Tür geht auf, die Schwester schaut ihn an
Und sieht die Augen von einem alten Mann
Für den es jetzt nichts mehr gibt
Denn er hat nur noch gelebt
Für eine halbe Stunde am Sonntagnachmittag

Bloß nicht ins Altersheim
Irene Mayer-List[1]

Emil Hein ist 62 Jahre alt und **Rentner.** Ein großer, gut aussehender Mann mit **Menjoubärtchen,**[2] der gerne diskutiert und viel raucht. Früher arbeitete er als **Betriebselektriker** bei Thyssen. Vor drei Jahren wurde er pensioniert. Seine Frau war einige Jahre vorher gestorben, und er begann ein Rentnerdasein ohne Aufgaben, ohne Verantwortung. Wohl fühlte er sich dabei nicht. „Das ganze **Selbstbewußtsein,** das man hat, wenn man arbeitet, **geht** plötzlich **flöten.** Zu Hause in der Wohnung bleibt nur Leere und die große Isolation", sagt er und zieht an seiner Zigarette. Am Tage sei die „**Trostlosigkeit**" nicht so schlimm gewesen, aber abends habe er das Alleinsein sehr gespürt.

Emil Hein hat Kinder, dreizehn an der Zahl. Doch der Vater sagt: „Die sind am fröhlichsten, wenn ich wieder abreise. Die haben ihr eigenes Familienleben, da soll man nicht mitmischen." Aber „die nächsten zwanzig Jahre mit anderen Rentnern auf der Parkbank sitzen und abends **kegeln** gehen", das wollte der resolute Mann auf keinen Fall. Also schloß er sich vor einigen Monaten einer Selbsthilfegruppe an. Seither lebt er **fernab** vom Ruhrgebiet[3] in einem alten, **heruntergekommenen** Bauernhaus in der **Eifel:** in der Rentnerkommune vom Klösterchen Stadtkyll. Das kleine Dorf, achtzig Kilometer von Köln und zwölf Kilometer von der belgischen Grenze entfernt, hat nicht einmal einen Bahnhof. Sechs Rentner haben sich im ehemaligen Schwesternheim der Franziskanerinnen mitten im Dorf **einquartiert** und **bewirtschaften** gemeinsam zweitausend Quadratmeter Land. Sie halten Schafe, Ziegen, Hühner, Hasen und Bienenvölker. Sie produzieren Honig und stellen **Kräutersalben** her. Sie betreiben einen kleinen biologisch-dynamischen Gemüseanbau und daneben eine große Kompostanlage, in der Regenwürmer Abfälle zu Pflanzenerde **umsetzen.** (...)

Der Tag beginnt mit einem gemeinsamen Gebet in der kleinen Kapelle. Um acht Uhr gibt es ein großes Frühstück: Eier aus dem eigenen Hühnerstall, Joghurt, der in der **Molkerei** gegen Hasen eingetauscht wurde, eigenen Honig und selbstgemachte Marmeladen. Hundert Marmeladentöpfe wur-

---

[1] *Irene Mayer-List:* Journalist writing for *Die Zeit*.
[2] Beard worn by the late actor Menjou.
[3] *Ruhrgebiet:* West Germany's major industrial area along the Ruhr river.

den im vergangenen Jahr in der altmodischen Klosterküche eingekocht. Auf den Schildchen stehen so exotische Namen wie: **Schlehen, Eberesche, Holunder** und **Hagebutten.**   *sloe berry / rowenberry / elderberry / rosehips*

Nach dem Frühstück geht jeder seine eigenen Wege. Die Frauen putzen, bügeln und kochen, arbeiten im Gemüsegarten und füttern die Hühner und Hasen. Den Schafen und dem Ziegenbock Oskar wird ein altes Stück Brot oder Kuchen zugesteckt.

Emil Hein ist derweil voll „im selbstgemachten Streß" und **schreinert** an den Hasenställen, **tapeziert** und **verlegt** Elektroleitungen. Wer sich zu schwach für körperliche Arbeit fühlt, geht Post und Milch holen. Dreimal in der Woche fährt der **Gründer** der Kommune, Paul Wilms, mit seinem weißen Mercedes-Diesel ins nahe gelegene Prüm und lädt bei Cafés, Gemüseläden und beim Supermarkt in der Hauptstraße Kisten mit Gemüse- und Küchenabfällen auf seinen **Anhänger**—Futter für die Regenwürmer. „Unser Grundsatz ist", sagt er, „wenn wir schon nicht mehr richtig arbeiten können, dann wollen wir doch wenigstens der Natur dienen." Ihre Regenwurm-Kompostanlage ist ihr **Beitrag** zu Umweltschutz und Recycling.   *does carpentry / wallpapers / installs*   *founder*   *trailer*   *contribution*

Leistung zählt auch im Alter.

Inzwischen sind die Komposthaufen sogar ein Geschäft. Denn die Würmer—Wilms hat die „**Urahnen**" aus Chile per Luftfracht importiert—**vermehren sich** fleißig, die Rentner können sie verkaufen. Kleingärtner in der Bundesrepublik, Österreich und Frankreich lassen sich die Tiere **samt** selbstproduzierter Pflanzenerde schicken. Das Kilo kostet zwanzig Mark, die **Einnahmen** gehen schon in die Tausende.   *ancestors*   *propagate*   *including*   *revenues*

Doch damit nicht genug: Millionen von Würmern haben die Rentner an Städte wie Köln, Luxemburg und Osnabrück „ausgeliehen". Sie **zermümmeln** Laub- und Grasabfälle aus den öffentlichen Parkanlagen zu **stickstoff- und kalkreicher** Erde. Interessierte Umweltschützer und Gärtner kommen beinahe täglich nach Stadtkyll, um mehr über die Regenwurmzucht zu lernen. Auch Seminare sind geplant.   *chew up (dialect)*   *nitrogen and calcium rich*

Das Kloster ist immer offen für Gäste, besonders, wenn sie jung sind und gleich mit **anpacken** können. In den Ferien *lend a hand*
75 werden Schüler und Studenten aufgenommen, die im Kloster ihre Erfahrungen sammeln, Stoff zur Unterhaltung bieten und gegen freie Kost und Logis im Haus und draußen mithelfen.

Die Rentner selbst zahlen im Monat zwischen 750 und 1200 Mark—je nach ihren finanziellen Verhältnissen, ihrer
80 Mitarbeit und der Anzahl ihrer privaten kleinen Zimmer. Ein Altersheim würde ungefähr gleich viel kosten. (...)

Lucia Wilms, offiziell **Eigentümerin** des Klosters, wird, *owner*
wenn sie einmal stirbt, das Kloster nicht ihren Kindern **vermachen**, sondern einer **Stiftung**, die die Rentnerkommune *leave to / foundation*
85 über den Tod der jetzigen Mitglieder hinaus weiterführen wird. Auch in Zukunft, so wurde bestimmt, soll das Kloster alten Menschen als **Zuflucht** dienen. „Das Gute ist", sagt Paul *haven*
Wilms, „hier wird eben jeder vom anderen mitgetragen, auch wenn alle manchmal sehr schwierig und **eigenwillig** sein *stubborn*
90 können."

Emil Hein will in Stadtkyll bleiben: „Ich habe hier mehr Aufgaben und kann mein ganzes handwerkliches Können **einsetzen**. Dazu diene ich noch der Natur und damit der Menschheit. Im Altersheim zu leben—das könnte ich mir nicht mehr *put to use*
95 vorstellen." Später dann—„irgendwann"—plant er eine Reise um die ganze Welt.

„Mit 66 Jahren, da fängt das Leben an."

Zum Verständnis

1. Wie sieht Emil Heins Leben vor und seit seiner Ankunft in Stadtkyll aus? Schreiben Sie die wichtigsten Ausdrücke/Konzepte an die Tafel und besprechen Sie sie.

2. Wie altmodisch/ modern/ lukrativ/ sind die Aktivitäten der Rentner? Begründen Sie Ihre Antworten.

"Ins Altersheim wollte ich auf keinen Fall."

Dr. B. aus Hannover fühlte sich einfach noch zu jung, um „unter lauter alten Menschen" zu leben. Und bei seinem ersten Besuch hat er wohl auch die Kursana-Residenzen nur für ein besseres Altersheim gehalten. – Wir sind ein bißchen stolz darauf, daß er vor ein paar Monaten zu uns gezogen ist.

Dr. B. befindet sich bei uns in bester Gesellschaft. Denn Kursana-Residenzen wurden für mehr Lebensfreude im Alter geschaffen. Für aktive Individualisten, die sich noch jung genug fühlen, Vertrautes mit Neuem zu bereichern.

Die Kursana-Philosophie: Mehr Lebensfreude gewinnen, ohne deshalb Liebgewonnenes aufgeben zu müssen. – Man wohnt in der Nähe von Verwandten und Bekannten und kann zugleich nach Lust und Laune neue, interessante Leute kennenlernen. Man bleibt sein „eigener Herr" und hat zugleich Tag für Tag abwechslungsreiche Aktiv-Programme zur Auswahl. Man genießt das Leben und zugleich die Gewißheit, auch medizinisch bestens versorgt zu sein. Bis hin zur liebevollen Pflege.

Wir schicken Ihnen gern ausführliche Informationen. Bitte schreiben Sie uns oder rufen Sie einfach an. Jederzeit.

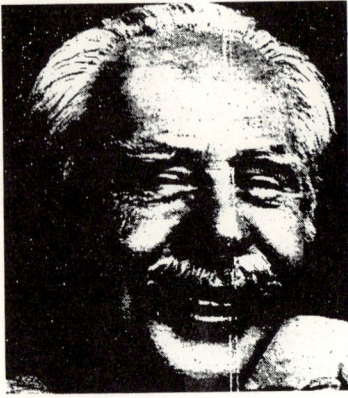

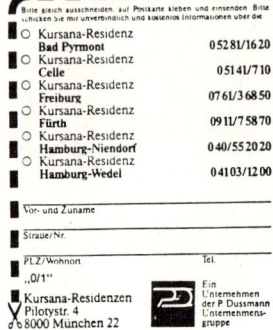

Kursana-Residenz Bad Pyrmont 05281/1620
Kursana-Residenz Celle 05141/710
Kursana-Residenz Freiburg 0761/36850
Kursana-Residenz Fürth 0911/75870
Kursana-Residenz Hamburg-Niendorf 040/552020
Kursana-Residenz Hamburg-Wedel 04103/1200

Kursana-Residenzen
Pilotystr. 4
8000 München 22

Ein Unternehmen der P. Dussmann Unternehmensgruppe

Kursana Residenz
Mehr Lebensfreude im Alter

Zur Bedeutung

Emil Hein hat sich entschlossen, seine Rentnerjahre in der Kommune zu verbringen. Nehmen Sie an, er hätte sich anders entschlossen:
- **a.** Er lebt weiterhin allein, oder:
- **b.** Er zieht zu seinen Kindern, oder:
- **c.** Er geht in ein Altersheim, oder:
- **d.** Er wandert (in ein Traumland) aus.

Wie würde sein Leben aussehen? — Lassen Sie Ihrer Phantasie freien Lauf!

Altern als Lebenskrise
Fritz Riemann[1]

Für viele Menschen wird das Alter, schon das Altern, zu einer **ausgesprochenen** Lebenskrise. Das Ausfallen oder Ergrauen der Haare **etwa** wird wie ein schwerer Schock erlebt, um nur ein Beispiel zu nennen. Dagegen gibt es zwar kosmetische
5   Hilfen, die aber die Krise nicht beseitigen. Krise bedeutet zunächst nur, daß man sich in einer Situation befindet, in der

real
for instance

[1] *Fritz Riemann:* Famous German psychoanalyst, died in 1979.

Sorgenthema Nr. 1 – Haarausfall

Dr. Rainer Müller, Leiter der haarwissenschaftlichen Forschung der Dralle GmbH.

NERIL® hat eine Kombination aufeinander abgestimmter Wirk- und Pflegekomplexe, die wesentliche Ursachen von vermeidbarem Haarausfall, wie Ernährungsstörungen der Haare, schädlichem Kopfhautbefall, Haarbodenreizung, übermäßige mechanische Beanspruchung der Haare, gezielt bekämpft.

DRALLE
All unser Wissen für Ihr Haar

bisher gewohnte Verhaltensweisen oder Einstellungen nicht mehr **tragen**. Sie enthält daher immer einen Doppelaspekt: die Chance, sich umzustellen, neu zu orientieren, oder die Gefahr, 10 das bisher Gewohnte unverändert **beibehalten** zu wollen, es festzuhalten. Die Umstellung ermöglicht eine Wandlung, das Festhalten kann die Basis zu einer Panik **abgeben**.

are valid

hold on to

become

19 Alt werden—und was nun?

Aber auch aus anderen Gründen kann das
bewußtwerdende Alter zu einer Krise führen. Sie ist oft ein
Anzeichen dafür, daß in unserem Leben etwas nicht
„stimmte", daß wir falsch eingestellt waren zu uns selbst oder
zum Leben und an **Wesentlichem vorbeilebten.** Mit dem aufkommenden Bewußtsein der dahinschwindenden Zeit **packt**
manchen dann die Angst, die wir so formulieren können: Soll
das alles gewesen sein? War das, was ich bisher erlebt habe,
der Sinn meines Lebens? Eine solche **Bilanz** kann den **Anstoß**
zu einer fruchtbaren Krise geben, zu einer **Besinnung,** die
manchmal zu entscheidenden Umstellungen führt. Sie kann
aber ebenso dazu führen, die aufkommende Angst zu **betäuben,** und gar nicht selten kommt es dann zu irgendwelchen Formen der **Süchtigkeit** oder zu Panikreaktionen.
Auch der Selbstmord ist in solchen Krisenzeiten nicht selten
und Ausdruck tiefster Resignation.

In dieser Hinsicht sind vor allem Menschen gefährdet, die
schon früh ungewöhnliche Erfolge hatten und, vom Leben verwöhnt, es nicht ertragen können, wenn sie nun wirklich oder
vermeintlich darauf **verzichten** sollen. Ferner die Menschen,
die ihren Erfolg zu einseitig ihrer Jugend, Schönheit, und **Anziehungskraft** verdankten. Wenn nun diese Werte schwinden, kann es zu tiefer Verzweiflung, zu Depressionen bis zur
Melancholie kommen, die man oft mit Drogen oder Alkohol zu-
zudecken versucht. Privatkliniken und Sanatorien zählen
solche Menschen zu ihren Dauergästen. Solche Schicksale
hängen nicht nur mit dem gefürchteten Abstieg des Erfolges
zusammen, sondern auch mit einer Grundeinstellung zum Leben, die man als **Anspruchshaltung** charakterisieren kann.
Verwöhnt durch Erziehung oder durch frühe Erfolge, die
einem vielleicht noch ohne große Eigenleistung **zufielen,** entwickelt man **Ansprüche** ans Leben, die einem ganz selbstverständlich erscheinen, und man ist dann enttäuscht und ver-
bittert, wenn das Leben sie nicht mehr erfüllt.
Anspruchshaltungen ans Leben, vor allem bei nicht **entsprech-
endem** eigenen **Einsatz,** führen mit großer Wahrscheinlichkeit um die und nach der Lebensmitte zu einer Krise; sie sind
aber auch Ausdruck einer ungenügenden Vorbereitung aufs
Alter. (...)

Der **gegenteilige** Grund zu Krisen liegt in einem bisher **unbefriedigt** gebliebenen Leben. Unbefriedigende Partnerschaf-
ten, ein ungeliebter oder unbefriedigender Beruf, ein Vorbeile-
ben am eigenen Leben, an der eigenen Bestimmung können
die Ursache dafür sein. Aus **mangelndem Mut** zur Veränderung, aus **Trägheit** und Gewohnheit, aus konventionellen
Rücksichten, aus **Unaufrichtigkeit** sich selbst gegenüber le-

ben viele ein Leben, das nicht ihr eigenes ist, ohne es **sich** *to admit to oneself*
vielleicht **einzugestehen.** Das trägt dann nach der Lebensmitte oft nicht mehr. Es ist leider eine Realität, daß die Zivilisation von vielen Menschen Tätigkeiten fordert, die **bestenfalls** *at best*
ein Job sind, mit denen sie ihren Lebensunterhalt verdienen, die sie aber nicht mit Lust und Liebe ausüben können, weil diese Möglichkeit in der Tätigkeit einfach nicht enthalten ist. Das ist der Unterschied zwischen Beruf und Job.

Um die Lebensmitte wird das manchen Menschen besonders **bedrückend;** ihre Tätigkeit langweilt sie, es sind keine *depressing*
Entwicklungsmöglichkeiten in ihr, und man erlebt mit Schrecken, daß das nie anders sein wird. Ist man innerlich noch lebendig geblieben, kommt es manchmal zu Umstellungen und Neuorientierungen, die dann erstaunlich **beflügeln** *motivate*
können. Sonst droht die Gefahr der Verbitterung und Resignation, oder man sucht sich nun auf andere Weise Befriedigung zu holen. Eine echte Hilfe kann hier eine **Liebhaberei** sein— *hobby*
etwas liebhaben zu können ist schon ein Schutz gegen Resignation und Verbitterung.

Um die Lebensmitte häufen sich auch Partnerschaftskrisen—jeder Psychotherapeut und Eheberater weiß davon. Wenn es sich nicht um Torschlußpanik[2] handelt mit der dann aufkommenden **Lebensgier,** die einen dazu treibt, **Ver-** *lust for life*
säumtes nachzuholen, Neues erleben zu wollen, hängen sie *missed opportunities*
oft damit zusammen, daß die bisherige Partnerschaft letztlich unerfüllt war und vielleicht nur aus konventionellen oder pragmatischen Gründen **beibehalten** wurde. (. . .) Oft werden *maintained*
solche Ehen noch durch die Kinder zusammengehalten; fällt auch das fort, scheint der letzte Sinn der Partnerschaft wegzufallen, und die bisher verdeckte Unzufriedenheit **steigert sich** *escalates*
zur offenen Krise. Manchen mag dann ein gemeinsamer Neuanfang gelingen, vielleicht mit Hilfe einer Eheberatung oder durch psychotherapeutischen Beistand. Manche kommen bei einem Partnerwechsel vom Regen in die **Traufe**[3], weil das *rain gutter*
Problem nicht in ihrer Ehe lag, wie sie meinten, sondern bei ihnen selbst, etwa in einem Mangel an Liebesfähigkeit, in Illusionen über sich selbst, einen möglichen Partner oder das Leben überhaupt. Manchen gelingt es aber auch, sich an der **Schwelle** zum Alter wirklich ein neues Leben aufzubauen. *threshold*

[2] *Torschlußpanik:* The word is used to describe the panic that sets in when there is little time left to accomplish a particular task or to reach a goal. Most often, however, it is used in connection with the fear of not finding a marriage partner.

[3] *Vom Regen in die Traufe kommen* means literally *to get from the rain to standing under the overflowing gutter.* English equivalent: "Out of the frying pan into the fire."

Zum Verständnis

1. Wie baut der Autor seine Argumente auf? Machen Sie eine Gliederung.

z.B. : *1. Paragraph.* Frage: Äußerliche Ursachen für die Krise?
　　　　　　　　　　Antwort: . . .
　　　　　　　　　　Frage: Möglichkeiten, sich der Krise zu stellen?
　　　　　　　　　　Antwort: . . .) usw.

2. Wie kann man eine Alterskrise vermeiden beziehungsweise überwinden?

Zur Bedeutung

1. Glauben Sie, daß Altwerden wirklich so problematisch ist, wie es der Autor darstellt? Inwiefern, inwiefern nicht?
2. Welche anderen Anlässe für Lebenskrisen können Sie sich denken? Wo liegen ihre Wurzeln, wie manifestieren sie sich? Welche Möglichkeiten, sie zu überwinden, würden Sie vorschlagen?

Demonstration
Kurt Marti[1]

Aus Wohnungen, Zimmern frühmorgens schon **aufgebrochen**, aus Heimen, Spitälern, Asylen **entwichen** wenn möglich, füllten sie die Straßen und Plätze der Stadt. **Greise** und Greisinnen **ließen sich** auf den Fahrbahnen **nieder** und drohten, teils
5　böse, teils lustig, mit Stöcken und Schirmen. Es war bewölkt. Großväter, Großmütter **bemächtigten sich** der Busse und Trams, um gratis mit ihnen zu fahren. **Rüstige** Rentner warfen Fahrzeuge um. Witwen verwickelten Passanten in Dispute, verteilten Manifeste: „GREISE GREISINNEN ALLER
10　LÄNDER VEREINIGT EUCH!"[2] Auf dem Bahnhofsplatz übergoß sich eine noch immer **adrette** Dame rasch mit Benzin und **brannte**, ehe sichs jemand versah, **lichterloh**. Der dicht geschlossene Kreis ihrer Altersgenossinnen ließ Polizei und Feuerwehr nicht bis zu der lebenden **Fackel** gelangen.
15　Schreie, dann Sprechchor: „BESSER STERBEN ALS LÄNGER

having exited
having fled
old men / ließen sich . . . nieder sat down

took over
able-bodied

smart-looking
brannte . . . lichterloh went up in flames / before torch

---

[1] *Kurt Marti:* Swiss author born 1921 in Bern where he still lives as a pastor. Studied law and theology. In 1972 he received the Johann-Peter-Hebel prize and the "große Literaturpreis des Kantons Bern."
[2] Take-off on Karl Marx, *Das Kapital.* „Proletarier aller Länder vereinigt Euch, Ihr habt nichts zu verlieren als Eure Ketten."

SO LEBEN!" Dem eben eingetroffenen Rundfunkreporter **erläuterte** eine verwitwete Juristin die Diskriminierung der Witwen in unserer Gesellschaft. Um acht Uhr war der Verkehr in der Innenstadt zum Stillstand gekommen. **Berufstätige** erreichten Büros oder Geschäfte nur schwer oder mit großer Verspätung. Die Polizei schien ratlos und **getraute sich** nicht, von **Knüppeln** und Tränengaswerfern Gebrauch zu machen. Niemand hatte bisher geahnt, wie viele alte Menschen es tatsäch-

explained

working people

dared
clubs

Engagiert und kämpferisch

endlich wieder lieferbar!

Trude Unruh
Aufruf zur Rebellion

„Graue Panther" machen Geschichte

Das zehnjährige Bestehen des Seniorenschutzbundes war für die Gründerin und Panther-Vorsitzende, Trude Unruh, Grund und Anlaß, ein Buch über die Geschichte ihrer Gruppe vorzulegen. Das Buch dürfte zur Heimsuchung für Sozialpolitiker und Behördenvertreter werden, die vom wohlverdienten Ruhestand reden, in Wahrheit aber nur Demut und passive Dankbarkeit erwarten. Trude Unruh ruft ihe Altersgenossen zum Aufstand gegen die brave Altenrolle auf. An kraftvollen Sprüchen mangelt es nicht, doch werden sie nie zur Phrase, weil Kritik immer sachlich belegt, Vorschläge beeindruckend detailliert dargestellt werden. Selten ist über Armut im Alter so frei von falschem Mitleid und politisch so konsequent geschrieben worden.
Der Band dokumentiert, wie sehr die Alten in der Bundesrepublik eine Selbsthilfeorganisation brauchen, die sich dem Schutz ihrer Rechte verschrieben hat. *NDR III*

Klartext

Trude Unruh
Aufruf zur Rebellion
„Graue Panther" machen Geschichte
160 S., 16,- DM;
2. überarbeitete und erweiterte Auflage

Klartext

Klartext Verlag
Viehofer Platz 1
4300 Essen 1

lich gab in der Stadt. Neue Transparente tauchten auf:
25 „MEHR GÄRTEN! MEHR GRÜN! MEHR LEBEN!" Daneben
winkte ein **Spaßvogel** mit dem selbstgemalten Plakat: „MEHR *joker*
SCHÖNES WETTER!" In vielen Varianten wurde gegen einen
drohenden **Realabbau** der Altersrenten protestiert. Durch Me- *reduction*
gaphone **mahnten** schnell alarmierte Behördenmitglieder zu *pleaded (asked for)*
30 Ruhe, Vernunft und Ordnung, wurden zum Teil aber **ausgepfif-** *hissed at /*
fen, verhöhnt. Schon wurden Geschäfte geplündert, Kaffee- *ridiculed*
und Wirtshäuser besetzt. Und wieder Transparente: „DIE OP-
FER DER TEUERUNG HELFEN SICH SELBST!" „WANN
HÖRT DER **MIETWUCHER** AUF?" Dauernd bahnten sich *rent gouging*
35 Krankenwagen ihren mühsamen Weg durch die Menge. Mit
Krückstöcken wurden die Fenster einer **Bestattungsfirma** *canes / funeral parlor*
eingeschlagen, Warnzettel an ihre Eingangstüre geklebt:
„STERBT NICHT MEHR FÜR DIESE FIRMA—SIE **BEUTET** *exploits*
EUCH AUS!" Da und dort sah man Jugendliche ermüdete
40 Transparentträger **ablösen** oder für heiser gewordene Demon- *replace*
stranten schreien: „DER TOD IST UNS SICHER—SO VER-
GESST IHN UND KÄMPFT!" „TRETET DER ALTERSGE-
WERKSCHAFT BEI!" Besonders aktive Gruppen **skandierten** *union / chanted*
noch radikalere Parolen: „WIR FORDERN GRATISWOH-
45 NUNGEN!" „BILDET ALTERSKOMMUNEN!" „WENN SIE DIE
RENTEN KÜRZEN—REGIERUNG STÜRZEN!" Eine **Quartier-** *sit-in group*
gruppe hatte **Klappstühle** mitgebracht und besetzte den Bun- */ folding-chairs*
desplatz. Am Gerechtigkeitsbrunnen wurde eine Wasser-
schlacht gegen Hilfspolizisten **angezettelt,** denen man *instigated*
50 zuschrie: „AUCH IHR WERDET ALT, AUCH IHR!" Um zehn
Uhr empfing der Stadtpräsident eine **Abordnung** der Alten *delegation*
und sicherte zu, ihre Forderungen **beförderlichst** prüfen zu *as quickly as possible*
wollen. Um 10 Uhr 17 brach ein Sonnenstrahl durch das Ge-
wölk. Vom Klappstuhl herab begann auf dem Bundesplatz ein
55 **Sektierer** über diesen **Erweis** des göttlichen Beistandes zu re- *member of a sect / proof*
den, Hallelujarufe ertönten. In der Münstergasse **fochten** zwei *fought*
alte Frauen aus unerfindlichen Gründen mit ihren Schirmen
gegeneinander. Langsam setzte Abwanderung ein, nur **Unent-**
wegte debattierten in kleinen Gruppen weiter. Am längsten *diehards*
60 blieben Restaurants und Cafés besetzt. Man hörte eine Senior-
engruppe singen: „So ein Tag, so wunderschön wie heute
. . ."[3] Überall ließen die Demonstranten Zettel und Plakate zurück: „WIR KOMMEN WIEDER!" „DER **STARRSINN** DES AL- *stubbornness*
TERS IST UNSERE WAFFE!" Das Bestattungsamt setzte den
65 **Trauergottesdienst** für die selbstverbrannte Witwe auf über- *memorial service*
morgen um elf Uhr fest. Über Rundfunk und Fernsehen
mahnten die Behörden zu Ruhe, Vernunft und Ordnung. Ab

---

[3] A rather sentimental song, often sung at the end of a festive occasion. Also, most famous song of the Mainzer Karneval.

Mittag wurde der Appell jede Stunde wiederholt. Er schloß mit den Worten: „Ihr, die Stützen des Staates! Ihr **Vorbilder** un- *role models*
70 serer Jugend! Ihr jung gebliebenen Alten: wir vertrauen auf euch! Vertraut auch auf uns!"

Zum Verständnis

1. Suchen Sie alle Wörter im Text, die mit Demonstration zu tun haben. Schreiben Sie sie an die Tafel und ordnen Sie sie in Gruppen.

    z.B. a. friedliche Demo   c. Begleiterscheinungen
            b. Gewalttätigkeit   d. . . .

2. Wofür/wogegen wird demonstriert? Schreiben Sie alle Parolen an die Tafel und besprechen Sie sie.
3. Wie reagieren die Behörden auf die Demonstration?

Zur Bedeutung

1. Welches Licht werfen die Forderungen der Demonstranten auf das Leben der alten Menschen in dieser Stadt?
2. Finden Sie die komischen Elemente in dieser Geschichte und besprechen Sie, was sie komisch macht. Was erreicht der Autor damit?
3. Wie unterscheidet sich diese Demonstration von Demos, die *Sie* kennen?

Diskussionsthemen und Debatten

1. Haben Sie schon an einer Demo teilgenommen? Welcher? Warum? Wie verlief sie?
2. Berichten Sie über das Leben eines Rentners/einer Rentnerin, den/die Sie kennen.

Niemand muß allein sein im Alter

Besuchen Sie mal einen Altenclub

Viele Ältere klagen darüber, daß sie keinen Bekanntenkreis haben. Sie fühlen sich einsam, vermissen Gespräche und Geselligkeit. Dabei wäre es so leicht für sie, Gleichgesinnte zu treffen: Beispielsweise in einer Altentagesstätte oder einem Altenclub. Wer noch nie dort war, sollte das so bald wie möglich nachholen. Man findet in diesen Begegnungsstätten immer Partner, mit denen man sich unterhalten, ein Hobby pflegen oder sonst etwas Gemeinsames unternehmen kann. Das Angebot ist vielfältig.

3. Wie versuchen sich Menschen jung zu erhalten? Gehen Sie ins Detail!

4. Welche Vor- und Nachteile assoziieren Sie mit dem Altern?
   a. Für den Einzelnen?
   b. Für die Gesellschaft?

5. Welche Differenzen zwischen Jung und Alt halten Sie für besonders schwerwiegend? Warum? Wie könnte man sie überwinden?

6. Wie stellen Sie sich *Ihren* Lebensabend vor?

7. Welche Auswirkungen auf die Gesellschaft haben Organisationen wie die Grauen Panther, die es auch in Deutschland gibt?

8. Wie sieht die Altersversorgung in Amerika aus? Ist sie ausreichend/nicht? Wo müßten Besserungen eintreten? (Denken Sie dabei an Renten, Krankenversicherung, soziale Einrichtungen usw.)

Gruppenarbeit

1. Im Verhältnis zur Vergangenheit gibt es heutzutage einen höheren Prozentsatz an älteren Menschen als früher. Woran liegt das? Wie wirkt sich das auf die Gesellschaft aus:
   a. Auf politischer Ebene?
   b. Auf sozialer Ebene?
   c. Auf ökonomischer Ebene?

2. Nehmen Sie an, man hätte Sie zum Organisator einer Demo gewählt. Sie treffen sich am Abend vorher mit mehreren Leuten und besprechen die geplanten Aktionen/Aktivitäten. Dazu brauchen Sie: Erlaubnis, einen Stadtplan, Banner, Flugblätter, Helfer usw.

Schriftliches

Wählen Sie eines der folgenden Themen für einen Aufsatz.

1. In *Nur nicht ins Altersheim* und *Demonstration* werden zwei Arten des Widerstandes gegen die Diskriminierung alter Menschen in unserer Gesellschaft beschrieben. Wo liegt das Gemeinsame, wo das Unterschiedliche in diesem Widerstand?

2. In den drei Lesestücken werden verschiedene Möglichkeiten aufgezeigt, sich im Alter zu behaupten und den Lebensabend positiv zu gestalten. Welche Art bevorzugen Sie? Warum?

3. „Ihr, die Stützen des Staates! Ihr Vorbilder unserer Jugend! Ihr jung gebliebenen Alten: wir vertrauen auf Euch! Vertraut auch auf uns!"— Diskutieren Sie dieses Zitat aus *Demonstration* im Zusammenhang mit dem Thema „Altern". (Was bedeutet es in der Geschichte *Demonstration?* Wie paßt es zu den anderen beiden Texten in diesem Kapitel? Inwiefern gilt es für ältere Menschen überhaupt, inwiefern nicht? usw.)

KAPITEL 3

Musisches

Einführung in das Thema

Was macht Ihnen am meisten Spaß: Singen, Tanzen, Theaterspielen, Töpfern, Malen, Saxophonspielen? Gehen Sie lieber ins Kino oder ins Theater, in eine Galerie oder in ein Museum? Mögen Sie lieber Jazz, Pop, Folklore oder klassische Musik?

Planen Sie mit Freunden ein Wochenende „in Kultur". Die unten stehenden Möglichkeiten dienen als Anhaltspunkte.

Greenpeace, Stadtteilbücherei Enkheim, Barbarossastr. 65: Ausstellung unter dem Motto „Erst wenn der letzte Baum gerodet, der letzte Fluß vergiftet, der letzte Fisch gefangen, werdet ihr feststellen, daß man Geld nicht essen kann" (Zitat der Creek-Indianer). (Bis 30. Januar).

MUSIKKNEIPEN
a. **Jazz-Studio Nürnberg**
Panierplatz 27/29, Tel. 22 43 84
Geöffnet: Mi/Fr/Sa ab 21 Uhr

b. **Schmelztiegel**
Bergstraße 19, Tel. 22 48 65
Geöffnet: täglich ab 19 uhr, Di und Do ab 20 Uhr 30

Kunstbibliothek in der Sonderausstellungshalle, Museen Preußischer Kulturbesitz: „Schiffe, Häfen, Kontinente. Eine Kulturgeschichte der Seefahrt", 12. 9.–30. 12.

Frankfurter
Museums-Gesellschaft e.V.

Spielzeit 1981/82

3. Kammermusik-Abend

Freitag, 20. November 1981
20.00 Uhr

Alte Oper, Mozartsaal

Duo

Ulf Hoelscher   Violine
Michel Béroff   Klavier

Die Nürnberger Sehenswürdigkeit gegenüber dem Hauptbahnhof!

Handwerkerhof Nürnberg am Königstor

● Bummeln, schauen, gut einkaufen – und in historischer Umgebung fränkische Gastlichkeit und Gemütlichkeit genießen.
● Handwerker zeigen traditionelle Handwerkskunst in ihren »lebenden« Werkstätten.

Öffnungszeiten: täglich ab 10 Uhr geöffnet.
Sonn- und Feiertage geschlossen.

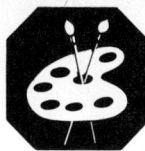

Kunstausstellungen

Museum für Kunsthandwerk, Schaumainkai 15, Treffpunkt Foyer: 11 Uhr Führung durch die Sonderausstellung „Kerzenleuchter aus acht Jahrhunderten".

DO 4. **KLAPPMAUL THEATER**
KINDERPROGRAMM – »Ein Frosch lernt fressen« – 10 & 15 Uhr

DO FR SA 4. 5. 6. **AXEL ZWINGENBERGER**
Boogie Woogie live.
Ein heißes Tastenspektakel – 20 Uhr

SO 7. **VARIETÉ!** »Varieté lebt« – 16 & 20 Uhr

DO 11. **TANGO MORTALE**
Ein Piano & ein Cello mit ‚trauriger Tanz-Musik' – 20 Uhr

Internationaler Heidelberger Orgelsommer 1984

In den Monaten Juli und August findet der alljährliche Internationale Orgelsommer in der Heiliggeistkirche mit Gästen aus dem In- und Ausland statt.
Konzerte jeweils am Freitag und Samstag um 20.30.
Sonntägliche Orgelmatineen
An jedem Sonn- und Feiertag Orgelkonzert mit alter und neuer Orgelmusik um 11.30 Uhr in der Heiliggeistkirche.

Kultursaison
Ab Herbst blühen bei uns die Musen

Sie werden es selbst erleben: In unserer romantischen alten Stadt vibriert und flimmert das Leben, ganz so, als läge immer ein **Hauch** von Musik in der Luft. Und so ist es auch. **Buchstäblich.** *sound / literally*

Die Serenadenkonzerte und Schloßspiele[1] kennen Sie vielleicht schon . . . Aber sie sind nur ein **Ausschnitt.** Musikkultur in Heidelberg ist viel reicher und vielfältiger. Wußten sie, daß eine der modernsten Orgeln in der Heidelberger Heiliggeistkirche steht? Sie können ihrem reichen rauschenden Klang bei den Matineen am Sonntag lauschen. Oder bei den Konzerten der **Studentenkantorei.** Oder im Heidelberger Orgelsommer. *sample* ... *student organists*

Kantor Peter Schumann weiß natürlich, daß die technisch-musikalische **Ausstattung** nur die eine Seite ist. Gleichsam die **Voraussetzung.** Die andere Seite ist die künstlerische Erfahrung, der klangliche Ausdruck, die musikalische **Entfaltung.** *choirmaster / facility / prerequisite / development*

Daran können Sie übrigens selbst mitwirken—wenn Sie mögen! Am **2. Weihnachtstag** lädt der Kantor der Heiliggeistkirche um 15 Uhr zu Bachs Weihnachtsoratorium ein. Zum Mitsingen. Zum Mitgestalten. *December 26*

Es gibt so vieles mehr: Die musikalische Palette reicht vom Orchester der Stadt Heidelberg über den Bachverein bis zu den Abschlußkonzerten der Staatlichen Musikhochschule. Oder lieben Sie vielleicht Brahms gar nicht?

Dann mögen Sie Jazz? Auch gut. Den ältesten Studenten-Jazz-Keller Deutschlands finden Sie natürlich in Heidelberg— wo sonst? Cave 54 heißt er, steht in der Krämergasse und hat seit neustem viel New- und No-Wave auf dem Programm (kleiner Tip für Insider). Aber das Cave 54 ist nur eines von vielen aus unserer Jazz-Szene. Vom größten bis zum neusten Namen, hier finden Sie alles. Und falls Sie Ihr **Frühstücksbrötchen musikalisch belegen**[2] möchten—schauen Sie nur in den Veranstaltungskalender: Verschiedene Gaststätten bieten Ihnen jeden Sonntag einen **Jazz-Frühschoppen**[3] an. *breakfast served with music / jazz with a morning glass of wine or beer*

[1] *Schloßspiele:* theatrical and musical festivals held in old castles all over Europe, usually during the summer months.
[2] Remember: ein belegtes Brot = ein Stück Brot, das mit Wurst, Käse und den verschiedensten Garnierungen belegt ist. (*an open face sandwich*).
[3] *Frühschoppen:* traditional partaking of wine or beer before noon, nowadays often accompanied by musical entertainment and food. (*Schoppen* is a liquid measure.)

Genug Musik? Nicht, daß wir mit unserem Angebot schon am Ende wären . . . **Längst nicht.** Aber Sie sollten sich **unbedingt** noch ein wenig Zeit für einen Theaterabend reservieren. Heidelbergs Städtische Bühnen haben gerade in den letzten Jahren ihren Ruf als interessantes experimentierfreudiges Theater ausgebaut. **Intendant** Stoltzenberg hat in seinem Haus großen Talenten zum internationalen Durchbruch verholfen. Namen wie Mouchtar-Samorai oder den des Choreographen Kresnick kennt heute jeder Theaterfreund. Einladungen zu den größten Festspielen der Welt lohnten die Mühen des Aufbauens und immer wieder erneuerten Anfangens. Besonders große Beachtung fand in der letzten Spielzeit die **Uraufführung** von Michael Endes „Gauklermärchen".

not by a long shot
definitely

director

première

Ein wenig leichter und **unbeschwerter** geht es im Zimmertheater[4] zu—**Boulevard** auf hohem Niveau heißt hier das Konzept. Aber das Musiktheater sollten Sie auch nicht vergessen. Und das **engagierte** und lustige Jugendtheater und Studio auch nicht. Und . . . und . . . und.

more carefree
entertainment

committed

Was sollen wir Ihnen alles aufzählen? Schauen Sie doch einmal selbst herein! Überall werden Sie es wiederfinden: die Leichtigkeit, die Freude an **Geist** und Kultur, die lebensfrohe aufgeschlossene Jugendlichkeit, die ein Merkmal der Menschen in dieser alten traditionsreichen Stadt ist.

intellect

Heidelbergs Kulturszene besteht nicht nur aus Musik und Theater. Auch auf dem Gebiet der **Bildenden Kunst** gibt es bemerkenswerte Aktivitäten. Neben **etlichen** Galerien ist hier vor allem der Heidelberger Kunstverein zu nennen, der die Aktivitäten des historisch ausgerichteten Museums im Blick auf die **zeitgenössische** Kunst ergänzt. Der Kunstverein veranstaltet in der Gartenhalle (Hauptstr. 97), im Deutsch-Amerikanischen Institut (Sophienstr. 12) und an anderen Orten, z.B. auf dem Heidelberger Schloß, Ausstellungen zeitgenössischer Kunst mit internationaler **Ausrichtung,** außerdem Vorträge, Kunstreisen und Konzerte.

fine arts
numerous

contemporary

orientation

Zum Verständnis

Was bietet Heidelberg dem Besucher auf dem Gebiet der Musik, der bildenden Kunst und des Theaters? Stellen Sie mit Hilfe des Textes einen Veranstaltungskalender zusammen!

Zur Bedeutung

1. Der Artikel *Kultursaison* ist einem Magazin entnommen, das vom

---

[4] *Zimmertheater:* small intimate theater, often performing experimental plays.

Verkehrsverein Heidelberg e.V. herausgegeben wird; ein Reklametext also. Beschreiben Sie den Ton und Stil des Artikels (z.B. An wen richtet sich der Artikel? Wie wird der Leser angesprochen, als Fremder oder Bekannter? Welche Art von Vokabular wird verwendet? Ist der Stil formell oder informell? Wie wird Information vermittelt? Sind die Satzkonstruktionen einfach oder kompliziert? usw.)

2. Haben Sie jetzt Lust auf einen Besuch in Heidelberg? Warum? Warum nicht?

Hunderttausendmal Mona Lisa
Hoimar von Ditfurth[1]

Wem es je gelänge, künstliche Diamanten herzustellen, die von natürlichen **Edelsteinen** nicht mehr zu unterscheiden wären, der hätte eine höchst **widersinnige** Leistung vollbracht. In wahrhaft paradoxer Weise würde er sich durch sein
5 eigenes Tun **um** den Erfolg seiner Anstrengungen **gebracht** sehen, weil er den Wert der Kostbarkeit, die herzustellen er sich bemühte, gerade durch seinen Erfolg **aufgehoben** haben würde.

Droht eine ähnliche Gefahr womöglich der bildenden
10 Kunst? Die Technik der Reproduktion hat sich seit Jahrzehnten immer weiter **vervollkommnet. Kürzlich** wurde berichtet, daß es gelungen sei, ein technisches **Wiedergabeverfahren** zu entwickeln, das sogar die **Pinselmarken** des Originals plastisch auf die Kopie zu übertragen gestattet. Kein Zweifel, es ist
15 bloß noch eine Frage der Zeit, bis uns die Technik Kopierautomaten **bescheren** wird, die ein Original elektronisch in mikroskopisch feinen **Rasterpunkten** abtasten, um diese in ihrem Farbwert, ihrer **Oberflächenbeschaffenheit** und allen anderen sichtbaren Qualitäten so exakt zu reproduzieren, daß eine
20 identische Reduplikation entsteht. Dann wird es auf einmal **beliebig viele,** von besonders beliebten Kunstwerken vielleicht Hunderttausende von Wiederholungen geben. Duplikate in jedem Sinne des Wortes, die auch der Fachmann nur noch mit Hilfe von **Röntgenstrahlen** oder durch andere indirekte
25 Methoden vom Urbild unterscheiden könnte.

gems
nonsensical

um ... gebracht robbed of

cancelled

perfected / recently
copying process
brush strokes

offer
dots
surface condition

any number

x-rays

[1] *Hoimar von Ditfurth:* born 1921 in Berlin, is professor of psychiatry and neurology. He has published several books and numerous essays on a wide range of topics from the field of natural science.

Vielen Menschen ist diese Vorstellung ein **Greuel**. Warum eigentlich? Wer dabei den wohl tatsächlich zu erwartenden Verlust des Marktwertes bisher „einmaliger" Kunstwerke im Auge hat, verwechselt die Aufgabe unserer Museen mit der des legendären Fort Knox. Für Falschgeld im Reiche der Kunst kann das vollendete Duplikat nur halten, wer sich mehr für die Kursschwankungen an der **Kunstbörse** als für den künstlerischen **Gehalt** der dort gehandelten Werke interessiert.

Aber freilich, auch der **weihevolle Schauer,** der den **ehrfürchtigen** Betrachter überfällt, wenn er das vor seinen Augen hängende Original als die noch gegenwärtige Spur der Existenz seines **Schöpfers** bedenkt, auch er würde **sich angesichts** eines in tausendfacher Auflage angefertigten Duplikats kaum mehr **einstellen** können. Jedoch, wäre das wirklich ein Verlust? Wie sehr die bewundernde **Besinnung auf** den Künstler von dem **ablenken** kann, was er uns hinterlassen hat, scheinen jene frühen Maler gespürt zu haben, die nicht einmal auf den Gedanken kamen, ihre Bilder überhaupt zu signieren.

So ist vielleicht der Gedanke zulässig, daß die zunächst so **bedenklich** erscheinende Möglichkeit, ein Kunstwerk beliebig oft „reduplizieren" zu können, in Wirklichkeit sogar etwas Positives bewirken würde, indem sie die **darstellende Kunst** aus ihrer jahrhundertelangen babylonischen Gefangenschaft in unseren Museen befreite.

Die **strapaziösen** Märsche durch überfüllte Galerien, welche die **Aufnahmefähigkeit** jedes Menschen **überfordern,** würden dann als die **Notlösung** erkannt werden, die sie heute noch darstellen. Nicht länger mehr Pilgerziele wären die Museen, sondern so etwas wie **Eichämter:** Die in ihnen— **verläßlicher** als je zuvor—gehüteten Originale hätten nur noch die Funktion, wie sie jener Metallstab in einem Keller in Paris erfüllt, der **gewährleistet,** daß unsere Metermaße stimmen.[2] Sie würden die Rolle von **Matrizen** übernehmen, von „Urmetern" der Kunst, die so viele Duplikate herzustellen gestatten, daß alle Kunstwerke—endlich!—jedem **zur Verfügung stehen,** der sie haben will.

Zum Verständnis

1. Erklären Sie das Paradox im ersten Absatz.
2. Beschreiben Sie, wodurch sich eine identische Reduplikation von einer herkömmlichen Photokopie unterscheiden würde.

[2] The reference is to the *Urmeter* (the original meter measure), stored in a safe in Paris, against which all other meter sticks are calibrated.

3. Welche verschiedenen Vorstellungen von Museen erwähnt der Autor?

> **Der Meisterfälscher**
> Nirgendwo ist das Altertum so aktuell wie in Ägypten. Kunstfertige Fälscher gießen, hämmern und feilen in versteckten Werkstätten an kostbarem Nachschub für den Antiken-Markt. art hat die geschickten Kopisten aufgetan und verrät ihre Geheimnisse

Zur Bedeutung

Ditfurth will mit diesem Artikel beweisen, daß die elektronische Reproduktion von Gemälden für Kunstinteressierte etwas sehr Positives sein könnte.

Nadeldrucker bringen überraschend gute Grafikausdrucke.

a. Mit welchen Argumenten und Beispielen versucht er den Leser zu überzeugen? Schreiben Sie sie an die Tafel und ordnen Sie sie in logischer Reihenfolge.
b. Welche Parallelen, beziehungsweise Gegensätze sieht er zwischen einem echten Diamanten und einem Gemälde, welche zwischen einem künstlichen Diamanten und der Kopie eines Gemäldes?
c. Hat Ditfurth Sie überzeugt? Warum/nicht?

Das Märchen vom Dis
Reiner Kunze[1]

Eine Großmutter sang ihrer kleinen Enkelin das Abendlied. Der Ton Dis aber **stahl sich davon.** Auf einen Ton mehr oder weniger kommt's nicht an, dachte er und **ging bummeln.** Halb Seelenhauch, halb Kehlenhauch schwebte er durch die Luft, über sich die Sterne, unter sich die Lieder der **Grillen,** Katzen und Frösche. Er suchte sich das Lied einer Grille aus und ließ sich in ihm nieder. Doch die Grille verwechselte ihre Beine, als sie den Menschenton hörte in ihrem Gesang, und schwieg. Da suchte er sich das Lied einer Katze aus und ließ sich in ihm nieder. Doch die Katze **schlang sich** einen Knoten in den Schwanz, als sie den Menschenton hörte in ihrem Gesang, und sie schwieg. Da suchte er sich das Lied eines Frosches aus und ließ sich in ihm nieder. Doch der Frosch tauchte weg, als er den Menschenton hörte in seinem Gesang, und beinahe wäre der Ton Dis ertrunken. Er wunderte sich über die Grille, die Katze und den Frosch.

Halb Seelenhauch, halb Kehlenhauch schwebte er in einen Saal, in dem ein Kapellmeister mit seinen Musikern probte, und gesellte sich zu einer lieblichen Flötenmelodie. Doch der Kapellmeister klopfte mit dem Taktstock aufs Pult und sagte: „Was ist das für ein Dis, es kommt von den Flöten und klingt nicht wie ein Flötenton!" Der Ton Dis hörte den **Tadel** und gesellte sich zu einer zärtlichen Oboenmelodie. Doch der Kapellmeister klopfte mit dem Taktstock aufs Pult und sagte: „Was ist das für ein Dis, es kommt von den Oboen und klingt nicht wie ein Oboenton!" Der Ton Dis hörte den Tadel und gesellte sich zu einer lustigen Klarinettenmelodie. „Himmeldonner-

sneaked away
went for a stroll

crickets

tied itself

reproach

[1] *Reiner Kunze:* born 1933 in Oelsnitz, now GDR, studied philisophy and journalism at the University of Leipzig and now lives in the FRG. He has been writing poetry and prose since 1962.

wetter", rief der Kapellmeister, „was ist das für ein Dis, jetzt kommt es von den Klarinetten und klingt nicht wie ein Klarinettenton!" Dabei schlug er sehr aufs Pult, daß es zu weinen begann und sagte: „Liebes Dis, geh fort, denn ich bekomme deinetwegen Schläge."

Der Ton Dis wunderte sich, daß das Pult seinetwegen Schläge bekam, und war traurig.

Guten Abend, gut' Nacht, mit Rosen bedacht, mit Näglein besteckt, schlupf unter die Deck! Morgen früh, wenn Gott will, wirst du wieder geweckt, morgen früh, wenn Gott will, wirst du wieder geweckt.

35 Halb Seelenhauch, halb Kehlenhauch schwebte es in die
Oper. Auf der Bühne sang eine Sängerin ein Lied, das so traurig war wie er, und ihn ergriff eine große Sehnsucht, in diesem
Lied zu sein. Kaum aber war er in ihm erklungen, begann das
Publikum zu lachen, die Sängerin **fiel in Ohnmacht**, der Vor- *fainted*
40 hang ging nieder, und der Operndirektor kam auf die Bühne
gelaufen und raufte sich die Haare. „Ein Dis, das überhaupt
nicht hineingehört! Und wie von einer Großmutter gesungen!
Alles ist verdorben!" Der Ton Dis war verzweifelt.
   Halb Seelenhauch, halb Kehlenhauch schwebte er durch
45 die Nacht und wußte nicht, wohin. Am Morgen hörte er ein
kleines Mädchen ein Lied summen. Auf einmal **hielt** es **inne**, *stopped*
horchte in sich hinein und begann von vorn. Doch schien ihm
in der Erinnerung ein Ton zu fehlen, denn es unterbrach sich
von neuem. Da erkannte der Ton Dis das Abendlied, aus dem
50 es sich davongestohlen hatte, und schwebte in die Erinnerung
des Mädchens. Nun konnte es in sich das Abendlied hören,
wie die Großmutter es gesungen hatte, und freute sich sehr
darüber. Der Ton Dis aber war glücklich, denn er hatte den
Platz wiedergefunden, an dem er gebraucht wurde und Freude
55 bereitete.
   Er begriff: Auf jeden Ton kommt es an . . . Und besonders in
der Erinnerung eines Kindes.

Zum Verständnis

1. Was sind die einzelnen Abenteuer, die der Ton Dis erlebt? Schreiben Sie sie in chronologischer Reihenfolge an die Tafel und erzählen Sie dann das Märchen in Ihren eigenen Worten wieder.

2. Geben Sie den Instrumenten in der Abbildung die richtigen Namen!
   - e Baßtuba
   - e Bratsche
   - s Fagott
   - e Flöte
   - e Geige (erste und zweite)
   - e Harfe
   - s Horn
   - e Kesselpauke
   - e Klarinette
   - r Kontrabaß
   - e Oboe
   - e Posaune
   - r Triangel
   - e Trommel
   - e Trompete
   - s Violoncello

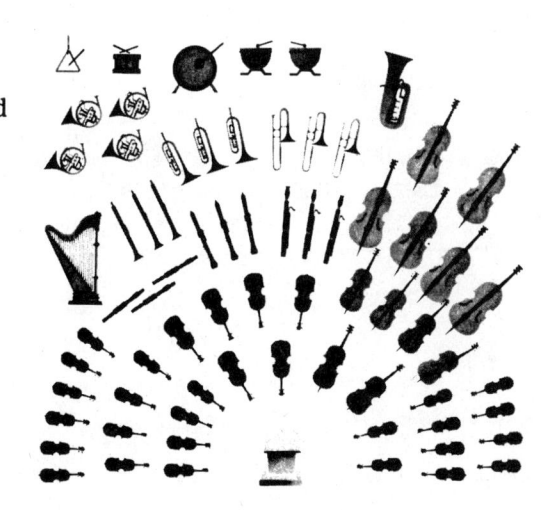

3. Welche Klänge assoziieren Sie mit den einzelnen Instrumenten? Nehmen Sie die Liste zu Hilfe! (Denken Sie dabei z.B. an Prokofieffs Ballett *Peter und der Wolf*.)

sanft	klagend	grell	geräuschvoll
schrill	traurig	hoch	scharf
lieblich	laut	sehnsüchtig	melancholisch
leise	singend	erhaben	verträumt
weich	schallend	warm	lustig
spitz	pfeifend	zärtlich	usw.
tief	kratzend	dröhnend	

Inwiefern beeinflussen Stimmungen Ihre Vorliebe für eine bestimmte Art von Musik oder Musikinstrumenten?

Zur Bedeutung

1. Besprechen Sie die wesentlichen Elemente eines herkömmlichen Märchens. Wie paßt *Das Märchen vom Dis* in dieses Genre?

2. *Dis* ist eine Musiknote. Eine völlig andere Bedeutung hat es als Vorsilbe, wie z.B. in *Dis*-sonanz. Wie manifestiert sich Dissonanz in dieser Geschichte?

3. Was sagt das Märchen über Musik aus? Was über Kunst im allgemeinen?

Diskussionsthemen und Debatten

1. Sind Sie künstlerisch begabt? (Spielen Sie ein Instrument? Malen, singen oder tanzen Sie? usw.)

2. Nennen und besprechen Sie alle künstlerischen Ausdrucksformen, die Ihnen bekannt sind.

3. Gehen Sie gern ins Museum? Warum? In welches?

4. Womit dekorieren Sie sich die Wände Ihres Zimmers, Ihrer Wohnung?

5. Welche Aufgaben haben Museen?

6. Besprechen Sie den Unterschied zwischen Fälschung und Reduplikation.

7. Welche Vor- beziehungsweise Nachteile haben private Kunstsammlungen. Schreiben Sie sie an die Tafel und diskutieren Sie darüber.

8. In den Vereinigten Staaten werden viele kulturelle Einrichtungen privat finanziert; in Europa hingegen werden sie fast gänzlich vom Staat subventioniert. Was halten Sie davon?

9. „Kulturelle Bedürfnisse sind im Leben des Menschen Grundbedürfnisse" (aus: „Liebe Hochzeiter"). Nehmen Sie dazu Stellung.

10. Diskutieren Sie über das Thema: „Kunst als Hobby, Beruf, oder Berufung".

JOACHIM BERTHOLD
PLASTIK

Lösung — 1980/81, Bronze, Höhe 64cm

Ausstellung in der
GALERIE TIMM GIERIG-LEINWANDHAUS
Weckmarkt 17, 6000 Frankfurt 1

Gruppenarbeit

1. Stellen Sie eine Broschüre für die kulturellen Darbietungen an Ihrer Universität zusammen. (Nehmen Sie dabei Ihre Notizen von ,,Kultursaison"—Zur Bedeutung—zu Hilfe.)
2. Die Szene ist eine Fernsehshow über Kunstinteressen. Vier Studenten spielen Journalisten, die zwei bis vier Gäste interviewen. Folgendes sollten Sie dabei herausfinden: künstlerische Interessen und Veranlagungen, welche Kunstform wird bevorzugt, warum? (Konsultieren Sie dabei die oben in #2 zusammengestellte Liste), hat Ihr Gast eine künstlerische Ausbildung, wird Kunst als Hobby oder Beruf ausgeübt, wieso haben viele überhaupt keine kulturellen Interessen, usw.

III Neu—Neu—Neu—Neu—Neu—Neu—Neu

Liebe Hochzeiter,

mit dem sogenannten ,,happy end" mündet eine Liebesbeziehung seit Ewigkeiten im Stand der Ehe. Und für Eheleute, die ihre Hochzeit hinter sich haben, gibt es eine neue Erfahrung: verheiratet sein!

Wer mit seiner Eheschließung auch den Hausstand gründet, muß rechnen. Und wenn die Hochzeit auch noch so groß gefeiert wurde, der Alltag ist anders: keine Champagner—oder Sektkorken knallen. Rechnungen flattern herein. Es muß dies und es soll jenes noch angeschafft werden. Aussteuer hin, Aussteuer her: An so vieles wurde nicht gedacht. Woher nehmen, wenn nicht sparsam wirtschaften! Also überall Abstriche machen? Kein Theater, kein Kino, nicht einmal ins Kabarett . . . ?

Nein, so schlimm soll es im ersten Jahr nach der Hochzeit nicht kommen. Kulturelle Bedürfnisse sind im Leben des Menschen Grundbedürfnisse, die sich nicht so einfach aussperren oder unterdrücken lassen!

Die Frankfurter Volksbühne hat sich etwas ganz besonderes ausgedacht: ein Abonnement für Jungverheiratete. Drei kleine Worte, die für ,,ich liebe dich" stehen: ,,Ring der Hochzeiter"!

Für sage und schreibe nur 99 Mark (Neunundneunzig) gibt es acht Gutscheine, so daß ein junges Paar viermal gemeinsam Theater erleben kann. Ein Jahr lang gelten die Gutscheine, und zwar fürs Frankfurter Schauspielhaus, Fritz-Rémond-Theater, Komödie, und einmal gibt es die Möglichkeit der freien Wahl für das Volkstheater, oder Kunstgemeinde[1] oder TAT[2] oder Die Maininger[3] oder oder oder.

[1] *Kunstgemeinde:* group sponsoring theatrical and musical events.
[2] *TAT (Theater am Turm):* name of a theater.
[3] *Die Maininger:* name of a satirical cabaret.

Wenn das kein ehestärkendes Kulturangebot ist, ein hart subventioniertes obendrein! Und die Frankfurter Theaterzeitung „akt" kommt als Zugabe ein Jahr lang gratis ins Haus!

Alles Gute fürs erste Jahr! Ihre Frankfurter Volksbühne

KAPITEL 4

Beruf: Warum nicht was Traditionelles werden?

Einführung in das Thema

In welchen Berufen können die unten stehenden Werkzeuge/Arbeitshilfen gebraucht werden?

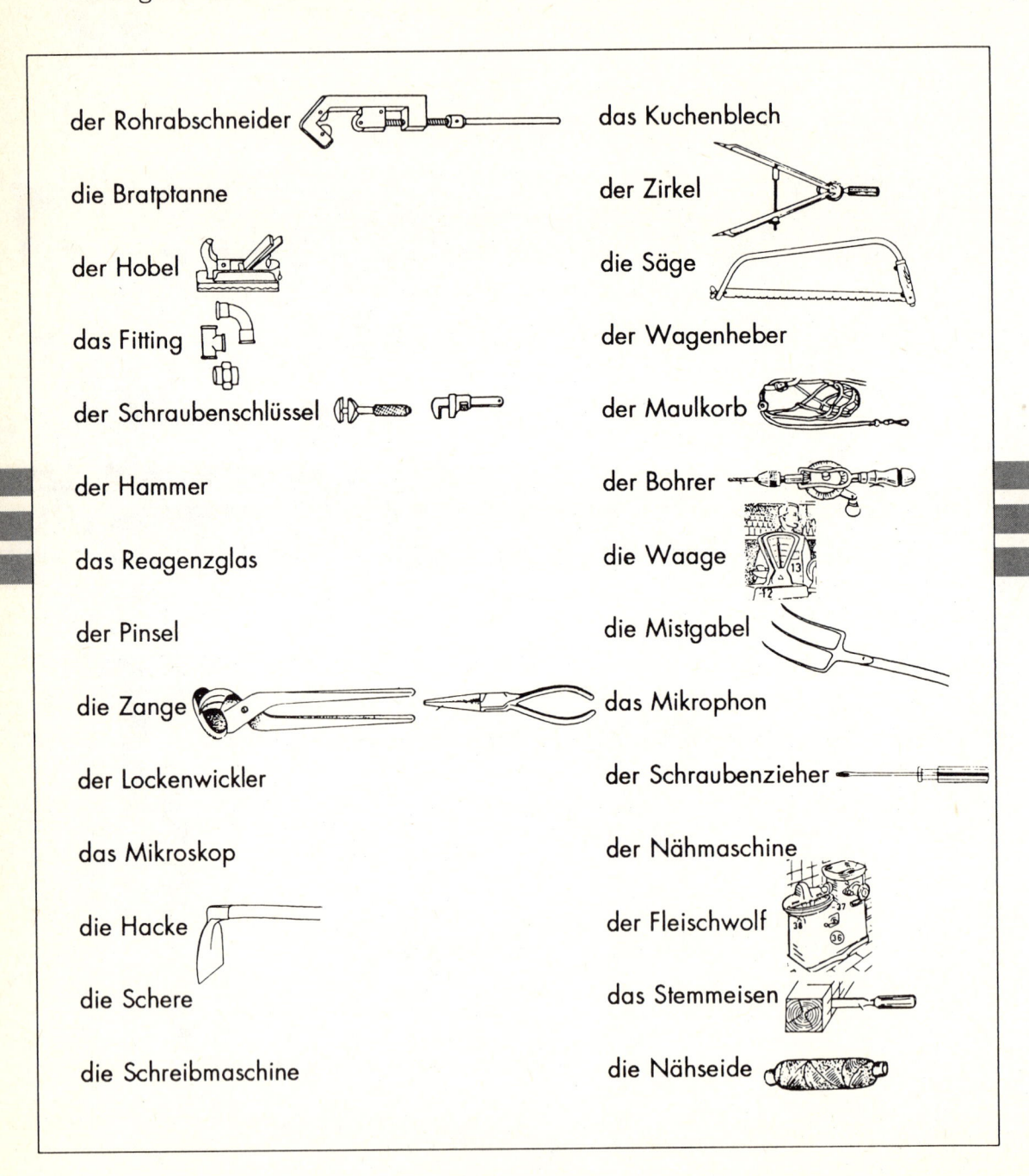

der Rohrabschneider	das Kuchenblech
die Bratpfanne	der Zirkel
der Hobel	die Säge
das Fitting	der Wagenheber
der Schraubenschlüssel	der Maulkorb
der Hammer	der Bohrer
das Reagenzglas	die Waage
der Pinsel	die Mistgabel
die Zange	das Mikrophon
der Lockenwickler	der Schraubenzieher
das Mikroskop	der Nähmaschine
die Hacke	der Fleischwolf
die Schere	das Stemmeisen
die Schreibmaschine	die Nähseide

45 Beruf: Warum nicht was Traditionelles werden?

Vier junge Freunde
Haug von Kuehnheim[1]

Die Vier haben **mich nachdenklich gemacht**. Vor ein paar Wochen haben sie ihr Abitur bestanden. Ihre Noten **können sich sehen lassen**. Da ist Jens. Seit drei Wochen trägt er die Uniform eines Fliegers. Mit seinen Stubenkameraden **kommt er klar**, sein Gruppenführer ist in Ordnung, der **Zugführer**, ein Oberleutnant ist es auch. Die ersten **Blasen** an den Füßen hat er sich geholt, und auf die **Scheibe** hat er auch schon geschossen. Dennoch möchte er lieber heute als morgen aussteigen. Er will **nachträglich verweigern.** Ihm erscheint der Dienst mit der Waffe wenig sinnvoll, das **vorschriftsmäßige** Falten des Arbeitsanzugs unsinnig. „Ist die Zeit nicht nützlicher gebraucht", so fragt er, „wenn ich bei den **Johannitern** helfe oder in einem Altenheim?"

Da ist Christine. Gerade kam sie mit ihrem Vater von Sylt zurück. Am Strand haben die beiden genächtigt, sie **umsorgte** ihn. „Endlich hatte ich ihn einmal ganz für mich", sagte sie. Nachmittags **fährt** sie für eine Drogerie Waren **aus**, und nächste Woche besucht sie Freunde in Paris. Dann wird sie auf die Fremdsprachenschule gehen, Spanisch, Französisch und Englisch, Stenographie und Schreibmaschine lernen. Wahrscheinlich wird sie danach Jura studieren und sich auf ausländisches Recht spezialisieren. „Je mehr du kannst, umso mehr wirst du später verdienen", sagt der stolze Vater.

Da ist Heike. Von allen Vier hat sie die besten Abiturnoten. Verschwitzt und verdreckt **kreuzt** sie—mit einem Freund **im Schlepptau**—bei ihrer Großmutter **auf**. In einem Sommerlager bei Gorleben[2] kampierte sie. „Doch da lief nicht viel", sagt sie. Auch der Ausflug nach Berlin war ein **Reinfall**, weil sie den Karlsruher Freund, der wegen eines Demonstrationsvergehens **in Haft sitzt**, nicht besuchen durfte. Aus ihrem Rucksack **lugt** ein **Flugblatt** mit den herbstlichen Demonstrationsdaten. Ob sie mitmachen will? Vielleicht. Studieren? Mal sehen. Nach Nicaragua möchte sie. Bei der Alphabetisierungskampagne mitarbeiten. Deshalb wird sie jetzt Spanisch lernen. Vielleicht wird sie aber auch Medizin studieren, um später in Südamerika zu helfen. Und der Vater? Wird er das Studium bezahlen? „Ich weiß nicht", sagt sie, „vielleicht, vielleicht auch nicht."

---

[1] *Haug von Kuehnheim:* Journalist writing for *Die Zeit*
[2] *Gorleben:* Town where several much publicized anti-nuclear demonstrations took place.

Da ist Stephan. Er hat den **Antrag auf Wehrdienstverweigerung gestellt.** Restaurateur möchte er einmal werden. Doch die Lehrstellen sind **überlaufen,** die Berufsaussichten **düster.** Kein Silberstreifen am Horizont. Ein wenig traurig läßt er sich treiben und wartet auf die **Verhandlung,** um sein Gewissen überprüfen zu lassen.

Wie war es eigentlich damals, vor zwanzig, dreißig Jahren bei uns? Seien wir ehrlich: Auch wir wußten nicht, welchen Weg wir einschlagen sollten. Wir studierten Jura, weil der Vater es wünschte. Wir gingen zur Fremdsprachenschule, konnte ja nichts schaden. Soziologie **gefällig,** oder Germanistik? Wie lange hat der oder jener gesucht, bis er seinen Weg fand. Andere, **der Not gehorchend,** brachten ihre Ausbildung schnell hinter sich. Der Wunsch, Geld zu verdienen, war groß. Die Krise war noch nicht in Sicht. Kein **Numerus Clausus** drohte, Lehrstellen gab es reichlich. Die ersten Studentendemonstrationen waren noch ein Spaß, wir revoltierten gegen die Preiserhöhung der Straßenbahnen. Der Regen war noch nicht sauer, die Bäume lebten noch, und die Raketenzäune waren noch nicht so hoch, daß man vor ihnen erschrak.

Wenn wir gelegentlich **hadern,** weil die Jüngeren nicht so wollen wie wir, schwingt gewiß auch **Neid** auf eine Jugend mit, die in den Tag hineinlebt, sich treiben läßt, diesen schönen Sommer genießt und die Tage nicht zählt.

Wie schnell vergessen wir: Auch wir zählten damals die Tage nicht. Dafür schreiben wir den Jüngeren heute kluge Ratschläge ins Stammbuch.³ Demonstrieren? Kind, denk an die Chaoten! Nach Nicaragua? Denk an deine Altersversorgung! Verweigern? Dein Vater war auch Soldat! Restaurateur? Wer wirklich eine Arbeit sucht, der findet auch eine!

Der erhobene Zeigefinger der Erwachsenen **bewirkt** nichts. „Mit Liebe muß man ihnen begegnen", meint **schlicht** die Großmutter von Heike und hält ein frisch bezogenes Bett bereit, wenn die Enkelin ihre demonstrationsmüden Füße hochlegen will.

Die Vier werden ihren Weg machen. Noch **schnuppern** sie **nach** etwas Sinnvollem. Wir brauchen uns nicht zu sorgen.

Antrag stellen apply for conscientious objection
full / bleak
hearing

perhaps

out of necessity

quota system

complain
envy

accomplishes
simply

search for (sniff) for

Zum Verständnis

1. Was können Sie über jeden der vier Freunde aussagen? Seien Sie so genau wie möglich!

---

³ The phrase *Ratschläge ins Stammbuch schreiben* refers to something we ought to take to heart. The actual keeping of a *Stammbuch* with words of wisdom and advice from family and friends dates back to the 16th century.

2. Wovon wurde die ältere Generation bei der Berufswahl beeinflußt?

3. Was bedeutet Numerus Clausus?

Zur Bedeutung

1. Jens, Christine, Heike und Stephan sind Repräsentanten deutscher Abiturienten. Können Sie sich mit ihnen identifizieren? Mit wem? Warum? Warum nicht?

2. Ist die Frage „Was soll ich werden?" heute schwerer zu beantworten als früher? Warum, warum nicht?

3. Was sagt der Autor in diesem Artikel über das Verhältnis zwischen Jung und Alt aus? Wie stehen Sie dazu?

4. Warum sagt der Autor: „Die vier werden ihren Weg machen"? Teilen Sie seine Meinung?

III Traditionsberufe in neuem Gewand

packaging

*—Die Kombination aus kreativer und manueller Arbeit **bescherte** den Handwerksberufen eine Renaissance. **An** Aufstiegschancen **mangelt es nicht**.*
Aus *Wirtschaftswoche*

created

there is no lack of

Abiturientin Ulla hatte einen **unumstößlichen** Berufswunsch: „Für mich stand fest, daß ich **Tischlerin** werden wollte. Dieser Beruf **vereinbart** in idealer Weise einerseits Kreativität, andererseits Präzision in der Planung und drittens **Geschicklich‑**
5 **keit** in der Umsetzung von Ideen."
   Doch als Ulla diesen Entschluß vor einigen Jahren faßte, zählte sie zu den Pionieren—sogar in **zweierlei Hinsicht**. Denn damals steckte die Idee, daß auch Mädchen in den klassischen Männerberufen ausgebildet werden können, noch in
10 den Kinderschuhen. „Ich habe **mir** vielleicht **die Hacken abgelaufen**, um einen Betrieb zu finden, bei dem ich meine Lehre machen kann", erinnert sie sich. Zum zweiten gehörte sie zu den wenigen **Lehrlingen**, die mit dem Abitur in der Tasche an der Werkbank standen.
15   Beides hat sich in den vergangenen Jahren gründlich verändert. (. . .) Die Handarbeit und die damit verbundene Kreativität **steht** bei vielen wieder **hoch im Kurs**. Sie hat nicht zuletzt dazu geführt, daß die alten Handwerksberufe wie Schmied, **Zimmermann** oder **Reetdachdecker** eine Renais‑
20 sance erleben.

irrevocable
carpenter
combines
skill

two ways

pounded the pavement

apprentices

is desirable

joiner / roofer (thatched roofs)

Wer auf die Wanderschaft nach einem Ausbildungsplatz im Handwerk geht, wird sehr schnell eine weitere Besonderheit der **Zunft** feststellen. Die Branche wird von kleinen und mittelgroßen Unternehmen bestimmt. Fast eine halbe Million davon gibt es in der Bundesrepublik. In neun von zehn Handwerksbetrieben arbeiten neun oder weniger Mitarbeiter. Solche kleinen **Einheiten** sind aber gerade für diejenigen interessant, die nicht nach **Führungsaufgaben** streben, sondern **sich** in der handwerklichen Arbeit selbst **verwirklichen** wollen.

Ein Beispiel dafür ist Peter Schrumm, der **demnächst** die väterliche Bau- und **Möbelschreinerei** im Eifelort[1] Neidenbach übernehmen wird. Wenn er die Meisterschule in Saarbrücken hinter sich hat, **ist er um Aufträge** schon jetzt **nicht verlegen.** Peter hat sich nämlich schon während seiner Gesellenzeit auf die traditionelle Schreinerkunst seiner Heimat spezialisiert und dabei gelernt, Stühle, Schränke und **Truhen** herzustellen, die **aufs Haar** den **Vorbildern** aus dem vorigen Jahrhundert gleichen. „Er **fertigt** heute wieder einen Stuhl, an dem alles aus Holz ist und kein einziger Nagel **verwandt** wurde", berichtet Altschreinermeister Wilhelm Schrumm. Ob der Sohn diese Familientradition fortführen wird, bleibt abzuwarten. Die Möglichkeit, Schreinernachwuchs **heranzuziehen,** hat er nach der Meisterprüfung auf alle Fälle auch. Denn wie in allen anderen Handwerkszweigen ist jeder Meister **berechtigt,** Lehrlinge auszubilden.

Zwar wird auch heute noch dem Handwerk der sprichwörtliche goldene Boden[2] **nachgesagt,** doch mancher Abiturient würde ihn sich lieber noch etwas vergoldeter wünschen. Die 38,5-Stunden-Woche liegt **angesichts** folgender Zahlen, die im Jahrbuch des Handwerks 1984 nachzulesen sind, noch in weiter Ferne. „Die Ergebnisse der **Verdienst- und Arbeitszeiterhebung** im Handwerk . . . **weisen** eine mit rund 41 bezahlten Wochenstunden unveränderte Arbeitszeit der Voll- und Junggesellen **aus."**

Auch die Verdienstchancen liegen nicht gerade in **schwindelnden** Höhen. Ein Vollgeselle im Handwerk verdient heute im Durchschnitt 15 Mark in der Stunde. Diese Grenze überschreiten nur **knapp** die Kraftfahrzeugmechaniker. Deutlich darüber und damit an der Spitze der **Lohnskala** rangieren die Zentralheizungs- und Lüftungsbauer mit 16,61 Mark, gefolgt von den **Klempnern** und Gas- und Wasserinstallateuren mit

---

[1] *Eifel:* Mountainous region near the Belgian border.
[2] Refers to the proverb: *Handwerk hat goldenen Boden,* meaning: working as a tradesman is profitable.

16,56 Mark in der Stunde. Insgesamt stiegen die Löhne im Handwerk im vergangenen Jahr um zwei Prozent.

65 Während alle Welt nur vom Einzug der neuen Technologien in die Industrie spricht, **vollzieht sich** auch im Handwerk still und leise eine kleine Revolution. Optikermeister beispielsweise verlassen sich nur noch selten auf ihr eigenes Augenmaß. Der Computer ist ihnen in dieser Arbeit weit **überle-**
70 **gen.** Selbst der Schreinermeister wird sich die dienstbaren elektronischen Geister zunutze machen. Denn auf dem **Bildschirm** könnte der Kunde sein **künftiges** Wohnzimmer nach eigenem Wunsch **einrichten.** Der Computer ermittelt die notwendigen Maße und gibt sie an die Zuschneidemaschine wei-
75 ter, die dann die einzelnen Bauelemente zurechtschneidet.

Daß das Elektrohandwerk an der Spitze dieser technologischen **Umwälzung** steht, liegt auf der Hand. Aber auch die Kollegen in den Heizungs- und Sanitärberufen müssen **umdenken.** Die **Ansprüche** an energiesparende und umwelt-
80 freundliche Technologien werden eher zu- denn abnehmen.

Für das Handwerk bedeuten diese Veränderungen, daß auch in Zukunft enorme **Bildungsanstrengungen** unternommen werden müssen. Die ersten Schritte dazu sind bereits getan. Seit **Inkrafttreten** des Berufsbildungsgesetzes 1969 hat
85 die **Branche** 50 Ausbildungsordnungen für 61 Berufe **erlassen.** Im vergangenen Jahr sind die Regelungen für den Keramiker, den **Rolladen-** und **Jalousiebauer,** den **Wachszieher,** den **Seiler,** den Bürsten- und Pinselmacher, den Schilder- und **Leuchtreklamehersteller** und den Orgel- und Harmonium-
90 bauer neu gefaßt worden. Neue **Ausbildungsinhalte** erhielten ein Jahr zuvor die **Steinmetze** und **Bildhauer,** die Glasapparatebauer, Fleischer, Stricker, Weber und **Sattler.**

takes place

superior

screen
future
furnish

revolution
change their way of thinking
demands

efforts concerning education

taking effect
profession / passed
maker of shutters and blinds / candlemaker / ropemaker

maker of neon signs
curricula
stone masons / sculptors
upholsterers

Gesellenprüfung geschafft – und dann...?
Von 100 Jung-Gesellen verlassen 41 ihren Ausbildungsbetrieb
Es gehen...
12 zur Bundeswehr
11 in einen anderen Handwerksbetrieb
4 zu einer weiterführenden Schule
3 in die Industrie
2 in den Handel
4 werden arbeitslos
5 Absichten unbekannt
59 bleiben

Quelle: Handwerkskammer Düsseldorf

An dem Ausbildungsprozedere hat sich dagegen kaum etwas verändert. Die Lehre dauert in der Regel drei Jahre,
95 wobei Abiturienten von der Möglichkeit der Verkürzung Gebrauch machen können. Am Schluß der Ausbildung steht die Gesellenprüfung an. Sie gliedert sich in einen fachtheoretischen und in einen praktischen Teil, bei dem das **Gesellenstück** zu arbeiten ist. Erst nach einer mindestens dreijährigen *apprentice project*
100 Gesellenzeit kann die Meisterprüfung **abgelegt** werden. Zur Vorbereitung darauf bietet das Handwerk **entsprechende** Kurse an. *taken* *appropriate*

Ist der Meisterbrief **ausgestellt,** so heißt das noch lange nicht, daß es keine Weiterbildungsmöglichkeiten mehr gibt. *issued*
105 Denn wer sich danach vielleicht selbständig machen möchte oder in einem größeren Betrieb Führungsaufgaben übernehmen will, muß mehr können als nur in seinem Fach **Bescheid wissen.** Gerade Abiturienten verspricht das Handwerk gute berufliche Aufstiegschancen, wenn sie sich in **Betriebswirt-** *be knowledgeable*
110 **schaft, Mitarbeiterführung** oder auch auf **steuerrechtlichem Terrain** auskennen. (. . .) *business administration / personnel management / concerning tax laws*

Zum Verständnis

1. Welche Berufe werden in diesem Artikel erwähnt? Was können Sie über sie aussagen? (Wenn nötig, nehmen Sie ein Wörterbuch zu Hilfe.)

2. Schreiben Sie alle Vokabeln, die mit Berufsausbildung zu tun haben, an die Tafel. Wie wird ein Lehrling Meister?

Zur Bedeutung

Auch in Amerika erleben Handwerksberufe eine Renaissance. Wie erklären Sie sich das?

Bekenntnis eines Hundefängers
Heinrich Böll[1]

confession

Nur **zögernd** bekenne ich mich zu einem Beruf, der mich zwar ernährt, mich aber zu Handlungen zwingt, die ich nicht immer **reinen Gewissens** vornehmen kann: Ich bin Angestellter *with hesitation*

with a clear conscience

---

[1] *Heinrich Böll:* Internationally known German writer. Born 1917 in Köln, where he lived most of his life. Author of novels, short stories, dramas, and poetry. Received Nobel Prize for Literature in 1972. Was very active in politics. Died suddenly on July 17, 1985

des **Hundesteueramtes** und durchwandere die **Gefilde** unserer
Stadt, um **unangemeldete Beller** aufzuspüren. Als friedlicher
Spaziergänger **getarnt**, rundlich und klein, eine Zigarre mittlerer Preislage im Mund, gehe ich durch Parks und stille
Straßen, lasse mich mit Leuten, die Hunde spazierenführen,
in ein Gespräch ein, merke mir ihre Namen, ihre Adresse,
kraule freundlich tuend dem Hund den Hals, wissend, daß er
demnächst fünfzig Mark einbringen wird.

Ich kenne die angemeldeten Hunde, rieche es gleichsam,
spüre es, wenn ein **Köter** reinen Gewissens an einem Baum
steht und sich erleichtert. Mein besonderes Interesse gilt
trächtigen Hündinnen, die der freudigen Geburt zukünftiger
Steuerzahler entgegensehen: ich beobachte sie, merke mir
genau **den Tag des Wurfes** und überwache, wohin die Jungen
gebracht werden, lasse sie ahnungslos groß werden bis zu jenem Stadium, wo niemand sie mehr zu **ertränken** wagt—und
überliefere sie dann dem Gesetz. Vielleicht hätte ich einen anderen Beruf erwählen sollen, denn ich habe Hunde gern, und
so befinde ich mich dauernd im Zustand der **Gewissensqual**:
Pflicht und Liebe streiten sich in meiner Brust, und ich gestehe offen, daß manchmal die Liebe siegt. Es gibt Hunde, die
ich einfach nicht melden kann, bei denen ich—wie man so
sagt—beide Augen zudrücke. Besondere Milde beseelt mich
jetzt, zumal mein eigener Hund auch nicht angemeldet ist: ein
Bastard, den meine Frau liebevoll ernährt, liebstes Spielzeug
meiner Kinder, die nicht **ahnen**, welch ungesetzlichem Wesen
sie ihre Liebe schenken.

Das Leben ist wirklich riskant. Vielleicht sollte ich vorsichtiger sein; aber die Tatsache, bis zu einem gewissen Grade **Hüter** des Gesetzes zu sein, stärkt mich in der Gewißheit, es permanent brechen zu dürfen. Mein Dienst ist hart: ich **hocke**
stundenlang in dornigen Gebüschen der Vorstadt, warte darauf, daß Gebell aus einem **Behelfsheim** dringt oder wildes
Gekläff aus einer Baracke, in der ich einen **verdächtigen**
Hund **vermute**. Oder ich **ducke** mich hinter Mauerreste und
lauere einem Fox **auf**, von dem ich weiß, daß er nicht **Inhaber**
einer **Karteikarte**, Träger einer Kontonummer ist. Ermüdet,

beschmutzt kehre ich dann heim, rauche meine Zigarre am Ofen und kraule unserem Pluto das Fell, der mit dem Schwanz wedelt und mich an die Paradoxie meiner Existenz erinnert.

So wird man begreifen, daß ich sonntags einen **ausgiebigen** Spaziergang mit Frau und Kindern und Pluto zu **schätzen** weiß, einen Spaziergang, auf dem ich mich für Hunde gleichsam nur platonisch zu interessieren brauche, denn sonntags sind selbst die unangemeldeten Hunde der Beobachtung **entzogen**.

long
appreciate

exempt from

Nur muß ich in Zukunft einen anderen Weg bei unseren Spaziergängen wählen, denn schon zwei Sonntage hintereinander bin ich meinem Chef begegnet, der jedesmal stehenbleibt, meine Frau, meine Kinder begrüßt und unserem Pluto das Fell krault. Aber merkwürdigerweise: Pluto mag ihn nicht, er **knurrt**, setzt zum Sprung an, etwas, das mich im höchsten Grade beunruhigt, mich jedesmal zu einem hastigen Abschied veranlaßt und das Mißtrauen meines Chefs **wachzurufen** beginnt, der **stirnrunzelnd** die Schweißtropfen betrachtet, die sich auf meiner Stirn sammeln.

growls

to arouse
frowningly

Vielleicht hätte ich Pluto anmelden sollen, aber mein Einkommen ist gering—vielleicht hätte ich einen anderen Beruf ergreifen sollen, aber ich bin fünfzig, und in meinem Alter wechselt man nicht mehr gern: jedenfalls wird mein Lebensrisiko zu permanent, und ich würde Pluto anmelden, wenn es noch ginge. Aber es geht nicht mehr: **In leichtem Plauderton** hat meine Frau dem Chef berichtet, daß wir das Tier schon drei Jahre besitzen, daß es mit der Familie **verwachsen sei**, unzertrennlich von den Kindern—und **ähnliche Scherze** die es mir unmöglich machen, Pluto jetzt noch anzumelden.

casually

has become part of
similar things (colloquial)

Vergebens versuche ich, meiner inneren Gewissensqual Herr zu werden, indem ich meinen **Diensteifer** verdopple: es nützt mir alles nichts: ich habe mich in eine Situation begeben, aus der mir kein Ausweg möglich erscheint. Zwar soll man dem Ochsen, der da **drischt**, das Maul nicht verbinden, aber ich weiß nicht, ob mein Chef elastischen Geistes genug ist, Bibeltexte gelten zu lassen. Ich bin verloren und manche werden mich für einen Zyniker halten, aber wie soll ich es nicht werden, da ich dauernd mit Hunden zu tun habe . . .

in vain
professional zeal

threshes

53 Beruf: Warum nicht was Traditionelles werden?

Zum Verständnis

1. Finden Sie alle Ausdrücke/Sätze, die mit dem Hundefängerberuf zu tun haben und schreiben Sie sie an die Tafel. Was für ein Bild zeichnet Böll von diesem Beruf?
2. Mit welchen Ausdrücken/Sätzen beschreibt Böll das Dilemma des Hundefängers?

Zur Bedeutung

1. Geht es in der Erzählung mehr um Hund oder Mensch? Begründen Sie Ihre Antwort.
2. „Die Tatsache, bis zu einem gewissen Grad Hüter des Gesetzes zu sein, stärkt mich in der Gewißheit, es permanent brechen zu dürfen." Ist diese Auffassung des Hundefängers moralisch und ethisch vertretbar? Inwiefern, inwiefern nicht?
3. Wie wird der Hundefänger mit seinem Dilemma von Pflicht und Liebe fertig? Gäbe es einen Ausweg für ihn? Welchen?

Gruppenarbeit

Interviewen Sie den Hundefänger! (z.B. Wie lange üben Sie diesen Beruf schon aus? Wie sieht Ihr Tagesablauf aus? Welche Hunde mögen Sie am liebsten? Was macht Ihnen die größten/wenigsten Schwierigkeiten? usw.

LORIOT: **Auf den Hund gekommen**

»Man muß ihm nur genug hinwerfen.«

Aus: „Loriots großer Ratgeber" – Diogenes-Verlag, Zurich

Diskussionsthemen und Debatten

1. Was hat Sie zum Studium veranlaßt?
2. Welche Zukunftspläne haben Sie?
3. Welchen Beruf finden Sie ideal? Warum?

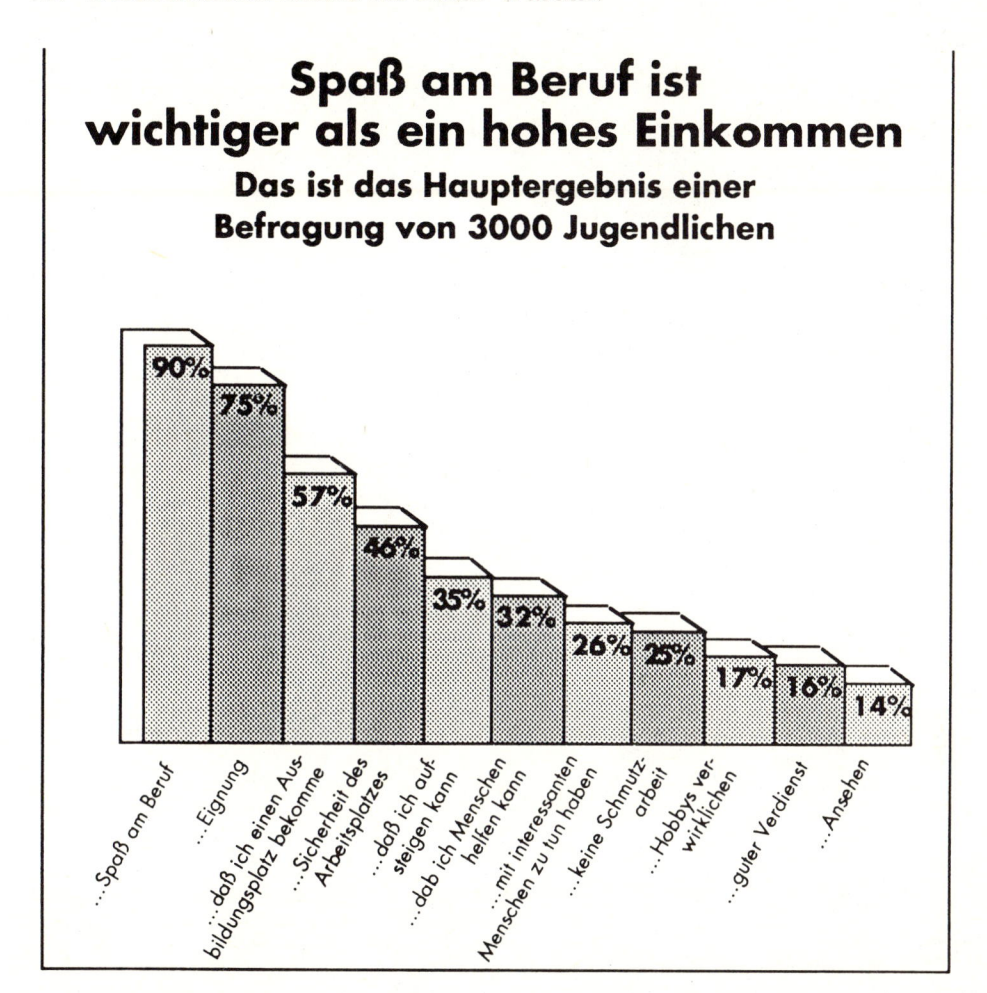

Spaß am Beruf ist wichtiger als ein hohes Einkommen
Das ist das Hauptergebnis einer Befragung von 3000 Jugendlichen

- ...Spaß am Beruf — 90%
- ...Eignung — 75%
- ...daß ich einen Ausbildungsplatz bekomme — 57%
- ...Sicherheit des Arbeitsplatzes — 46%
- ...daß ich aufsteigen kann — 35%
- ...daß ich Menschen helfen kann — 32%
- ...mit interessanten Menschen zu tun haben — 26%
- ...keine Schmutzarbeit — 25%
- ...Hobbys verwirklichen — 17%
- ...guter Verdienst — 16%
- ...Ansehen — 14%

4. Wie wichtig sind Aufstiegsmöglichkeiten und die Höhe des Gehalts für Ihre Berufswahl?
5. Würden Sie gerne ein Handwerk erlernen? Warum/nicht? Welches?
6. Zählen Sie die klassischen Männer- und Frauenberufe auf. Gilt die Trennung auch heute noch? Ist sie gerechtfertigt oder nicht?
7. Arbeitslosigkeit ist in Deutschland, wie in den USA vor allem bei Jugendlichen ein Problem. Welche Auswirkungen hat das auf den einzelnen, welche auf die Gesellschaft?

Welcher von unseren 120 Lehrgängen bietet Ihnen mehr Sicherheit und Berufserfolg?

Studiendirektor Dr. B. Schmidt-Tiedemann

Wählen Sie unter diesen bewährten ILS-Fernlehrgängen Ihr Berufs- und Ausbildungsziel!

Tragen Sie auf dem untenstehenden Gutschein die Nummer Ihres Zieles und Ihre vollständige Adresse ein. Senden Sie diesen NOCH HEUTE an: ILS Institut für Lernsysteme GmbH, Abt. , Postfach 73 03 33 · 2000 Hamburg 73.

Sie erhalten dann völlig kostenlos und unverbindlich das neue, umfangreiche GRATIS-ILS-Bildungsangebot mit dem kompletten ILS-Studienprogramm per Post. Es zeigt Ihnen, wie Sie Ihr Ziel durch ein ILS-Fernstudium erreichen können, bequem zu Hause, neben Ihrem Beruf – ohne Verdienstausfall. Beginnen Sie sofort!

Alle Lehrgänge mit ILS-Sozialgarantie!

Lehrgänge (Auswahl)

- 488 Marketing-Techniken
- 302 Geprüfter Anlage- und Vermögensberater
- 602 Umgangsenglisch
- 708 Gas-, Wasser- u. Sanitär-Techniker*
- 853 Gepr. Polier/Hochbau*
- 891 Tiefbau*
- 762 Nachrichten-Techniker*
- 780 Arbeitsvorbereitung
- 174 Deutsch mit Literaturkunde
- 200 Stenografie
- 206 Maschinenschreiben
- 208 Kaufm. Wissen für Handwerksmeister
- 700 Kaufm. Wissen für Ingenieure und Techniker
- 424 Das Recht des Kaufmanns
- 842 Ölmaler
- 580 Fremdsprachenkorrespondent ENGLISCH
- 875 Elektronik für techn. Berufe
- 209 Kaufm. Rechnen u. Finanzmathematik
- 493 Volkswirtschaftslehre
- 170 Gutes Deutsch
- 606 HANDELS-ENGLISCH
- 207 Marketing und Marktforschung
- 071 Energie-Techniker*
- 070 Maschinenbau-Techniker*
- 704 Heizungs-, Lüftungs- und Klima-Techniker*
- 591 Ausbildung der Ausbilder
- 301 Geschäftsführung in Klein- und Mittelbetrieben
- 710 Grundlagen der Elektrotechnik
- 752 Technisches Zeichnen
- 791 KUNSTSTOFF-TECHNIKER*
- 521 Kostenrechnungs-sachbearbeiter
- 290 Geprüfte Sekretärin IHK*
- 940 Zeichnen und angewandte Grafik
- 601 Englisch Grundkurs
- 079 Chemo-Techniker*
- 890 Maurermeister*
- 300 Verkaufsleiter
- 900 ABITUR
- 605 Cambridge First Certificate in English
- 611 Französisch
- 316 Werbegrafik und Design
- 840 Industriemeister Metall*
- 421 Bilanzbuchhalter IHK*
- 607 Staatl. anerk. Übersetzer IHK Englisch
- 270 Buchhalter
- 405 Kaufmännisches Grundwissen
- 930 HAUPTSCHUL-ABSCHLUSS
- 551 Personal-Sachbearbeiter
- 590 Personal- und Ausbildungswesen
- 764 Elektronik-Techniker*
- 541 Lagerverwalter
- 274 Programmierer
- 334 Fachkaufmann für Organisation
- 336 Gepr. Finanz- u. Kreditfachmann
- 332 Versicherungsfachwirt
- 921 Realschulabschluß (Mittlere Reife)
- 273 Grundlehrgang Datenverarbeitung
- 414 Speditions-sachbearbeiter
- 870 Elektroinstallateurmeister
- 072 Hochbau-Techniker*
- 204 Arbeitsrecht
- 205 Buchführung u. Steuerwesen für Handwerksmeister
- 415 Bürosachbearbeiter/-in
- 570 Bürogehilfin IHK
- 721 Tiefbau-Techniker*
- 915 Fachhochschulreife Technik
- 916 Wirtschaft
- 723 Baubetriebslehre
- 726 Baustatik
- 754 Bauzeichnen
- 630 Italienisch
- 620 Spanisch
- 615 Russisch
- 202 Betriebliches Steuerwissen
- 275 Programmiersprachen: Assembler, RPG
- 276 BASIC
- 374 Staatlich geprüfter Betriebswirt
- 150 Persönlichkeitsbildung durch Erfolgstraining
- 944 Schriftsteller-Lehrgang: Autor werden – schreiben lernen. Die Autoren-Werkstatt
- 263 Buchführung und Bilanz
- 701 KFZ-Techniker*
- 722 Raumgestaltung/Innenarchitektur
- 400 Werbung und Verkauf

Gratis für Sie: Ihr Studienhandbuch!

SOFORT mit Ihrem Gutschein anfordern oder anrufen!

ils STUDIENHANDBUCH – Jetzt 170 Seiten

☎ 0 40 / 67 50 01 48
Verlangen Sie Frau König. Außerhalb der Geschäftszeit: Tonbandservice für Sie!

Das ILS – die große deutsche Fernschule – ist ab sofort auch per Bildschirmtext zu erreichen. Unter der Btx-Nummer * 20 184 63 12 # informieren wir Sie über unser Studienprogramm.

WICHTIG: Für alle so * gekennzeichneten Fernlehrgänge können Sie bei Vorliegen bestimmter Voraussetzungen von Ihrem Arbeitsamt gemäß § 34 AFG bis zu 50 % der Lehrgangsgebühren als Zuschuß erhalten.

Alle Fernlehrgänge entsprechen selbstverständlich dem aktuellen Fernunterrichtsschutzgesetz. Sie sind staatlich überprüft und zugelassen.

Ihr Überraschungs-Geschenk wenn Ihr Geburtsdatum eine 4, 5 oder 6 enthält.
Wählen Sie zunächst Ihr Berufs- oder Ausbildungsziel aus. Tragen Sie dann rechts unten Ihre Lehrgangsnummer, Ihren Namen, Ihre Anschrift und vor allem Ihr Geburtsdatum ein. Wenn Ihr Geburtsdatum eine 4, 5 oder 6 enthält, erhalten Sie von uns als kleines Dankeschön für Ihre Bereitschaft, das ILS-Bildungsangebot einmal unverbindlich zu prüfen, ein wertvolles Überraschungsgeschenk. Dieses Geschenk kann für Sie sehr nützlich sein. (Beispiele: Geb. Dat. 23.6.1949 – 12.4.1955 – 8.6.1960) Für alle Vorwärtsstrebenden ab 18 Jahren

GUTSCHEIN

Nur für Erwachsene ab 18 Jahren! Garantiert kein Vertreterbesuch!

JA, ich nehme Ihr Gratis-Angebot zur kostenlosen Prüfung des ILS-Studienprogrammes an. Senden Sie mir umgehend **gratis und unverbindlich** per Post mein Info-Paket mit dem großen, 170-seitigen ILS-Studienhandbuch mit über 120 ausführlichen Lehrgangsbeschreibungen. Das gesamte Paket geht in mein Eigentum über, ich brauche Ihnen nichts zurückzusenden.

Tragen Sie hier die Nummern Ihrer Berufs- und Ausbildungsziele ein! **Die Nummer meines Zieles lautet:** ➡

Füllen Sie nun diesen Gutschein vollständig aus und senden Sie ihn SOFORT ab! Postwendend erhalten Sie dann Ihr Info-Paket. Ohne Kosten, ohne Verpflichtung für Sie!

Vorname / Zuname
Straße/Hausnummer
PLZ/Ort
Jetziger Beruf / Geburtsdatum

Briefmarke nicht erforderlich, wenn Sie rechts oben auf Ihren Briefumschlag schreiben: **GEBÜHR ZAHLT EMPFÄNGER!**

ils · Institut für Lernsysteme GmbH
Doberaner Weg 6–8 · 2000 Hamburg 73
Abt.
☎ 040/67 50 01 48 (Frau König)

Bundeswehr-Angehörige beraten wir unter der Sonder-Tel.-Nr. 040/67500133

Tel. Anforderung Ihres Info-Paketes auch abends – über Tonbandservice

Gruppenarbeit

1. Spielen Sie Beruferaten nach dem Schema „*What's my line.*" Sie brauchen einen Moderator, Gäste und beliebig viele Leute, die den Beruf des Gastes erraten müssen. Nur ja/nein Fragen gelten. Wenn der Gast mit Nein antwortet, kommt der nächste zum Raten an die Reihe, bis der Beruf erraten ist.

2. **Gleiche Chancen für Frauen und Männer im Beruf?** Untersuchen Sie die folgenden Stellenangebote und bestimmen Sie, wie sich die Einstellung der verschiedenen Firmen zu diesem Konzept manifestiert.

Wir sind ein international tätiger Speditionskonzern mit Tochter- und Beteiligungsgesellschaften im In- und Ausland. Über 11 000 Mitarbeiter tragen weltweit zum Unternehmenserfolg bei. Der Sitz unserer Zentralleitung ist Frankfurt am Main.

Für unser zentrales Personalwesen suchen wir den/die

Leiter/-in Personalentwicklung

Zum Aufgabengebiet gehört u. a. die weitere Systematisierung unserer Personalplanung, die Weiterentwicklung aller Personalplanungsinstrumente sowie der Ausbau der Personalentwicklungskonzeption. Neben diesen Aufgabenschwerpunkten soll der Positionsinhaber auch arbeitsrechtliche und betriebsverfassungsrechtliche Fragestellungen bearbeiten.

Für diese verantwortungsvolle Position suchen wir einen engagierten Mitarbeiter, der nach Abschluß eines Studiums (Rechts-, Wirtschafts- oder Sozialwissenschaften) bereits mehrjährige Erfahrung auf dem Gebiet der Personalentwicklung gesammelt hat.

Die Position ist dem Leiter Personalwesen direkt unterstellt, ihrer Bedeutung entsprechend dotiert und mit den notwendigen Vollmachten ausgestattet.

Wenn Sie an dieser Position interessiert sind, senden Sie uns Ihre aussagefähigen Bewerbungsunterlagen mit Angabe Ihrer Gehaltsvorstellungen und des frühesten Eintrittstermins.

SCHENKER

— Zentralleitung —
Fachbereich Personalwesen
z. Hd. Herrn Joachim Schronen
Hainer Weg 13–15
6000 Frankfurt am Main 70

Frankfurter Allgemeine Zeitung
3/21/87, Nr. 68

Am
MUSEUM WIESBADEN
(Landesmuseum)

ist die Stelle des/der

Museumsdirektors/in

(Ltd. Museumsdirektor/in, Bes.Gr. A16 BBesG)

voraussichtlich zum 1.7. 1987 neu zu besetzen.

Der Direktor oder die Direktorin ist Leiter bzw. Leiterin des gesamten Hauses mit den drei Abteilungen Kunstsammlung, Sammlung Nassauischer Altertümer und Naturwissenschaftliche Sammlung.

Ein besonderer Schwerpunkt liegt in der Ausstellung der neueren deutschen Kunst und in der Darstellung und Vermittlung der aktuellen Kunstszene.

Von dem Bewerber oder der Bewerberin werden erwartet:

einschlägige Hochschulausbildung (möglichst mit Promotion abgeschlossen), Museums- und Ausstellungserfahrung, wissenschaftliche Tätigkeit, für die Leitungsaufgabe förderliche Verwaltungspraxis, Erfahrung in Presse- und Öffentlichkeitsarbeit sowie Fremdsprachenkenntnisse.

Da Interesse an der verstärkten Einstellung von Frauen besteht, sind sie besonders aufgefordert, sich zu bewerben.

Schwerbehinderte Bewerber und Bewerberinnen werden bei gleicher Eignung bevorzugt eingestellt.

Bewerbungen mit Lebenslauf und den üblichen Unterlagen zum beruflichen Werdegang, einschließlich der entsprechenden Nachweise, werden bis zum 16. 4. 1987 erbeten an das

**Hessische Ministerium für Wissenschaft und Kunst
Postfach 3160, 6200 Wiesbaden**

Frankfurter Allgemeine Zeitung
3/21/87, Nr. 68

Zum baldmöglichen Eintritt suchen wir den dynamischen

Vertriebsleiter

Kaufhäuser
Fachhandel

Herren mit einschlägigen Erfahrungen im Alter von 30 bis 40 Jahren bitten wir um ihre schriftliche Bewerbung an: FIRMA I+F-UNTERNEHMENSBERATUNG, Bahnhofstr. 64, 8942 Ottobeuren.

Frankfurter Allgemeine Zeitung
3/21/87 Nr. 68

KAPITEL 5

Wie süchtig sind wir?

Einführung in das Thema

Was wird auf diesen Abbildungen dargestellt? Wie effektvoll sind sie? Notieren Sie Ihre Eindrücke!

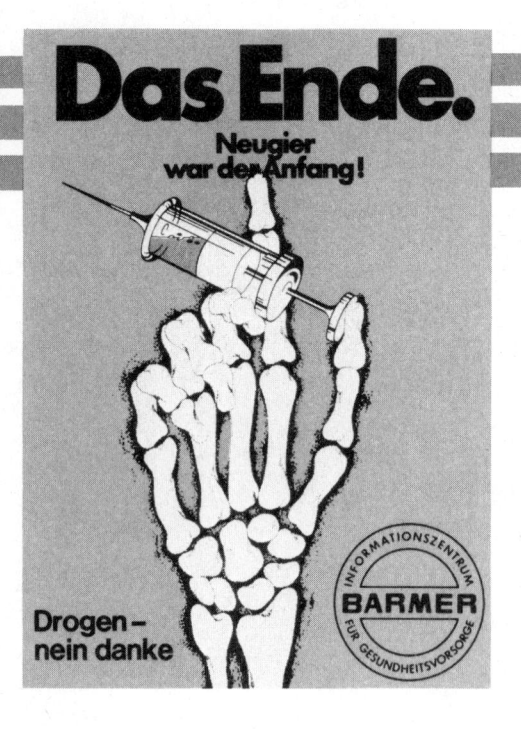

LUNGENKREBS + LUFTVERSCHMUTZUNG + GELDVERSCHWENDUNG

Wer raucht, denkt nicht
Wer denkt, raucht nicht

Ärztlicher Arbeitskreis
Rauchen und Gesundheit e.V.
68 Mannheim 1
Maybachstraße 14-16

Verlier nicht Dein Gesicht

auch als Poster erhältlich.

Rauchen erdrückt

Auch als Poster erhältlich.

61 Wie süchtig sind wir?

Sucht als Chance?
Sibylle Zehle[1]

opportunity

Als der Vater aus sibirischer **Gefangenschaft** kam, war er 36 Jahre alt, **graugesichtig**, dünn und müde. „Mensch, trink, damit du wieder **auf die Beine kommst**. Nimm 'nen Doppelten, der wird dich wieder zum Leben erwecken!" Der Vater
5 trank, dankbar, **gierig**; er trank Tage, Wochen, Monate. Bis zur **Besinnungslosigkeit**.

imprisonment (POW)
gray-faced
get on your feet

greedily
unconsciousness

„Ihn selbst habe ich nicht als unangenehm empfunden", sagt heute der Sohn, „nur diese **Kräche**, die die Eltern hatten." Er war 1947 sieben Jahre alt. „Und ich habe es gehaßt,
10 wenn ich sonntags mit in die Gastwirtschaft mußte, er stundenlang sitzenblieb und ich nicht nach Hause durfte, mir schlecht wurde von der vielen Limonade."

Die Mutter **ertrug den Suff** vier Jahre. Dann brachte sie den Vater ins Nachbardorf. Zu den **Guttemplern**. „Nach dem
15 ersten Besuch in der Gruppe", erinnert sich der Sohn, „ging es wie ein **Ruck** durch die Familie."

fights

put up with the boozing
international order of Goodtemplars
jolt

[1] *Sibylle Zehle:* Journalist writing for *Die Zeit*

Er spricht gerne von dieser „Phase der Suchtüberwindung". Von einem Tag auf den anderen hörten die schrecklichen Kräche auf, wurde die Familie ruhiger; im Advent bekamen die Kinder vom Guttempler-Nikolaus Nüsse, im Sommer gab es **Zeltlager** und **Schnitzeljagd**. „Wir haben den Alkoholverzicht des Vaters als etwas sehr Positives erlebt. Diese Jahre haben uns **geprägt**." Außerdem sagt Herbert Ziegler, der Sohn, habe der Vater doch gezeigt, daß Veränderung möglich ist, „mit eigenen Augen haben wir es doch gesehen: Es gibt eine Lösung". *camping / paper chase* *shaped*

Herbert Ziegler ist heute Direktor der „Deutschen Hauptstelle gegen die Suchtgefahren" (DHS). Das ist die Zentralstelle der in der Suchtkrankenhilfe tätigen **Freien Wohlfahrtsverbände** und Selbsthilfeorganisationen. Ein kleines flexibles Team, gerade neun Mann, mit Sitz in **Hamm**. Die Lobby der Suchtkranken. *independent social service organizations* *city near Düsseldorf*

Das Büro unterstützt Aufklärungskampagnen mit Rat und Tat; (...) es führt, **beraten** von einem Kuratorium, Wissenschaftler und Praktiker auf großen Fachkonferenzen zusammen; (...) es sammelt Daten, beantwortet Anfragen, gibt ungezählte Pressemitteilungen und die Fachzeitschrift *SUCHTGEFAHREN* heraus, hilft **Betriebsräten** bei Anti-Alkoholkampagnen, berät **Führungskräfte**, Selbsthilfegruppen, Schulklassen, Freizeitvereine. (...) *advised* *labor councils* *directors*

Man **schätzt**, daß in der Bundesrepublik fast zwei Millionen Alkoholiker, 18 Millionen Raucher, 200 000 bis 500 000 Medikamentenabhängige und 60 000 Drogenabhängige leben. (...) „Das Suchtphänomen in der Bundesrepublik hat ein **Ausmaß** erreicht, das in seiner Bedeutung einer Volkskrankheit gleichkommt", sagten Hamburger Delegierte auf dem diesjährigen Ärztetag in Aachen (einziges Thema: „Sucht") und stellten unsere Abhängigkeiten in eine Reihe mit den schweren Infektionskrankheiten **von einst.** (...) *estimates* *proportion* *of former times*

Stellen wir uns eine „Suchtfamilie" vor: die Mutter trinkt, der Vater **raucht Kette**, der Sohn Haschisch, die Tochter leidet an **Bulimarexie** (Eß-Brechsucht). Dieser Familie könnte geholfen werden, **ambulant**. Die Mutter kann sich einer der 3600 Selbsthilfegruppen in der Bundesrepublik anschließen; der Vater einem **Entwöhnungskurs** beim örtlichen Gesundheitsamt; die Tochter wird vom Schularzt zur Schulpsychologin **überwiesen**, der Sohn findet neue Freunde im Anti-Drogencenter. *chain-smokes* *bulimia* *without hospitalization* *rehabilitation program* *referred*

Ist das eine Antwort? Eine Zukunftsperspektive? Die totale therapeutische **Rundumversorgung?** Auf der Osnabrücker **Tagung** gibt es den Arbeitskreis „Selbstheilungsversuche und Selbstregulation süchtigen Verhaltens". Die Selbständigkeit *complete care* *conference*

KROMBACHER
REICHER GENUSS ENTSPRINGT DER NATUR.

mit Felsquellwasser gebraut.

des **Betroffenen** ist das Ziel, nicht neue Abhängigkeiten zum Beispiel von der Gruppe, von Therapeuten. Sucht als **Anlaß**, das Leben zu verändern. Sucht als Chance.

Doch Ziegler sieht immer noch eine Gesellschaft, die das Thema Sucht schamvoll **verdrängt**. „Ich bin nicht dafür, nur auf dem Süchtigen **herumzuhacken**. Sucht kann nie **auf** den einzelnen **bezogen** betrachtet werden, immer nur in Verbindung zum sozialen **Umfeld**. Und **je** länger das soziale Umfeld braucht, Sucht als Krankheit zu akzeptieren, **desto** länger bleibt der Betroffene abhängig, verändert sich nicht."

Beispiel Familie: Die Familie Z. lebt in einer Kleinstadt. Die Mutter trinkt. Der Ehemann **schirmt ab**. „Sie will ja freiwillig nicht in den Entzug." Er **lockt** mit Geschenken, glaubt Versprechungen. Warum nimmt sie sich nicht zusammen? Schon wegen der Kinder ... Die Not ist groß. Sich an einen professionellen Suchthelfer zu **wenden, fällt** dem Ehepaar nicht **ein**: „Ist das nicht **eher** was für Sozialfälle?"

Beispiel Arztpraxis: Noch immer ist vielen Ärzten der Krankheitsbegriff der Sucht suspekt. „Ein Großteil **geht davon aus**, daß Alkoholsucht, Medikamentenabhängigkeit und Drogenmißbrauch unterschiedliche Dinge sind", hat zum Beispiel der Geschäftsführende Arzt der Hamburger Ärztekammer, Klaus-Heinrich Damm, beobachtet. „Man verschreibt **per Dauermedikation** Alkoholikern **Distraneurin**, Barbiturate oder **Benzodiazepine** und realisiert nicht, daß aus dem Alkoholsüchtigen per ärztlicher Verordnung **zusätzlich** ein Medikamentenabhängiger wird."

Beispiel **Betrieb**: Die Sekretärin wird **durchgeschleppt**. Alle wissen, daß sie trinkt. Der **Vorgesetzte scheut** das Gespräch. Schließlich ermahnt er sie: „Mensch, **reißen Sie sich** doch **zusammen!**" Genausogut hätte er ihr einen Schnaps anbieten können. Was ist „konstruktiver **Druck**"? Wie **schließt** man einen Therapievertrag? Für **leitende Angestellte** dürften das heute keine Fremdworte mehr sein. „Ich habe erfahren", sagt Herbert Ziegler, „daß Vorgesetzte fast genauso lange brauchen, Alkoholismus als Krankheit zu akzeptieren, wie der Betroffene selbst." (...)

Welche Faktoren für eine Suchtkarriere bestimmend sind, weiß die Wissenschaft genau zu sagen: biologische, psychische, soziale und ökonomische. Damit ist alles und nichts gesagt. „Vielleicht", hat der Basler Wissenschaftler Raymond Battegay bei abhängigen Patienten beobachtet, „waren primär die Erwartungen dieser Menschen **gegenüber** der Gesellschaft und sich selbst zu groß, so daß sie ihre Ziele nicht erreichen konnten und ins **Maßlose** des süchtigen Verhaltens **niedertauchen** mußten."

Zu einer Berliner Tagung ist Herbert Ziegler mit dem Stadt-
bus gefahren. Der Bus trug Wodka-Werbung auf beiden
Seiten. Da hat sich der DHS-Direktor gefragt, warum sich eine
Stadtverwaltung eigentlich nicht freiwillig zum Verzicht auf
Alkoholwerbung im Straßenverkehr entschließt.—Ginge das
nicht auch mit Gesetzen? Ziegler hält davon nichts, will den
einzelnen zu mehr Verantwortung erziehen. „Wenn morgen
der Sportverein entscheidet, keine Schnapswerbung mehr auf
den **Banden,** dann muß das eine bewußte Entscheidung sein.
Nur dann hat so etwas **Breitenwirkung.** Viele einzelne
Menschen müssen sich verändern. Das ist sicher nicht der
große gesundheitspolitische **Wurf,** aber in meinen Augen der
einzig gangbare Weg."

city government

boards
broad effect

solution

Von den Politikern verlangt er somit wenig. Wenn aber zum
Beispiel das Land Rheinland-Pfalz zur **Förderung** des Wein-
verkaufs für die Jahre 1984 und 85 zehn Millionen Mark Wer-
begelder aus **Steuermitteln** bereitstellt, dann fühlt sich die
DHS schon **ziemlich** alleingelassen.

promotion

taxes
rather

Zum Verständnis

1. In wie viele Abschnitte läßt sich der Artikel einteilen? Was wird in den einzelnen Abschnitten ausgesagt?
2. Finden Sie für jeden Abschnitt eine passende Überschrift!

WINDSOR DE LUXE

Genießen in bester Gesellschaft.

100 mm de Luxe

Der Bundesgesundheitsminister: Rauchen gefährdet Ihre Gesundheit. Der Rauch einer Zigarette dieser Marke enthält 0,9 mg Nikotin und 13 mg Kondensat (Teer). (Durchschnittswerte nach DIN)

Wie süchtig sind wir?

Zur Bedeutung

1. Erklären Sie den Titel des Artikels.

2. Besprechen Sie die verschiedenen Arten von Drogenabhängigkeit im Text. Wie weit verbreitet sind diese Probleme in den USA? Geben Sie Beispiele.

3. Inwiefern wird Sucht als ein physiologisches, psychologisches oder soziologisches Problem dargestellt?

III An alle Jugendlichen

Rauschgift ist die Entscheidung für die totale Abhängigkeit
„Freiheit durch Drogen"—der tragische Irrtum

Jeder von euch, der diese Schrift in die Hand bekommt, wird zuerst nachschauen, wer sie geschrieben hat und wird feststellen: die Polizei. Vielleicht glaubt ihr, daß damit die angebote-

RAUSCHGIFT. DAS TÖDLICHE SPIEL MIT DEM LEBEN.

Die Wahrheit über Rauschgift. Für Eltern, Jugendliche, Neugierige.

Nachdruck durch
WEISSER RING
Gemeinnütziger Verein zur Unterstützung von Kriminalitätsopfern und zur Verhütung von Straftaten e.V.

nen Informationen für euch **von vornherein** wertlos sind, weil ihr meint, die Polizei soll sich lieber mit den großen Dealern beschäftigen und euch in Ruhe lassen. Es ist richtig, wir haben die Aufgabe, **Verstöße** gegen das **Betäubungsmittelrecht** zu verfolgen. Und absolut jeder **Umgang** mit illegalen Drogen (also auch mit Haschisch) stellt einen Verstoß gegen die rechtlichen Bestimmungen dar. Die Polizei hat aber auch die Aufgabe, die Bevölkerung—und vor allem euch—über die Gefahren der Rauschgifte aufzuklären. Ihr glaubt vielleicht, dies sei nicht nötig. Wir wissen, daß sich viele Jugendliche auf die Rauschgifterfahrungen von **Altersgenossen** verlassen. Ihr solltet euch aber vor Augen halten, daß zu dem Zeitpunkt, an welchem eure Freunde und Kameraden euch noch von den **herrlichen** Erfahrungen berichten, die sie mit Hilfe von Rauschgift gemacht haben, die wirklich gefährlichen Folgen noch gar nicht zu erkennen sind. Die ersten paar Male mag der Heroinrausch schön sein, aber dann beginnt die Sucht! 'Flash' und 'feeling' hören auf und *es fängt der Kampf gegen die Entzugserscheinungen an.* Und die ersten paar Male Haschischrauchen können auch wunderbar sein. **Zugegeben!** Aber wann fangt ihr mit LSD an, wann greift ihr zum ersten Mal zu Heroin?

Und seid ihr sicher, daß eure Altersgenossen nicht **übertreiben,** wenn sie erzählen, was sie nach dem **Genuß** von Haschisch oder Heroin **verspüren?** Seid ihr sicher, daß sie euch nicht zum Genuß von Rauschgift **verführen** wollen, weil ihr dadurch abhängig werdet; *weil sie euch als Kunden brauchen,* um ihre eigene Sucht finanzieren zu können?

Wir als Polizeibeamte haben eine große Erfahrung im Umgang mit Rauschgiften und mit Rauschgiftabhängigen. Wir wollen euch von dieser Erfahrung einiges mitteilen. Die **Entscheidung** für oder gegen eine Droge **trifft** dann jeder einzelne von euch—unter welchem äußeren oder inneren Druck auch immer—selbst.

Diese Entscheidung kann euch niemand abnehmen. Aber vielleicht können wir euch durch unsere Informationen einige Entscheidungshilfen geben. Eine Gewöhnung an Rauschgift findet viel schneller statt, als die Gewöhnung an beispielsweise Alkohol oder Nikotin.

Die Suchtgefahr ist abhängig von der Droge (also z. B. Haschisch oder Heroin) und der Art, Dauer und **Menge** der Einnahme (also z. B. Einnahme von Heroin **mittels** Schnupfen oder aber durch Spritzen) sowie von der **Veranlagung** (manche Personen können lange Zeit Rauschgift konsumieren, ohne daß sie glauben, abhängig zu sein, andere dagegen sind nach der ersten Heroinspritze süchtig) und der augenblicklichen persönlichen **Verfassung.**

Es gibt Rauschgifte, bei denen es einfach kein Probierstadium gibt. Bei Heroin dürfte euch das sofort einleuchten. *Schon die erste Spritze kann der Beginn der Sucht sein,* von der ihr aus eigener Kraft nicht mehr loskommt. Und ebenso ist es beim Schnupfen. *Wer behauptet, das Schnupfen mache nicht süchtig, hat entweder keine Ahnung oder er lügt.* Doch jeder einzelne reagiert anders auf dieses Rauschgift. Und ihr wißt nicht, wie ihr darauf reagiert, ob ihr nicht schon nach dem ersten Mal Haschischrauchen der Meinung seid, ihr müßtet **künftig** in jeder Streßsituation zuerst einmal einen Joint '**durchziehen**'. Und wenn ihr soweit seid, dann braucht nur noch eine **außergewöhnliche** Konfliktsituation auf euch zukommen und ihr greift zum ersten Mal zu LSD oder gar zu Heroin, wenn es euch angeboten wird. Der Einstieg in die Drogen, das erste Angebot, kann **z. T.** in völlig harmlosen Situationen auf euch zukommen: z. B. auf einer Party, auf dem Schulhof, im Auto eures Freundes oder eurer Freundin. *Es werden keine finsteren Gesellen sein, die euch den Stoff hinhalten, sondern bekannte Typen, vielleicht sogar gute Freunde von euch.*

Ihr solltet euch darüber im klaren sein, daß es vielleicht in wenigen Monaten auch bei euch so weit ist: daß ihr schon so sehr 'auf der Spritze hängt', so dringend den Stoff braucht, daß ihr euch nicht einmal scheut, euren besten Freund 'anzufixen', um auf diese Art und Weise das Geld für die nächste Spritze zu bekommen. Ihr könnt sicher sein, wenn es nicht schon geschehen ist, wird es ganz bestimmt eines Tages passieren: euch wird Rauschgift angeboten.

Die Entscheidung, die ihr dann trefft, ist eure eigene. Aber die Einnahme von Rauschgift ist eine Entscheidung gegen das bewußte Leben, ja gegen das Leben überhaupt, eine Entscheidung gegen die Freiheit, für die Unfreiheit. *Ihr alle* **wehrt** *euch zu Recht* **gegen** *jede Manipulation, aber wie viele lassen sich von Rauschgift versklaven.*

Mit Rauschgift seid ihr nicht mehr unabhängig, vielmehr ist euer ganzer Lebensinhalt nur noch darauf **ausgerichtet**. Oder, wie einmal ein Fixer gesagt hat: 'Fixen ist ein 24-Stunden-Job, man ist **ständig** auf der Suche nach dem Stoff für die nächste Spritze!'

Und stellt euch doch einmal eure Zukunft als Fixer vor. Wie wollt ihr eure Sucht finanzieren? Ein **durchschnittlicher** Fixer benötigt am Tag Heroin für **ca.** 100 Mark. Am Anfang habt ihr vielleicht noch etwas **Erspartes**. Dann werden euch eine gewisse Zeit lang eure Eltern weiterhelfen. Vielleicht. Und dann?

Vielleicht werdet ihr zunächst kleine, dann größere **Diebstähle begehen**, um das Gestohlene in Geld umzusetzen. Viel-

leicht wird der eine oder der andere (Mädchen oder Junge) eine Zeit lang das dringend benötigte Geld auch **auf dem Strich** *as a prostitute*
100 verdienen. Und das alles nur ein paar schöner Rauscherlebnisse wegen?

Es darf nicht verschwiegen werden, daß Drogen schöne Träume vermitteln können. Aber schaut euch einmal das Verhältnis zwischen diesen Rauscherlebnissen und den daraus
105 erwachsenden Folgen an. Und noch eines: Diese Träume sind nur kurz, das 'Fixerleben' dagegen kann noch **qualvoll** lange *painfully* dauern.

Vielleicht aber habt ihr nicht einmal gewußt, welche Gefahren euch **drohen**. Oder, wenn ihr von den Gefahren wißt, *threaten*
110 vielleicht befindet ihr euch das erste Mal zusammen mit Freunden und *wollt nicht als **Feigling** dastehen,* wenn euch *coward* z. B. Heroin angeboten wird. Aber seid euch darüber im klaren, daß es schlechte Freunde sind, die euch zum Probieren **drängen**. Geht lieber das Risiko ein, durch ein **beharrliches** *urge / persistent*
115 'Nein, danke!' diese Freunde zu verlieren, *denn die Drogen führen sowieso in die Einsamkeit* bzw. noch weiter hinein. Einen Drogenrausch, der ja im **Gehirn** jedes einzelnen stattfindet, kann man nur allein erleben und wenn man erst Fixer *head* ist, dann gibt es **sowieso** keine echten Freundschaften mehr. *anyhow*
120 Ihr solltet euch deshalb darüber klar werden, was ihr tut, wenn ihr in eine solche Verführungssituation kommt. Gebt eine klare Antwort, z. B. 'ich will einen klaren Kopf behalten'; und damit fertig! Laßt euch auf keine Diskussion ein, ihr braucht euren Standpunkt nicht zu begründen und nicht zu
125 verteidigen.

*Aber bleibt fest bei eurem **Vorsatz**, ohne Wenn und Aber.* *resolution* Und wenn eure Eltern sich beim Umgang mit legalen Drogen (Alkohol, Nikotin) falsch benehmen und euch ein schlechtes **Vorbild** sind: Ist das ein Grund, sich ebenso zu verhalten? *example*
130 Und noch etwas: Wenn in eurem Freundeskreis jemand süchtig ist, dann **bemüht** euch darum, ihm zu helfen. Ihr selber *try* könnt im Gespräch wohl wenig **ausrichten**. *Aber ihr könnt* *achieve* *ihm **Mut machen**, zu einer Beratungsstelle zu gehen.* Dort *encourage* warten die **Fachleute** auf ihn und sie können helfen. *professionals*

Zum Verständnis

„An alle Jugendlichen" ist eine offizielle Flugschrift mit der Absicht, Jugendliche vor dem Einstieg in die Drogen zu bewahren. Untersuchen Sie den Text auf seine Wirksamkeit hin:

a. Wie stellt sich die Polizei selbst dar?
b. Wie werden die Rauschgifterfahrungen jugendlicher Altersgenossen beschrieben?

c. Was wird in den unterstrichenen Textstellen vermittelt?
d. Wie objektiv / subjektiv ist die Information, die die Polizei gibt?
e. Ist der Druck, den die Polizei auf die Jugendlichen ausübt, konstruktiv oder nicht? Inwiefern?
f. Wie wird der kriminelle Aspekt der Drogenabhängigkeit behandelt?
g. Wem würden *Sie* diese Schrift zu lesen geben und warum?

Und die Seele nach außen kehren
Konstantin Wecker[1]

I. Liebesbrief
Im Winter neunzehnhundertneunundsiebzig ziemlich am
Ende meiner körperlichen und psychischen Kräfte führte
mich mein Schutzengel zu einem Arzt dessen menschliche
5 Wärme und Größe den meisten seiner **überheblichen** Kollegen   *arrogant*
die **Schamesröte ins Gesicht treiben** müßte. Er sprach mit   *make blush*
mir voll ehrlichem Interesse einige Stunden über Schönheit
und **Niedergang** der Droge, er sprach über sich und seine Ar-   *fall*
beit und allein seine Gegenwart gab mir Kraft es doch noch
10 mit dem Weiterleben zu versuchen. Als ich ihm schließlich erzählte, daß ich meinen Arztbesuch so lange **hinausgezögert**   *put off*
hatte weil ich zu keinem Arzt mehr wirkliches **Vertrauen fas-**   *develop trust*
sen konnte, sagte er: „Das ist, weil die die Menschen nicht
mehr lieb haben."
15 Laßt uns die Süchtigen lieb haben sonst töten wir sie.

2. 1. Brief
Hohes Gericht   *your honor*
sehr geehrte Damen und Herren von der Presse

ich bin zwar nur ein **haft-** und **hilfsbedürftiger** Süchtiger   *to be jailed and helped*
20 aber erlauben Sie mir bitte dennoch
in Ihre zwar über mich   *weder ... noch: neither ...*
doch **weder** für mich geführte   *nor*
noch mir irgendwie **verständliche** Diskussion   *comprehensible*
einzugreifen.   *take part*

25 Was mich dazu **trieb** und treibt   *drove*
mich **derart** einer Droge hinzugeben   *in such a manner*

---

[1] *Konstantin Amadeus Wecker:* Born 1947, songwriter, singer, and composer. Often compared to Bob Dylan. Made many public statements about his struggle with drug addiction. Lives in Munich.

können weder Sie noch ich **restlos** klären. *completely*
Tatsache ist allerdings
daß ich von der Droge betroffener bin als Sie
30 und einen **aufrichtigeren** Kontakt **pflege** *more honest / maintain*
zu all denen
über die Sie dauernd **richten** und berichten *judge*
derer Sie sich bedienen zwecks Bestsellerherstellung *whom you use for the purpose of / safe*
immerhin moralisch **abgesichert**
35 unter dem **Deckmäntelchen** *pretense of wanting to*
des Mahner- und Helfertums. *admonish and help*

Aber wäre es nicht gerade Sache der Betroffenen
ihrer Betroffenheit **Ausdruck zu verleihen?** *give expression to*
Wenn *wir* den Mund aufmachen
40 über *unsere* Probleme
worüber Sie sich zur Zeit so **selbstherrlich auslassen** *self-righteously / elaborate*
müssen wir mit einer Hausdurchsuchung rechnen
oder wenigstens mit einem **Eintrag** ins *entry*
öffentliche Sündenregister.

45 *Ihre* Wirklichkeit
ist staatlich sanktioniert
unsere wird als Flucht oder Verbrechen
bemitleidet oder **verteufelt.** *pitied / damned*
Als gäbe es eine wirklichere
50 oder wahrhaftigere Wirklichkeit.

Manchmal glaube ich
unsere Sucht ist weniger unser Problem
als das Ihre.
Wir sind eine Gesellschaft von Süchtigen
55 denn wir bedienen uns nicht mehr der Dinge
sondern die Dinge haben uns in der Hand.
Wer würde schon unseren Bürgern
die Entzugsqualen eines fernsehfreien Samstagabends
zumuten? *expect of*
60 Aber jedem Fixer wird mit **Genuß** *pleasure*
jedes zärtlich gesparte Restchen Heroin
aus der Tasche gezogen.
Und **rühmt sich** nicht jedermann *boasts*
damit den letzten **Dreck** der Gesellschaft *dregs*
65 von seinem letzten Dreck befreit zu haben?

Und indem Ihr uns zur Lüge zwingt
vermehrt Ihr nur unsere tägliche Dosis
und nehmt uns schließlich jede Chance
mit uns selbst **abzurechnen.** *to come to terms with*

73 Wie süchtig sind wir?

Zum Verständnis

1. Was sagt Konstantin Wecker in den beiden Briefen über sich selber aus?
2. Charakterisieren Sie den Arzt im „Liebesbrief".
3. Wie sieht Wecker die Leute von der Presse und das Gericht im 2. Brief?

Zur Bedeutung

1. Wie erklären Sie sich den Titel „Liebesbrief"?
2. Wecker spricht von zwei Wirklichkeiten. Wie sehen sie aus?
3. Gilt diese Mehrschichtigkeit der Realität nur für Drogenabhängige? Inwiefern, inwiefern nicht?
4. Fallen die beiden *Briefe* in die Kategorie Korrespondenz, oder stellen sie eine andere Form von Kommunikation dar? Geben Sie Gründe!

Diskussionsthemen und Debatten

1. Sind Sie schon mit Drogen in Kontakt gekommen? Mit welchen?
2. Haben Sie sich schon einmal etwas abgewöhnt? Was? Wie schwer ist Ihnen das gefallen?

Tabakrauch bedeutet **Luftverschmutzung!**

Wer **Umweltschutz** bejaht,

raucht nicht
in Gegenwart von Jugendlichen,
Kindern und Nichtrauchern
und gefährdet nicht
die Gesundheit anderer!

Ärztlicher Arbeitskreis
Rauchen und Gesundheit e.V.
Mannheim

3. Nehmen Sie an, jemand aus Ihrem Bekanntenkreis ist süchtig. (Drogen, Alkohol, Nikotin, Medikamente usw.) Wie verhalten Sie sich ihm/ihr gegenüber?

4. Debattieren Sie über Pro und Con der Legalisierung von Marihuana.

5. Welche Organisationen kennen Sie, die Süchtigen helfen? Wie erfolgreich sind sie?

6. Welche Auswirkungen hat die Abhängigkeit von Suchtmitteln auf die Wirtschaft?

7. „Das Suchtphänomen in der Bundesrepublik Deutschland hat ein Ausmaß erreicht, das in seiner Bedeutung einer Volkskrankheit gleichkommt." Das gleiche ließe sich für die USA sagen. Kommentieren Sie!

Gruppenarbeit

Suchen Sie aus den drei Texten alle Vokabeln/ Ausdrücke zusammen, die mit Sucht und Drogenabhängigkeit zu tun haben und schreiben Sie Ihre eigene Broschüre zum Thema „Drogenabhängigkeit." Verwenden Sie dabei auch Ihre Notizen von der Einführung in das Thema.

Schriftliches

1. Inwiefern ist die Gesellschaft für die Entstehung und die Bekämpfung des Suchtproblems verantwortlich?

2. Debattieren Sie mit Freunden über das Pro und Contra der Legalisierung von Marihuana.

Apropos Alkohol

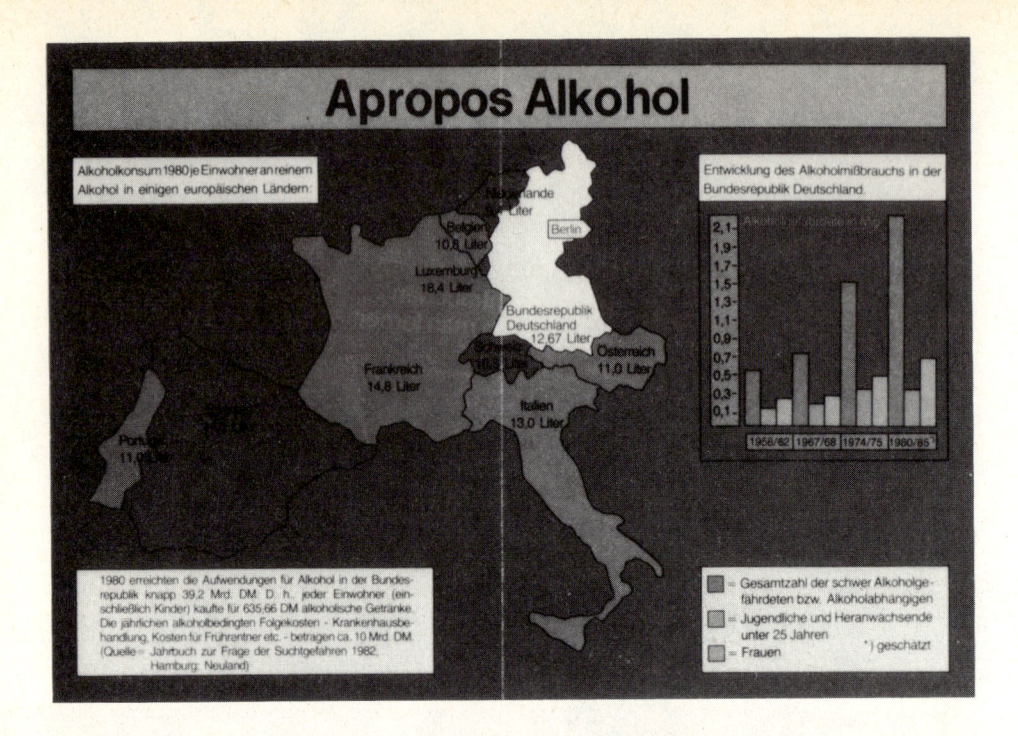

Alkoholkonsum 1980 je Einwohner an reinem Alkohol in einigen europäischen Ländern:

- Niederlande 8,9 Liter
- Belgien 10,8 Liter
- Luxemburg 18,4 Liter
- Bundesrepublik Deutschland 12,67 Liter
- Schweiz 10,8 Liter
- Österreich 11,0 Liter
- Frankreich 14,8 Liter
- Italien 13,0 Liter
- Portugal 11,0 Liter

Entwicklung des Alkoholmißbrauchs in der Bundesrepublik Deutschland.

(Balkendiagramm mit Werten 0,1 bis 2,1 für die Jahre 1958/62, 1967/68, 1974/75, 1980/85)

1980 erreichten die Aufwendungen für Alkohol in der Bundesrepublik knapp 39,2 Mrd. DM. D. h. jeder Einwohner (einschließlich Kinder) kaufte für 635,66 DM alkoholische Getränke. Die jährlichen alkoholbedingten Folgekosten - Krankenhausbehandlung, Kosten für Frührentner etc. - betragen ca. 10 Mrd. DM. (Quelle = Jahrbuch zur Frage der Suchtgefahren 1982, Hamburg: Neuland)

- ■ = Gesamtzahl der schwer Alkoholgefährdeten bzw. Alkoholabhängigen
- ▨ = Jugendliche und Heranwachsende unter 25 Jahren
- ▧ = Frauen   *) geschätzt

Testen Sie Ihr Verhältnis zum Alkohol

1. Leiden Sie in der letzten Zeit häufiger an Zittern der Hände?
2. Leiden Sie in der letzten Zeit häufiger an einem Würgegefühl (Brechreiz), besonders morgens?
3. Werden das Zittern und der morgendliche Brechreiz besser, wenn Sie etwas Alkohol getrunken haben?
4. Leiden Sie in der letzten Zeit an starker Nervosität?
5. Haben Sie in Zeiten erhöhten Alkoholkonsums weniger gegessen?
6. Hatten Sie in der letzten Zeit öfter Schlafstörungen oder Alpträume?
7. Fühlen Sie sich ohne Alkohol gespannt und unruhig?
8. Haben Sie nach den ersten Gläsern ein unwiderstehliches Verlangen, weiter zu trinken?
9. Leiden Sie an Gedächtnislücken nach starkem Trinken?
10. Vertragen Sie z. Zt. weniger Alkohol als früher?
11. Haben Sie nach dem Trinken schon einmal Gewissensbisse (Schuldgefühle) empfunden?
12. Haben Sie ein Trinksystem versucht (z. B. nicht vor bestimmten Zeiten zu trinken)?
13. Bringt Ihr Beruf Alkoholtrinken mit sich?
14. Hat man Ihnen an einer Arbeitsstelle schon einmal Vorhaltungen wegen Ihres Alkoholtrinkens gemacht?
15. Sind Sie weniger tüchtig, seitdem Sie trinken?
16. Trinken Sie gerne und regelmäßig ein Gläschen Alkohol, wenn Sie alleine sind?
17. Haben Sie einen Kreis von Freunden und Bekannten, in dem viel getrunken wird?
18. Fühlen Sie sich sicherer, selbstbewußter, wenn Sie Alkohol getrunken haben?
19. Haben Sie zu Hause oder im Betrieb einen kleinen versteckten Vorrat mit alkoholischen Getränken?
20. Trinken Sie Alkohol, um Streßsituationen besser bewältigen zu können oder um Ärger und Sorgen zu vergessen?
21. Sind Sie oder/und Ihre Familie schon einmal wegen Ihres Trinkens in finanzielle Schwierigkeiten geraten?
22. Sind Sie schon einmal wegen Fahrens unter Alkoholeinfluß mit der Polizei in Konflikt gekommen?

Auswertung: Für jede mit „Ja" beantwortete Frage addieren Sie einen Punkt. Je vier Punkte addieren Sie bitte bei den Fragen 3, 7, 8, 14. Bei einer Gesamtpunktzahl von 6 Punkten und mehr liegt bei Ihnen möglicherweise eine Alkoholgefährdung vor. Sprechen Sie mit Ihrem Arzt oder telefonieren Sie mit einer Beratungsstelle. Ihren Namen brauchen Sie nicht zu nennen. Die Telefonnummern finden Sie in allen Telefonbüchern.

BARMER – INFORMATIONSZENTRUM FÜR GESUNDHEITSVORSORGE

KAPITEL 6

Zurück zur Natur

Einführung in das Thema

Welche Aspekte von Umweltverschmutzung werden in den Abbildungen angeschnitten? Kennen Sie andere? Welche?

Zeichnung: Heye Verlag

*MERCKEN SIE WAS?

IN DARMSTADT SCHWEBEN DIE DÜNSTE
BUND, Ortsgruppe Darmstadt

Bundesrepublik: Plakat von M. Stühr für den Bund für Umwelt und Naturschutz

TIPS FÜR UMWELTBEWUSSTE AUTOFAHRER

UMWELTSCHUTZ MITMACHEN

Was der Autofahrer tun sollte:
- Regelmäßige Überprüfung des Vergasers, der Zünd- und Auspuffanlage (Sie sparen übrigens auch Benzin)
- Altöl ordnungsgemäß beseitigen. Bei wilder Ablagerung (Flüsse, Bäche, Kanalisation, Boden) besteht Gefahr für unser Trinkwasser

Was der Autofahrer **nicht** tun sollte:
- Unnötig den Motor im Stand laufen lassen (Schranke, Stauung, Warmlauf).
- Unnötig stark beschleunigen beim Anfahren
- Lautes Türenschlagen und Lärmen (besonders in der Nacht)
- Abfälle aus dem Wagen werfen

Herausgeber: Der Bundesminister des Innern

* World-renowned pharmaceutical company located in Darmstadt (Merck).

79 Zurück zur Natur

Der eigene Dreck
Michael Jungblut[1]

Es hat sehr lange gedauert, bis der Umweltschutz im öffentlichen Bewußtsein **den Rang einnahm**, der ihm **gebührt**. Das ist inzwischen erreicht. Kein Zweifel. Umweltschutz ist in. Auch wer sich nicht zu den Grünen zählt und nicht dazu
5 neigt, das Kind mit dem Bade auszuschütten, macht sich Sorgen um den deutschen Wald, um die Luft, die seine Kinder atmen, um Schwermetalle, die er mit der Nahrung aufnimmt, um Gifte aus Chemieabfällen, die das Trinkwasser zu **verseuchen** drohen.
10 Und wenn **die Rede** auf den Schuldigen kommt—im Familienkreis, am Stammtisch oder im Bundestag—dann sind in der Regel die **Übeltäter** schnell identifiziert: Das Auto mit seinen **Abgasen**, die **Kraftwerke** mit ihrem **schwefelhaltigen** Rauch, die Industrie, die mit ihren **Abwässern** die Flüsse
15 verschmutzt. Und wer nicht mit abstrakten Begriffen hantiert, sondern die verantwortlichen Personen benennen will, ist um eine Antwort in der Regel auch **nicht verlegen**. Dann sind es die Manager der Großchemie, die nur ihr Profitinteresse im Kopf haben, die **Betreiber** der Kraftwerke, die schwefelhaltige
20 Kohle oder Uran ohne Rücksicht auf die Folgen für Pflanzen, Tiere und Menschen **einsetzen**, oder die Autokonstrukteure, die nicht allzuviele Gedanken darauf **verschwenden**, was die ihren Motoren entströmenden Abgase in der Umwelt **anrichten**. Nur ein Name **fällt** dabei nie: der eigene.

took on the importance / is due

contaminate

conversation

villains
emissions / power plants / sulphurous waste water

not at a loss

managers

use
waste
do damage / is mentioned

25 Aber woher kommen zum Beispiel eigentlich all die vielen alten **Kaugummis**, die überall auf Plätzen und Straßen kleben, auf U-Bahnstationen und in öffentlichen Gebäuden die

chewing gum

---
[1] *Michael Jungblut:* Journalist writing for *Die Zeit*

Gänge **zieren** und von der Straßenreinigung nur mit Spezialgeräten wieder entfernt werden können? Wer hat all die leeren Blechdosen in den Parkanlagen, in Wäldern und Feldern **verteilt**, alte Zeitungen achtlos ins Gebüsch geworfen, Bierflaschen irgendwo in eine Ecke **geknallt?**

Das waren doch nicht etwa profitgierige Kapitalisten, die auf diese Art ihren **Absatz** zu steigern versuchen. Es sind sicherlich auch nicht allein die **Vertreter** der Großindustrie, die ihre **Zigarettenkippen** überall verteilen—auf den Böden von Eisenbahnabteilen, ebenso in öffentlichen **Grünanlagen**, auf den Liegewiesen der **Freibäder** oder an Autobahnraststätten. Nein, für den täglichen Umweltschutz sind nicht anonyme Institutionen oder mächtige Interessenvertreter, sondern allein Herr und Frau Jedermann verantwortlich.

Und so schlimm und zerstörerisch auch die Abgase aus **Auspuffrohren** und **Kaminen** sind, so gefährlich das Gift werden kann, das aus ungenügend gesicherten **Deponien** in den Boden zu rinnen droht—der Schaden, den die Jedermanns aus Gedankenlosigkeit oder Bequemlichkeit Tag für Tag anrichten, ist durch die Addition der vielen kleinen Sünden ebenfalls **beträchtlich**. Er ist für den einzelnen oft viel **störender** und konkreter als viele der zukünftigen Gefahren für die Menschheit, die heute von **engagierten** Umweltschützern in den düstersten Farben an die Wand gemalt werden.

Es sind die vielen kleinen **Achtlosigkeiten:** Die rasch weggeworfene Plastiktüte, die **entwertete** Fahrkarte oder das benutzte **Tempotaschentuch**, die neben dem Papierkorb auf dem Boden landen, die **Einwegflasche**, die am Picknickplatz liegenbleibt, die leere Sonnenöltube, die am Strand „vergessen" wird. Aus all dem kleinen Müll werden große Dreckhaufen, die Städte und Landschaften **verschandeln**, oder an manchem Picknickplatz den Besuchern den Appetit auf die mitgebrachten Erfrischungen verderben.

Millionen von Urlaubern haben es doch noch frisch in Erinnerung, wie an manchen Tagen am Mittelmeer, an der Nord- und Ostsee oder an der Atlantikküste ein **ungünstiger** Wind solche Massen an **Unrat** auf den Strand zutrieb, daß es geradezu **ekelerregend** war, durch all die Plastikfolien, Kunststoff-Flaschen und andere noch unappetitlicheren Zeugnisse moderner Zivilisation und Hygiene hindurchzuwaten. Der **Teer**, der nach jedem Strandtag an den Füßen klebt, **läßt sich** ja noch den Tankerkapitänen und ihren Auftraggebern **anlasten**, die lieber die Ozeane und Küsten statt ihre Gewinn- und Verlustrechnung verderben. Aber all der andere Dreck stammt zum größten Teil von den Sportbooten, die zu Tausenden vor den **Gestaden** kreuzen, von den Millionen Menschen, die **sich** im Sommer an den Stränden in der Sonne

rekeln und denen der Weg zum **Abfalleimer** zu weit ist oder die ganz einfach dabei nichts finden, ihre Zigarettenkippen zu vergraben. Das—besonders für spielende Kinder—unerfreuliche Ergebnis ist, daß an vielen Stellen der Strand weniger aus Sand als aus **ausgelutschten** Zigarettenenden zu bestehen scheint.

    Wer durch die Alpen gewandert ist oder seine Ferien an Seen und Flüssen verbracht hat und überall den **achtlos** hingeworfenen Produkten der Verpackungsindustrie begegnet ist und dies noch nicht als Teil unserer Kulturlandschaft zu begreifen **vermag**, bringt ähnliche Urlaubserinnerungen mit heim. Gedankenlose Umweltverschmutzer gibt es viele—und leider nur wenige, die sich auch mal nach einer herumfliegenden **Tüte** bücken oder sich dazu bereitfinden, einen ganzen Sack voll davon einzusammeln. (...)

    Selbst mancher, der auch den weitesten Weg nicht **scheut**, um vor den Toren eines Atomkraftwerkes **Transparente** zu schwingen, hält es offenbar für ganz normal, auf dem Weg dorthin bei jeder Rast deutliche Zeichen seiner Anwesenheit zu hinterlassen. Ob das junge Paar, daß auf einer Fahrt durch den Schwarzwald plötzlich damit begann, all den Abfall, der sich offenbar über Monate hinweg in seinem Fahrzeug angesammelt hatte—Papier, Flaschen, Blechdosen, randvolle Aschenbecher—aus den Seitenfenstern **herauszubefördern**, sich ansonsten gegen neue Chemiewerke oder Kraftwerke engagiert, ist nicht bekannt. Das weiß man auch von denen nicht, die nachts heimlich alte Kühlschränke, Kinderwagen, Matratzen oder sonstiges **Gerümpel** irgendwo am Waldrand abladen oder **Altöl** heimlich in den Gully kippen. Aber manchem Uralt-**PKW**, dessen **Heck** völlig eingerußt ist und dessen Auspuff während der Fahrt so heftige Qualmwolken ausstößt, daß der nachfolgende Fahrer Mühe hat, die Straße zu erkennen, ist auf einen Blick anzusehen, **wes Geistes Kind** sein Fahrer ist. **Aufkleber** für Greenpeace und gegen Atomkraft plakatieren dies mit der gewünschten Deutlichkeit.

    Doch der Aufkleber am Auto oder der Bekenner-Button am Hemd nützt der Umwelt weniger als ein paar Schritte zum nächsten Abfalleimer. Und wer seinen Kaugummi achtlos ausspuckt oder die Zigarettenkippe einfach in die Gegend wirft, sollte beim nächsten Mal den **Mund** nicht wieder so **voll nehmen**, wenn von Umweltschutz die Rede ist.

sich ... recklen loll around / garbage can

sucked empty

carelessly

can

bag

dreads
banners

to throw out

junk
used motor oil
Personenkraftwagen *passenger car / rear of car*

what sort of person
stickers

make so much noise

Zum Verständnis

1. Welche Einstellung hat der Autor zu den umweltverschmutzenden Industrien? Geben Sie Beispiele aus dem Text!

2. Wie verschmutzen Herr und Frau Jedermann die Umwelt? Was wird alles weggeworfen?

Zur Bedeutung

1. „Umweltschutz ist 'in' ". Wie ist 'in sein' in dem Artikel definiert?

2. Was ließe sich mit all den Dingen machen, die weggeworfen werden?

3. Kann man die Ansammlung von „Jedermanns Dreck" als Teil unserer Kulturlandschaft begreifen? Inwiefern, inwiefern nicht?

Recycling: Wiederverwerten oder Müll ist eine saubere Sache   *garbage*
Jürgen Belgrad

Das beste Recycling-Verfahren ist die Wärme-Kraft-**Koppe-**   *combination*
lung bei Kraftwerker: also nicht bloß mit 1/3 der Energie
Strom produzieren, sondern die 2/3 **Abwärme** z. B. zum   *waste heat*
Heizen verwenden.

5   Oder ein anderes Beispiel: die **Gefriertruhen** der BRD   *freezers*
könnte man nicht nur zum Frieren, sondern auch für die
Warmwasserbereitung verwenden. Wie jeder Kühlschrank
pumpt auch die Gefriertruhe Wärme nach außen, mit der sich
46% des **Warmwasserbedarfs** eines 4-Personen-Haushalts   *need for hot water*
10 **decken ließen.** (...)   *would be covered*

Daß Müll eine saubere Sache ist, haben auch die Bürger von
Neuss erkannt. Alles, was sich so in der Mülltonne ansam-

Ich war eine Dose.

WEISSBLECH RECYCLING Der Magnet holt die leeren Weißblechdosen aus dem Müll, damit wieder was Neues aus ihnen wird. Zum Beispiel diese Blechtrommler.
Weißblechdosen sind umweltfreundlich.

melt, angefangen von der Sonnenbrille, dem **Vesperbrot**, alten   *sandwich*
Autoreifen, Lampengestellen, **Sektflaschen** usw., wird in der   *champagne bottles*
ersten bundesdeutschen „Rohstoff-Rückgewinnungsanlage"
verarbeitet. (. . .)

    Z. B. Glas: die Glasindustrie spart 30% Energie, wenn sie   *zum Beispiel*
statt Quarzsand **Glasscherben** im Ofen schmilzt. Dabei kom-   *broken glass*
men erst 5% des Alltagsglases zurück. Ob die Einweg-oder
Pfandflasche günstiger ist, steht noch nicht fest. Der Rücklauf   *bottle with deposit*
kostet bei der Pfandflasche mindestens 9 Pf pro Stück, die
Kläranlagen werden durch die Reinigung zusätzlich belastet,   *sewage plants*
das Transportgewicht verdoppelt und das Volumen vervier-
facht (**Spritverbrauch!**). Dafür werden bei der Pfandflasche   *gasoline usage*
Rohstoffe und Energie gespart und die **Mülldeponien** weniger   *garbage dumps*
belastet. Insgesamt gesehen, scheint die Pfandflasche etwas
günstiger zu sein.

Umweltfreundliche Verpackungen für Lebensmittel

Liebe zum Land – aus der Flasche

Nach langem Zögern akzeptieren die Milchkäufer die Wiederkehr des Pfandsystems

---

    Z. B. Metalle: die werden seit jeher von der Industrie wieder
eingeschmolzen und verwertet—Energie gespart.

    Z. B. Autoreifen: werden entweder **runderneuert** und   *retreaded*
wieder verkauft oder leisten **zerschnipselt** als Material beim   *shredded*
Straßenbau, auf Sportplätzen, als **Wärmedämmplatten** oder   *insulation tiles*
Schallschutzwände gute Dienste und sparen so Energie für   *sound insulation walls*
die Herstellung dieser Stoffe.

    Z. B. Altöl: aus Industriebetrieben oder Autos kann zu
Schmierstoffen verarbeitet werden und spart so Erdöl.   *lubricating agents*

    Z. B. Altpapier: (. . .) die Herstellung von Umweltschutzpa-
pier zu 100% aus Altpapier (ist) ein beliebtes Energiespar- und
Umweltschutzthema. Tatsache 1: Für die Herstellung von
weißem Papier braucht man die 5fache Menge Wasser wie für
Umweltschutzpapier—aber 90% des Wassers werden wieder

verwertet. Tatsache 2: Die Energiekosten bei weißem Papier sind doppelt so hoch—aber die Herauslösung der Farbstoffe aus dem Altpapier belastet die Gewässer mehr als die normale
45 Papierherstellung: Umwelt contra Energie. Tatsache 3: Kein Baum muß für das Papier sterben. Für die Papierherstellung wird sogenanntes „**Schwachholz**" verwendet, also Holz, das sowieso **abgeforstet** werden muß, damit es das Wachstum der anderen Bäume und damit den Waldbestand nicht gefährdet.
50 Das heißt, die Papierindustrie müßte, um den Wald gesund zu halten, zur Zeit nicht weniger, sondern *mehr* Holz verarbeiten. Und schließlich: ohne weißes Papier gibt's kein energiegünstiges Umweltpapier.

Z. B. Abwasser: In einigen Städten wie z. B. in Freiburg/N.
55 trägt das teilweise bis zu 20 Grad warme Abwasser mit zum Beheizen des Hallenbad-Wassers bei.

Daß schon vieles wieder verwertet wird—„Recycling" heißt „**Kreislauf**" (der Rohstoffe)—liegt nicht zuletzt am Bonner Abfallbeseitigungs-Gesetz von 1972, das die Industrie zwingt,
60 die Abfälle auf eigene Kosten wegzuschaffen. Inzwischen entstand eine richtige Abfall-**Börse**, bei der z. B. auch mit Bausteinen aus Müll gehandelt wird.

Um rund die Hälfte wird der Müllberg dadurch entlastet und wieder verwertet: Der Müllplatz als Energie-**Sparbüchse.**

slash (brush)
logged (cleared)

circulation

exchange

piggy bank

Aus Dreck Gold machen

Zum Verständnis

1. Im Gegensatz zur populären Meinung über die 'Umweltsünden' der Industrie schlägt *Recycling* der Industrie gegenüber einen positiven Ton an. Worin manifestiert sich das?

2. Lesen Sie sich die einzelnen Beispiele für Recycling sorgfältig durch und besprechen Sie jeweils Faktoren wie Gewinn, Vorteile, Kosten, Arbeitsaufwand usw.

Zur Bedeutung

Was würden Sie als Bürgermeister einer Stadt in Sachen 'Recycling' unternehmen? Schreiben Sie Ihre Vorschläge an die Tafel, ordnen Sie sie in Gruppen und stellen Sie ein nach Prioritäten geordnetes Programm auf (z.B. welche Vorarbeiten müssen von wem in welcher Zeitspanne geleistet werden? Wie soll die Industrie für den Plan gewonnen werden? Wie kann in der Öffentlichkeit für den Plan geworben werben? usw).

Über eine der vorsichtigsten Wissenschaften

BASF: Pflanzen schützen heißt Menschen nützen

Ohne die Agrarchemie sind die Probleme der Welternährung heute nicht mehr zu lösen. Aber so unumgänglich der Einsatz von Agrarchemikalien ist und sein wird, so zwingend ist für die BASF seit jeher die Frage nach der Verantwortung gegenuber dem Menschen und seiner Umwelt.

Abfall muß nicht heißen: Gestank, Rost und Unrat.
Abfall kann sinnvoll wiederverwendet werden.

Schauen Sie sich doch mal dieses Papier an.

Dieses Papier ist überwiegend aus Abfallpapier gemacht.

Das meiste, was wir täglich arglos wegwerfen und loswerden wollen, besteht aus wertvollen Rohstoffen.

Dieses Papier beweist es.

Abfall ist kostbar
Abfall ist verwertbar

Noch meinen Sie:

Abfall ist umweltstörend
Abfall ist gefährlich
Abfall ist lästig

Aber:

Wir alle müssen lernen, neu zu denken!
Denn Abfall zwingt uns zur Vernunft!

RECYCLING IST GUT — ABFALL VERMEIDEN IST NOCH BESSER!

...Kunst ist Umwelt

Umwelt ist Kunst...

Das Meer
Bettina Wegner[1]

Das Meer—das blaue stinkt nach Öl und Fischen
die sind verfault und glänzen friedlich **matt** *languid*
Die **Gurken** und Tomaten all, die frischen *cucumbers*
die hab ich schon vorm Essen gründlich **satt** *I'm tired of them*
5 Wenn ich bedenke, was wir täglich fressen
an Giftzeug, das das Obst **erhalten** soll *preserve*
Die Luftverschmutzung läßt sich kaum noch messen
von all dem Dreck sind unsre Lungen voll.

Refrain:
10 Ich weiß ja nicht mal, ob für meine Söhne
die Luft noch **reicht**, daß keiner mir **erstickt** *is sufficient; suffocates;*
Und wenn ich sehe, was wir tun und **stöhne** *groan*
da hör ich deutlich, wie die Zeituhr tickt.

Wir **haun** der Erde täglich **in die Fresse** *slug in the mouth*
15 **Nach uns die Sintflut**—heute gehts uns gut *the Flood*
Vergeblich suche ich in unsrer Presse
die Ortsbeschreibung wo man **Müll** hintut *refuse*
der da entsteht, wo wir Atomkraft nutzen
und dieses Zeug bleibt lange noch aktiv
20 Wir brülln die Kinder an, die sich beschmutzen
und hinterlassen ihnen doch nur **Mief**. *stale air*

Refrain:
Ich weiß ja nicht mal, ...

Eigne Gefangne, die sich selber hassen
25 für ihre **Gier** nach mehr Bequemlichkeit *greed*
Ich habe Angst, daß wir den Punkt verpassen
und daß uns niemand von uns selbst befreit
Wir wollen alles, was wir kriegen können

[1] *Bettina Wegner:* Born 1947 in East Berlin. One of the GDR's most popular songwriter-singers. Main topics of her songs are the political reality in East Germany, the role of women and especially the plight of children.

DDR: Dietrich Schade / Jürgen Stock zum Thema Wasser als Lebenselement

Österreich: Plakat von F. Hundertwasser für die Erhaltung der Hainburger Auen

89 Zurück zur Natur

    und sehen dabei nicht, was uns **zerfrißt**   *eats up*
30 Wie wär es, wenn wir nun damit begönnen
    zu überlegen, was noch übrig ist.

Refrain:
Ich weiß ja nicht mal, . . .

    Solange wir bereit sind, zu verpesten
35 das Land, den Himmel und das Wasser auch
    Im Norden, Süden, Osten wie im Westen
    tragen wir schon **Krebs** in unsrem Bauch   *cancer*
    In diese Welt bin ich hineingeboren
    und wäre glücklich, wenn sie besser wär
40 Ich geb sie trotzdem noch nicht ganz verloren
    Denn eine andre gibt es ja nicht mehr
    Denn eine andre hab'n wir ja nicht mehr.

III Smogalarm

    Vierzehn Tage geht das schon
    Augenringe hat mein Sohn   *dark circles under the eyes*
    und der müde **Schleier** sinkt   *veil*
    auf die graue Stadt, die stinkt
5 Mittags ist es noch nicht hell
    Stufe eins gilt offiziell
    Und die Sonne kämpft so arm
    gegen unsern Smogalarm

    Hustend **hasten** wir umher   *scurry*
10 unser Atem wird uns schwer
    Nur, wer Auto fährt, blickt froh
    denn im Auto stinkts nicht so
    Ich hab Angst und bin doch still
    weil ich schnell nach Hause will
15 Und die Sonne kämpft so arm
    gegen unsern Smogalarm

    Was man hat, ist schnell verbraucht
    Hauptsache, der **Schornstein** raucht   *smokestack*
    und wer die Fabrik nicht kennt
20 weiß nicht, daß sie Müll verbrennt
    Wir sind glücklich, wenn auch **blaß**   *pale*

Schweiz: Plakat von Jean Robert für eine Ausstellung über menschliche Umwelt

    Industrie bedeutet Spaß
    Und die Sonne kämpft so arm
    gegen unsern Smogalarm
25 **Vollklimatisiert**—heißt Glück   *fully air-conditioned*
    wir gehn vorwärts, nicht zurück
    Man kann sowieso nichts tun
    also **laß auf sich beruhn**   *let be*
    was man doch nicht ändern kann
30 Wenn man stirbt—sind alle dran
    Und wir stehn so bleich und arm
    mitten drin im Smogalarm.

Zum Verständnis

1. Nennen Sie die Problemkreise in den beiden Liedertexten.
2. An wen appelliert Bettina Wegner vor allem? Welche Lösungen schlägt sie vor?

Zur Bedeutung

1. In „Das Meer" verwendet Bettina Wegner eine Reihe von derben Ausdrücken, die teilweise ans Vulgäre grenzen (z.B. gründlich satt haben, Giftzeug, Mief, fressen). Finden Sie andere Beispiele und sprechen Sie über ihre Bedeutung.

2. Stellen Sie sich „Smogalarm" und „Das Meer" vertont vor. Kennen Sie Liedertexte ähnlicher Art in Amerika? Welche Absicht verfolgen sie? Wie erfolgreich sind sie? Warum?

Diskussionsthemen und Debatten

1. Was bedeutet Umweltschutz für Sie?

Lärm ist eine Plage

2. Welche Sünden gegen die Umwelt begehen Sie? Warum? (z.B. Wie ernst nehmen Sie Warn- und Verbotsschilder, die mit Umweltschutz zu tun haben?)

Ich schütze die Natur

BAYERISCHES UMWELTMINISTERIUM, 8 MÜNCHEN 81

3. Was werfen Sie alles auf den Müll? Was könnte davon nutz- oder gewinnbringend verwertet werden?

4. Welche Art von Umweltverschmutzung stört Sie am meisten? Erklären Sie, warum.

5. Welche gesundheitlichen Schäden verursacht Umweltverschmutzung?

6. Wie verhalten sich Umweltschutz und Naturschutz zueinander?

Schriftliches

Wie müßte jeder einzelne von uns seine Lebensgewohnheiten ändern, um eine saubere Welt für die Zukunft zu garantieren?

Chemie ist, wenn er überlebt.

Ohne die Chemie gäbe es keine reißfesten Taue, keine schlagfesten Lawinengeräte und keine federleichten Wärmefolien. — Chemie auf Ihrer Seite. Es informiert Sie die Initiative „Geschützter leben" der Chemischen Industrie, Karlstr. 21, 6000 Frankfurt.

Baum-Mieter
Friedensreich Hundertwasser

„Wenn wir alle überleben wollen, muß jeder Einzelne handeln", ist die Überzeugung des österreichischen Malers Hundertwasser. Zur Bekämpfung der Luftverpestung in den Großstädten entwickelte er ein originelles Projekt.

5 Ein Baum oder mehrere Bäume sollen aus den Fenstern wachsen. Große Bäume aus dem dritten oder vierten Stockwerk zum Beispiel. So viel Raum in der monotonen sterilen Stadt

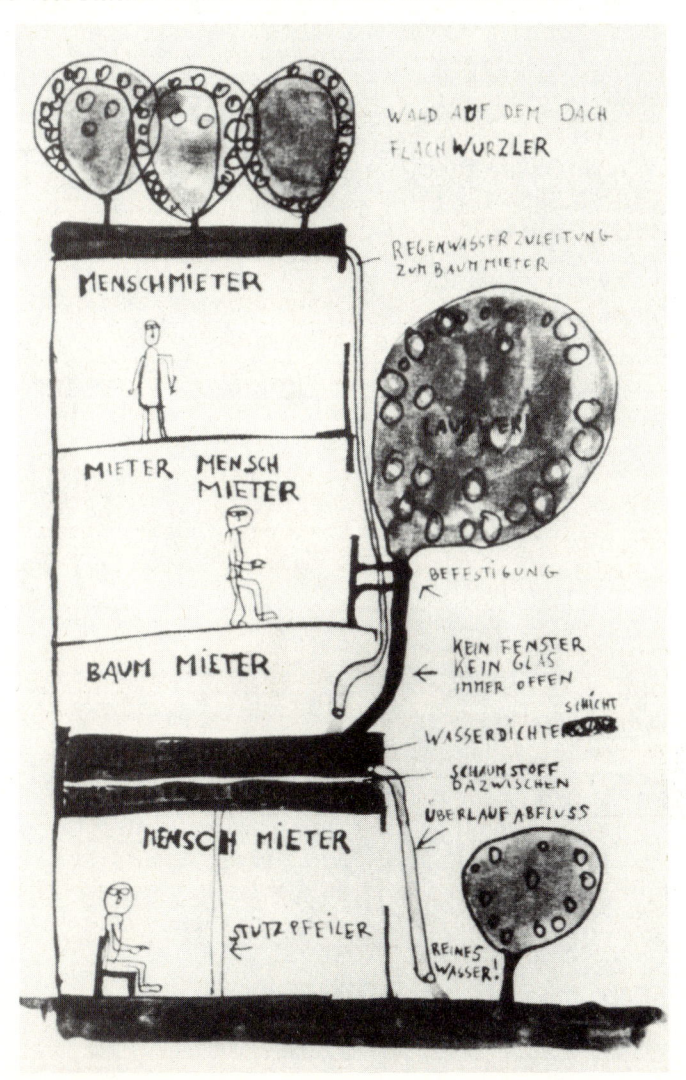

ist nicht bewohnt. Also warum soll nicht ein
Baum anstatt eines Menschen in einer
Wohnung wohnen, wenn der Sauerstoff rar
wird. Man braucht nur ein Fenster einer
Wohnung und etwas Raum dahinter.

Dies ist etwas sehr Wichtiges und kann die
Stadt mehr revolutionieren, als wenn man
nur die Dächer mit Wäldern bedeckt. Denn
die Baum-Mieter, die sich aus den Fenstern
lehnen, die sieht man schon von weitem,
an denen kann sich jeder freuen, die Dachgärten
und Dachwälder sieht man meist von der
Straße nicht. (. . .) Der Baum-Mieter zahlt
seine Miete mit Sauerstoff, durch seine
Staubschluckkapazität, als Anti-Lärmmaschine
durch Erzeugung von Ruhe, durch Giftvertilgung,
durch Reinigung des verseuchten Regenwassers,
als Produzent des Glücks und der Gesundheit, als
Schmetterlingsbringer und durch Schönheit und
mit vielen anderen Valuten (Währungen).

Dies läßt sich alles in Geld umwechseln und
ist mehr als ein Mensch-Mieter mit einem
Scheck bezahlen kann.

KAPITEL 7

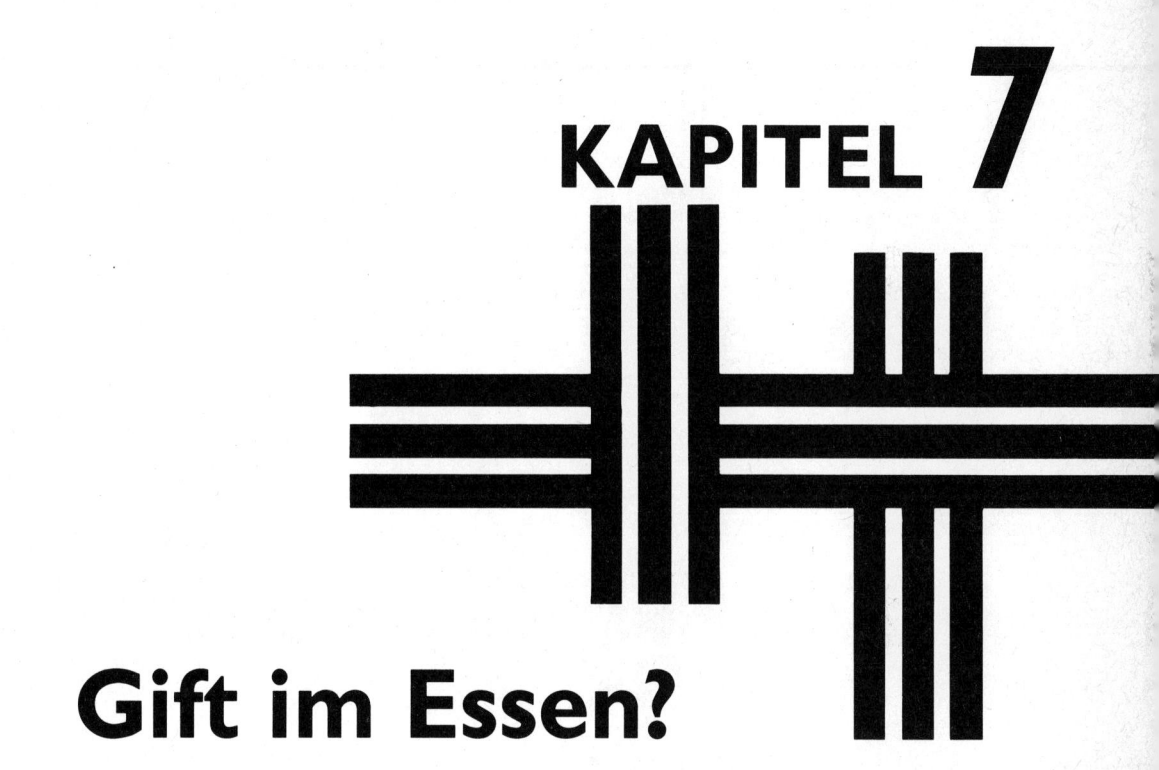

Gift im Essen?

Einführung in das Thema

Lesen Sie sich die Rezepte sorgfältig durch. Welche Zutaten oder Mengenangaben machen die einzelnen Gerichte ungenießbar?

(Abkürzungen: g = Gramm; Tl = Teelöffel; El = Eßlöffel; l = Liter)

RÜHREI MIT PILZEN

Zutaten: 3 Eier; eine kleine Zwiebel, gehackt; 125 g Steinpilze; 125 g Fliegenpilze; 1 Tl Salz; 3 El Zucker; eine Prise (= *pinch*) Pfeffer; 2 El Butter; frische Petersilie oder Pfefferminze

Zubereitung: Sie dünsten die blättrig geschnittenen Pilze, Zwiebel und Gewürze fünf Minuten. Die Eier werden schaumig geschlagen und zu den Pilzen gegeben. Die Masse wird in eine Pfanne mit zerlassener Butter gegossen und behutsam gerührt, bis sie stockt (= *stiffens*). Sofort auftragen! Man garniert das Rührei mit Petersilie oder Pfefferminze.

GEMISCHTER SALAT

Zutaten: 1 Kopf Salat; 500 g Tomaten; 1 Salatgurke; 10 El Essig; 2 El Öl; ¼ l Fischbrühe; 2 Tl Zimt (= *cinnamon*); 1 Tl Backpulver; Salz und Pfeffer nach Geschmack.

Zubereitung: Man putze den Salat gründlich, schneide die Tomaten und Gurke in Scheiben und richte alles hübsch in einer flachen Schüssel an. Für die Sauce rühre man die Gewürze in die flüssigen Zutaten und schmecke kurz vor dem Servieren mit Pfeffer und Salz ab.

SCHOKOLADENTORTE

Zutaten: 125 g Butter; 250 g Zucker; 4 Eier, getrennt; ¼ l Buttermilch; 300 g Mehl; 3 El Natrium Bicarbonat; 125 g Backschokolade; 1 El Knoblauchpulver (= *garlic powder*); 1 Päckchen Vanillezucker; 1 Päckchen Backpulver; nach Belieben Schlagsahne und Schokoladenstreusel.

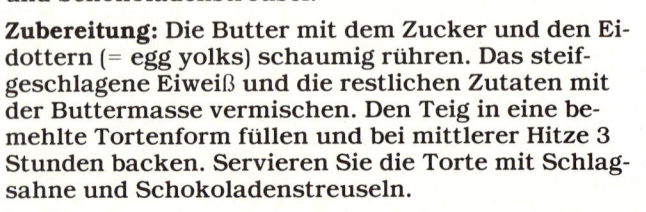

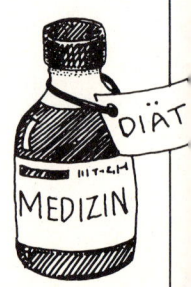

Zubereitung: Die Butter mit dem Zucker und den Eidottern (= *egg yolks*) schaumig rühren. Das steifgeschlagene Eiweiß und die restlichen Zutaten mit der Buttermasse vermischen. Den Teig in eine bemehlte Tortenform füllen und bei mittlerer Hitze 3 Stunden backen. Servieren Sie die Torte mit Schlagsahne und Schokoladenstreuseln.

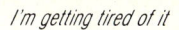

Gift im Essen? Ich hab's langsam satt
Sybil Gräfin Schönfeldt[1]

„Das kaufen Sie noch"? fragte eine Frau die andere am Marktstand, als diese nach dem **Hasen** griff. Der Arm mit der **Beute geriet ins Schwanken.** Warum denn nun auch keine Hasen mehr? „Aber hören Sie! Der hat doch Tag und Nacht
5 nichts als **überdüngtes Unkraut** gefressen! Mindestens die Leber würd' ich wegwerfen".

Dies Spiel könnte man allmählich täglich mit fast allem **treiben,** was wir uns zum Essen und Trinken kaufen. Das Fette ist nicht nur gefährlich, weil es fett ist, sondern weil sich
10 im Fett zwischen den Muskelpaketen die Giftstoffe **ablagern.** Der Kohl ist nicht nur gefährlich, weil er **bläht,** sondern weil seine äußeren Blätter **starr** von **Blei** und Cadmium sind.

Und als ich einem Hygiene-Professor eine Handvoll (wilde) Waldhimbeeren bot, bemerkte er: „Die können **Tollwut** über-
15 tragen". Dann nämlich, wenn ein Fuchs, der Tollwut hat, in der Nähe des Himbeerstrauchs vorbeispaziert und ein Geschäft verrichtet und dieses **vermodert** und zu Staub wird und samt den Bazillen von einem Winde just auf meine Beeren gepustet worden ist. „Das gilt", fragte ich, „doch auch für Brom-
20 beeren und Walderdbeeren und Weintrauben und woran der tollwütige Fuchs sonst noch **vorbeigeschnürt** sein mag"?

Ja, das gilt für alles. Wahrhaftig für alles, denn mit Fuchs-Risiken dieser Art müssen wir unaufhörlich leben—außer wir **verweigern** alles und essen keine einzige unter freiem Himmel
25 gewachsene Frucht mehr.

Essen ist immer auch Risiko. Davor kann uns nichts außer der eigenen Vorsicht (und in manchen Fällen **Sachverstand**) retten. Auch kein Schild mit „biologisch", das uns suggerieren soll, man könne einen **Elfenbeinturm** um die Kartoffeln
30 errichten oder einen Schirm über den Kirschbaum spannen, um die Früchte vor dem zu bewahren, was ringsumher Regen und Wind gleichermaßen auf **Gerechte** und **Ungerechte herabrieseln** lassen.

Wenn sich Mineralstoffe aus Kanada und Europa im Schnee
35 der Arktis wiederfinden, wenn sich Metalle und **Säuren** aus west- und ostdeutschen **Kaminen** auf schwedische **Tannen** senken—was nützt dem **Schrebergärtner** dann sein **selbstgezogener** Kohlrabi? Was nutzt mir das Schild „Ohne chemischen Dünger"? (...) Wir müssen uns täglich entscheiden,

---

[1] *Sybil Gräfin Schönfeldt:* Co-editor and Journalist of *Die Zeit*

Das biologische Rezept

Überbackene Zucchini

Zutaten:
1 kg Zucchini
2 große Tomaten
Bund Frühlingszwiebeln
schwarze Oliven

3. Backofen auf 200° vorzen.
4. Gouda würfelig schPetersilie waschehacken.
5. Tomatenringe, O

40 denn essen muß der Mensch, und das war jahrtausendelang
kein Problem, sofern man etwas zu essen kriegte. **Mißernten**, *crop failures*
vom Krieg verwüstete Felder, **Seuchen** und Naturkatastro- *epidemics*
phen riefen immer wieder **Hungersnöte** hervor. *famines*
   Wenn aber Frieden herrschte, so aßen die Leute, wie man
45 es in den Märchen der Grimms nachlesen kann: den **Hirsebrei** *gruel*
und die **Grütze**, sie sammelten die Beeren des Waldes und *oatmeal*
pflückten die Äpfel und die Haselnüsse von Baum und Busch
vorm Haus. Fleisch gab es in manchen Gegenden nur an den
hohen Feiertagen. Das war gesund und ungefährlich. So
50 konnte man leben, solange die Bevölkerung ein Zehntel oder
ein Hundertstel der heutigen betrug und es noch keine
Großstädte gab. Das ist unwiederholbar.
   Da heute keiner hungern soll, und wir im **satten** Westen *complacent*
aufs Wohlleben nicht **verzichten** wollen, ist unser Fuchs das *do without*
55 „Gift im Essen". Das ist ein **Schlagwort**, mehr nicht. Es gäbe *catchword*
aber Gift in Fisch und Fleisch? Ja sicher. Aber ich habe keine
Angst davor. Ich esse nicht deshalb Nüsse und **Körner**, weil *grains*
ich dem Schnitzel und dem Salat mißtraue. Ich esse Nüsse und
Körner, weil sie mir schmecken. Und ich unterhalte mich mit
60 meinem **Schlachter** über die Schnitzel von Schwein und Kalb. *butcher*
   Man soll prüfen, und man kann prüfen. Das muß man sich
nicht von **Tugendwächtern** und Besserwissern **abnehmen** *watchdogs of virtue / leave up to*
lassen. Und man braucht sich nicht die **Lust** am guten Essen *enjoyment*
vermiesen zu lassen. Das andere, die Folgen unserer *spoil*
65 **Maßlosigkeit**, ist ein ganz anderes Thema. *excesses*

Zum Verständnis

1. Worum geht es in diesem Artikel? Geben Sie den Inhalt wieder.
2. Welche spezifischen Fragen werden aufgeworfen? Wie werden sie beantwortet?

> **93 Prozent aller deutschen Hausfrauen und Hausmänner befürworten den biologischen Anbau von Obst und Gemüse, aber nur 32 Prozent wollen dafür auch höhere Preise zahlen.**

Zur Bedeutung

1. Inwiefern könnte man sagen, daß die Journalistin ein komplexes Problem simplifiziert? Konzentrieren Sie sich dabei sowohl auf den Inhalt des Artikels als auf den Stil (z.B. Satzbau: einfach/kompliziert? Ton: trocken/lebendig? Wortwahl: aus dem Alltag, der Technik, der Bibel . . . ? usw.)
2. Welchen Zweck verfolgt die Autorin? Erreicht sie ihr Ziel? Begründen Sie Ihre Antwort.

GESUNDHEIT

Krank durch falsche Ernährung

Die Bundesdeutschen essen zu viel, zu fett und zu süß. Krankenversicherungen bezahlen für die Folgen jährlich über 40 Milliarden Mark

Eine Studie des Bundesministeriums für Jugend, Familie und Gesundheit stellt ... st: Die Bundesbürger essen zu ... l, zu fett und zu süß. Die Fol... sind Bluthochdruck, Herz-...heiten und Karies. Sie ko-...e Krankenkassen jährlich ... Milliarden Mark. Mehr ... Drittel aller Mitglieds-

... Nummer eins" ist ... Ernährungswis-...ssor Dr. Hans ... Vorliebe der ... fette und ... esbür-...hen

So teuer sind die Folgen unserer Ernährungsschäden	
Karies Auch Zahnfäule zerstört den harten Kern der Zähne. Hauptursache: zu viele Süßigkeiten.	16,5 Mrd.
Ischämische Herzkrankheiten Die Blutzufuhr zum Herzmuskel ist erschwert, Herzschwäche. Hauptursache: Kalziummangel.	7,5 Mrd.
Sonstige Herzkrankheiten Herz-Kreislauf, Verengung der Herzkranzgefäße, Herzinfarkt. Hauptursache: zuviel tierische Fette.	3,1 Mrd.
Bluthochdruck Steigerung des Blutdruckes in den Arterien. Hauptursache: zu salzreiche Kost, Nikotin.	
Zerebrovaskuläre Erkrankungen Mangelnde Durchblutung des Geh... ...ptursache: Überernährung	

Lustgewinn in der **Imbißbude**
Dr. Renate I. Mreschar

instant gratification / fast food stand

In der Bundesrepublik essen heute zwischen vier und sieben Prozent der Gesamtbevölkerung täglich einmal an einem **Schnellimbiß**; das sind rund eineinhalb bis zwei Millionen Menschen. Schleswig-Holstein zum Beispiel ist, wie der Germanist Dr. Ulrich Tolksdorf, Universität Kiel, **salopp** formulierte, „nicht nur das Land der Bauernhäuser, sondern auch das der 984 Schnellimbisse".

So jung, wie man **gemeinhin** glauben möchte und wohl auch (bisher) geglaubt hat, ist der „Schnellimbiß" aber keineswegs. (...) Regensburg etwa kann **sich** der „ältesten Würstchenbude der Welt" **rühmen**. Damit ist jene „**geschichtsträchtige** Imbißbude" aus dem Jahre 1134 gemeint, die den Erbauern des Regensburger Domes und der Steinernen Brücke als **Brotzeithütte** diente. Bei ihr, wie auch bei Buden ähnlichen Typs, handelt es sich nach Tolksdorf um „einen Arbeitsimbiß, einen Vorläufer unserer **Kantinen** und — eben — Schnellimbisse". Anders die zweite Form: jene „Imbisse, die — so auch heute noch — auf den **Jahrmärkten**, den Volksfesten und **Kirmessen** standen. Konsument ist hier — in seiner **Mußezeit** — das ganze „Volk".

fast food place

off the cuff

generally

boast
historical

snack place

cafeterias

fairs
parish carnivals
leisure time

Brotzeitteller mit Wurst, Schinken und Käse, garniert mit Ei, Gurke und Tomaten, Bauernbrot. 9.90

Sowohl dieser „Freizeitimbiß" als auch der „Arbeitsimbiß" sind von der Industrialisierung wesentlich beeinflußt worden. Die Fabrikarbeit führte (...) dazu, daß Wohn- und Arbeitsbereich getrennt wurden. (...) Die Maschinen **gestatteten** nicht den „Luxus" langer Pausen für das Essen, in denen man womöglich sogar nach Hause gehen konnte; sie ließen nur Zeit für einen Kurzimbiß im Freien oder am Werkplatz. (...)

permitted

In die „Imbiß-Kultur" hinein wirkten andererseits aber auch die **Ausdehnung** der Freizeit und die mit der Motori-
30 sierung verbundene Mobilität bis hin zum Tourismus. **Kennzeichnend** dafür ist die **Ballung** von Imbißständen an Bahnhöfen, Autobus- und Straßenbahnstationen, an Autobahnen und städtischen **Ausfallstraßen,** an großen Parkplätzen und **Ausflugszielen.**

35 Auch das Angebot der Imbißstuben hat sich **im Zuge** der Industrialisierung und Automatisierung verändert. (. . .) Gab es in den fünfziger Jahren neben **Frikadellen,** Brat- und Bockwürsten noch selbstgekochte **Erbsen-** und Kartoffelsuppe, wurde diese „Kleine-Leute-Küche" allmählich **unterwandert:**
40 Hot dogs, Hamburger, **Schaschlik,** Chinesische Frühlingsrolle oder **Bami-Scheiben** werden nun **mit Vorliebe** auf der „Speisekarte" **geführt.**

Beim Imbiß sitzt man in der Regel nicht bei Tisch; damit geht auch das, was traditionellerweise mit Eßkultur ver-
45 bunden wird, in gewisser Weise verloren, nämlich Tischgemeinschaft, = sitten, = ordnung, = partner, = gespräch, = gebet. (. . .)

Wie die **Bezeichnung** selbst schon sagt, ist das Typische an dieser Art der **Bewirtung** das „Schnelle". Schnell sind nicht
50 nur **Verzehr,** sondern auch **Zubereitung** und Service. Schon dieses widerspreche deutlich dem Ideal bürgerlicher Eßkultur—zu Hause oder im Restaurant. (. . .)

increase
characteristic
concentration

exit roads
recreation areas
in the course of

meat patties
peas
small size food business
infiltrated / shishkabob
Indonesian dish
mit . . . geführt
    frequently listed

designation
service
consumption / preparation

Für den ständigen Imbißgänger nun bedeutet schnelles Essen dagegen „eine Form von Freiheit und **Ungezwungenheit**".   *ease*
Die Amerikaner kennen dafür sogar den Begriff „Fast-Food-Happiness", und einer von ihnen beschrieb in seiner „Psychologie des Glücks bei der Schnellkost" die Gefühle an der Imbißstube so: „Schnelligkeit bedeutet: wir können irgendwas irgendwo so rasch wie möglich bekommen. Es bedeutet ein **Entkommen** von dem **Zwang** des Wartens, des Geduldigsein-Könnens. In unserer schnellebigen Gesellschaft, in der Warten **Einengung** bedeutet und uns **Beharrlichkeit abverlangt, verheißt** uns die Befreiung von 'verschwendeter Zeit' Rettung, **Trost** und Glück". (. . .) Offenbar auf diesen Lustgewinn, so meint Tolksdorf, **zielt** auch heute ein großer Teil der Kundschaft von Schnellimbissen **ab**.   *escape / restriction*   *confinement / demands persistence / promises*   *comfort*   zielt . . . ab *aims for*

Typisch für den Schnellimbiß, im Gegensatz zur bürgerlichen Mahlzeit, (. . .) ist auch, daß öffentlich gegessen wird, was öffentlich angeboten und öffentlich (im Gegensatz zur sonst geschlossenen Küche) zubereitet wird. Zwischen Gastgeber und Gast besteht keine Hierarchie, die Beziehung Verkäufer-Konsument ist **eingeebnet**. (. . .)   *equalized*

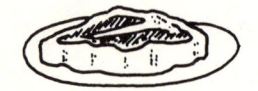

Noch ein weiteres **Bedürfnis** werde, so Tolksdorf, durch das öffentliche Essen befriedigt: Man könne neben dem Essen gleichzeitig am Bestellritual anderer teilnehmen oder am **Treiben** rundherum, sei dies nun am Bahnhof, beim Fußballspiel oder in der Hektik einer Einkaufsstraße in der City.   *need*   *goings-on*

Am weitaus interessantesten ist für Tolksdorf aber der „elementare" Zug am Schnellimbiß-Essen. (. . .) Am Imbißstand wird **weitgehend** auf Besteck verzichtet, (. . .) Essen mit den Händen bedeutet „**Unmittelbarkeit** und Lustgewinn", der nicht nur bei „Hamburger" **vertilgenden** Kindern und Jugendlichen geradezu sichtbar ist—für Tolksdorf „sicherlich keine   *mostly*   *immediacy*   *devouring*

Gegenentwicklung zum Prozeß der Zivilisation . . . , aber ein
Freiraum eben von dieser Zivilisation".

> **Wußten Sie das?**
> Von zehn Erdenbürgern essen
> vier mit Messer und Gabel,
> drei mit Stäbchen und drei mit
> den Fingern

Zum Verständnis

1. Die Autorin erwähnt mehrere Gründe für die Beliebtheit des Schnellimbisses. Stimmen Sie mit ihr überein? Warum? Warum nicht? Welche anderen Gründe können Sie sich denken?

2. Stellen Sie die traditionellen Eßgewohnheiten und -sitten den heutigen gegenüber. Wo liegen die Unterschiede? Inwiefern kann man sie miteinander vergleichen, inwiefern nicht?

McDonald's
Das etwas andere Restaurant

Zur Bedeutung

1. Worin sehen Sie die Vor- und Nachteile von Schnellimbissen im allgemeinen? Beachten Sie dabei nicht nur die Faktoren, die im Text angedeutet werden (Lokalität, Zeitaufwand, Bequemlichkeit, Atmosphäre, Bedienung usw), sondern auch Faktoren wie z.B. Preis, Qualität, Diät, Gesundheit usw. (Siehe dazu auch ,,Zuviel Fett und Salz'' am Ende dieses Kapitels.)

2. Werden durch Schnellimbisse gesellschaftliche Veränderungen hervorgerufen?

Ist die schwarze Köchin da?

Kurt Kusenberg[1]

Herr Purdan, sechsundvierzig Jahre alt und **leidlich begütert**, war ein Feinschmecker. Für eine **erlesene** Mahlzeit hätte er ohne weiteres seine Seele **verpfändet, zumal** er nicht daran glaubte, daß sie den Leib überlebe. Er selber kochte nicht
5 übel, doch zog er es vor, genußvoll zu verzehren, was eine **kundige** Hand zubereitet hatte. Wo aber fand sich die Köchin, die hohen Ansprüchen wirklich **Genüge tat**? Eine um die andere **nahm sich** seiner Küche **an**, und keine stellte ihn zufrieden. ,,**Wackeres Handwerk**'', meinte er, ,,aber auch nicht
10 mehr. Ich brauche eine Künstlerin''.
    Er hatte Glück. Die Köchin des Barons Gumpolding **überwarf sich** mit ihrem Herrn, weil diesem die Bemerkung **entschlüpft** war, der **Kapaun** in Chablis habe ein bißchen zu sehr nach **Muskat** geschmeckt. Als Herr Purdan von dem Vor-
15 fall hörte, ließ er sogleich die Köchin wissen, wie **begierig** er auf ihre Dienste sei. In ihrem Ärger ging sie auf das **flinke** Angebot ein und **kündigte** dem Baron. Für Herrn Purdan begann eine herrliche Zeit. So oft er sich zu Tisch setzte, durfte er gewiß sein, daß sein **Gaumen** verwöhnt werde, und am Ende
20 des Tages wußte er manchmal nicht, welches Gericht ihm nun besser geschmeckt habe: mittags der **Fasan** mit **Sellerie** oder abends die chilenische **Aalsuppe**.

reasonably well-off
gourmet
sold / especially since

knowledgeable
did justice
nahm ... an took care of
honest work

had a falling-out
slipped out / capon
nutmeg
eager
quick
gave notice

palate
pheasant / celery root
eel soup

---

[1] *Kurt Kusenberg:* Born 1904 in Goeteborg, Sweden. Studied Art History; Dr. Phil., novelist, essayist, and translator. Worked as a journalist and art critic. Wrote numerous short stories, many of them humorous and satirical. Died in Hamburg in 1983.

Bisher hatte Herr Purdan die Mahlzeiten allein eingenommen. **Er hielt auf Abstand** und mochte niemanden um sich haben, der **Küchendunst** im Haar trug. Die neue Köchin war jedoch so **adrett**, daß er sie an seinen Tisch lud. Beim Tische blieb es nicht, bald teilte er auch das Bett mit ihr, der Einfachheit **halber** und um sie **inniger** ans Haus zu binden. **Seine Rechnung ging aber nicht auf.** Die Köchin fand, sie biete Herrn Purdan zumindest so viel wie eine gute Hausfrau, und **lag ihm in den Ohren,** er solle sie heiraten. Als er sich nicht dazu verstand, als er sie mit **windigen Ausflüchten hinhielt**, spielte sie ihren Trumpf aus—sie kündigte ihm. Da gab er nach und machte sie zu seiner Frau. Er liebte sie nicht im geringsten, doch er konnte ohne ihre Kochkunst nicht leben.

Einmal im Monat verließ Frau Purdan abends das Haus und begab sich zum Baron Gumpolding, um dort, wie sie sagte, **nach dem Rechten zu schauen.** „Ich dachte, du bist böse mit ihm"? hatte Herr Purdan erstaunt gefragt, als sie zum ersten Mal **aufbrach**, und sie hatte geantwortet: „Das ist vorbei. Der alte Herr freut sich, wenn ich ihn besuche". Herr Purdan wandte nichts dagegen ein. Es war ihm sogar lieb, daß er eine Verbindung zu dem Baron **unterhielt,** denn im ganzen Lande verstand von gutem Essen niemand mehr als er.

Eines Abends blieb Frau Purdan so lange aus, daß ihr Mann, müde geworden, sich zu Bett legte. Kurz nach Mitternacht wurde er aus dem Schlaf geläutet. Als er die Haustür öffnete, trugen zwei Männer die **Leiche** seiner Frau an ihm vorbei und betteten sie im Wohnzimmer auf ein Sofa. Der ältere von ihnen, ein **Fuhrmann, dem es oblag,** in der Woche den **Müllwagen** und bei **Begräbnissen** den Leichenwagen zu fahren, ergriff Herrn Purdans Hand und **sprach ihm Beileid aus.** Auf die erschrockene Frage des Hausherrn, was seiner Frau denn **zugestoßen** sei, gab der Fuhrmann zur Antwort: „Der Arzt kommt gleich", und verschwand mitsamt seinem Gehilfen.

In der Tat erschien bald darauf der Arzt. Nachdem auch er Herrn Purdan seines Mitgefühls **versichert** hatte, untersuchte er **flüchtig** die Leiche und schrieb einen Totenschein aus. „Herzschlag"? erkundigte sich Herr Purdan. Der Arzt nickte; legte den Totenschein auf den Tisch und **machte Miene, sich zu verabschieden.**

Doch Herr Purdan, mißtrauisch geworden, ließ ihn so leicht nicht **ziehen.** Da er wußte, daß der Arzt ein **Vertrauter** des Barons war, **nötigte er ihn in einen Stuhl,** gab ihm zu trinken, zu rauchen und bedrängte ihn mit immer neuen, immer engeren Fragen, bis schließlich die Wahrheit zu Tage kam. Es war eine erstaunliche Geschichte. Baron Gumpolding hatte

---

he preferred to keep his distance

kitchen smells
attractive

because of / more closely
But something went wrong.

nagged him
put off with flimsy excuses

to check up on things

went

maintained

corpse

driver, whose duty it was
garbage truck / funerals
expressed his sympathy

happened to

assured
superficially

prepared to take his leave

go / confidant
insisted that he sit down

eine Negerin **ausfindig gemacht**, die so wunderbar kochte, wie
es selbst die feinsten Feinschmecker nicht für möglich gehalten
hätten. Freilich **knüpfte** sie an ihr Amt eine **arge** Bedingung:
daß es ihr verstattet sei, einmal im Monat einen
Gast zu vergiften. Man sollte meinen, die tödliche und den
Gästen **freimütig** mitgeteilte Gefahr hätte jeden **abgeschreckt**,
an solchen Gelagen teilzunehmen; es traf nicht zu. Wer jemals
von den Speisen der schwarzen Köchin gekostet hatte, fand
den Preis, der unter Umständen **zu erlegen war**, zwar **stattlich**,
doch nicht zu hoch. Es war da wohl zweierlei Lust im
Spiel: die **Genußsucht überfeinerter** Gaumen und der **Kitzel**,
einer Mahlzeit wegen das Leben zu **verwirken**.

Frau Purdan hatte also gewußt, was ihr drohte, als sie sich
auf das **waghalsige** Unternehmen einließ. Deshalb fand Herr
Purdan nichts dabei, daß sie ihre **Zeche** hatte bezahlen müssen.
Zugleich packte ihn wilde **Begierde**, teilzuhaben an
einem Unternehmen, bei dem man **Kopf und Kragen** riskierte.
Er ließ den Arzt nicht eher frei, bis dieser ihm zugesichert
hatte, er werde **sich** beim Baron Gumpolding für ihn **verwenden**.

Herr Purdan brauchte nicht lange zu warten. Drei Wochen
später erhielt er eine Einladung, und am Abend darauf trat er
unter die **Schar** der Gäste, die in der Halle des Schlosses Gumpolding
versammelt waren.

,,Da scheint mir'', rief eine gewaltige Stimme, ,,unser neuer
Gast angekommen zu sein''! Der Baron, groß, dick, **hochmütig**,
schüttelte Herrn Purdan die Hand. ,,Mein Beleid zu dem
schweren **Verlust**. Doch der Mensch ist sterblich, leider—
damit muß man sich abfinden. Und nun, meine Herren, zu
Tisch''! Der Baron schritt auf den Eßsaal zu, die Gäste folgten
ihm. An der Tür boten Diener goldene Schalen an, in denen
Loszettel lagen. Jeder Gast nahm ein Los, entfaltete es, las
die Nummer ab und setzte sich auf den Stuhl, der seine Nummer
trug.

Noch während der Vorspeise, die **köstlich** war, **flüsterte** der
Nachbar zur Rechten Herrn Purdan zu: ,,Früher geschah es
immer beim Nachtisch. Doch das war nicht gut, jeder **grauste
sich** vor dem Nachtisch, und manch einer brachte ihn kaum
herunter''. Herr Purdan nickte und nahm rasch einen
Schluck Wein.

,,Jetzt kann es bei jedem Gericht passieren'', fuhr sein
Nachbar fort. ,,Es ist besser, weil es ungewisser ist. Übrigens:
Vorspeise und Suppe darf man sorglos verzehren—so früh
schlägt die schwarze Köchin nicht zu''. Nun trank auch er
einen Schluck Wein und setzte dann hinzu: ,,Es passiert auch
nicht bei jeder Mahlzeit. Mitunter ist sie milde gestimmt und
verzichtet''.

Nach der Vorspeise gab es eine Suppe aus **Crevetten, Morcheln** und Kräutern: noch nie hatte Herr Purdan etwas so Herrliches gelöffelt. Danach reichten die Diener **Steinbutt** mit **Stachelbeersauce** und, nicht minder **schmackhaft,** Huhn auf afrikanische Art. Als das Hauptgericht erschien, ein **schlichtes** Kalbsfilet, hob der Baron sein Glas gegen Herrn Purdan: „Prost! Und daß Sie mir nicht wieder meine Köchin wegschnappen"!

Herr Purdan wollte antworten: „**Eher ist zu befürchten,** daß sie mich wegschnappt"—da zeigte sich die Negerin im Saal. Es war eine schlanke und recht hübsche Negerin; so hübsch war sie, daß man ihr große Kochkünste nicht **zugetraut** hätte. Sie ließ ihre Augen von einem Gast zum anderen gleiten und **neigte** vor jedem den Kopf.

Der Baron schlug mit der Gabel an sein Glas. „Das Lied, meine Herren—das Lied"! Und dann sangen die Gäste wahrhaftig den alten Kinderreim: „Ist die schwarze Köchin da? Ja! Ja! Ja! Da steht sie ja, da steht die schwarze Köchin da! Zisch! Zisch! Zisch"![2] Lächelnd hörte sich die Negerin den kindischen Gesang an, und als er geendet hatte, verließ sie mit weichen, **wiegenden** Schritten den Raum. Das Mahl **nahm seinen Fortgang.**

Beim übernächsten Gericht—es gab Zitronencreme— **sackte** ein Gast plötzlich **vornüber**; sein Gesicht drückte sich in den Teller, sein Messer fiel klirrend zu Boden. Eilends liefen drei Diener herbei. Zwei trugen den Toten hinaus, der dritte **schaffte** seinen Stuhl **beiseite** und räumte den hinterlassenen Teller, das Besteck, die Gläser und die Serviette ab. Der Arzt erhob sich und ging nach draußen; es war dem Armen nicht **vergönnt,** die Mahlzeit zu beschließen.

„Prost"! rief der Baron und hob sein Glas. „Er war ein lieber Mensch, wir denken gern an ihn zurück". Die Gäste tranken einander zu und aßen weiter, ein wenig **beklommen,** aber auch erleichtert, denn nun drohte ihnen keine Gefahr mehr. Ihre **Kehlen** waren trocken geworden, und um dem abzuhelfen, tranken sie an diesem Abend so viel, daß zu später Stunde die Diener jeden einzelnen behutsam durch die Halle und den Garten auf die Straße geleiten mußten.

Das nächste Festessen verlief **glimpflich,** niemand kam dabei ums Leben. Zwar verspürte **Landgerichtsrat** M. plötzlich

---

[2] This is Kusenberg's version of this old nursery rhyme:
Ist die schwarze Köchin da?
Nein, nein, nein.
Dreimal muß ich rummarschier'n,
Viertes Mal den Stock verlier'n,
Fünftes Mal, komm mit, Frau Schmidt!
Da steht sie ja, da steht sie ja,
die Köchin aus Amerika.

Beschwerden in der Magengegend und glaubte seine letzte *pains*
Stunde gekommen, doch der Arzt erkannte rasch die harmlose
Natur des Übels. Es war nur ein kleiner Krampf, vielleicht
durch Unruhe verursacht, und einige **Baldriantropfen** brach- *herbal extract*
ten **Linderung. Vollzählig** gingen die Gäste nach Hause. *relief / all*

Ereignisreich war das Mahl im Monat darauf. **Der Gepflo-** *eventful*
genheit entgegen, zeigte sich die schwarze Köchin schon vor *contrary to custom*
dem Hauptgericht. Als sie die Gäste anblickte und dabei auch
Herrn Purdan ins Auge faßte, **befiel** diesen das böse Gefühl, *overcame*
ihm sei das Urteil gesprochen. Die Negerin aber **hatte einen** *was slightly cross-eyed*
Silberblick, es war nie genau auszumachen, wohin sie
schaute, und so kam es, daß Herrn Purdans Nachbar zur Rech-
ten, ein älterer **Fabrikant**, die gleiche **Befürchtung** empfand. *manufacturer / apprehension*
Als man das Lied abgesungen hatte und die schwarze Köchin
gegangen war, bat er Herrn Purdan unter dem **Vorwand**, er *pretense*
verspüre **Zugluft**, seinen Platz mit ihm zu tauschen. „Das ist *draft*
nicht statthaft!" rief der Baron. „Ich bitte um **Nachsicht**", *leniency*
sprach der Fabrikant. „Ich bin ein alter Mann und leide an
Rheumatismus". „Gut, gut—meinetwegen", brummte der
Baron. Der Fabrikant und Herr Purdan tauschten die Plätze,
und beide taten es gern.

Als der nächste Gang kam, **Rebhuhn** auf Sauerkraut, **er-** *partridge*
wies es sich, daß der Fabrikant keinen guten Tausch gemacht *it became evident*
hatte. Schon nach dem dritten Bissen **hielt er jäh inne** und *he suddenly stopped*
glitt von seinem Stuhl; er wurde sogleich hinausgetragen. Ein
Weilchen danach erschien, von allen unbemerkt, in der Tür
die Negerin. Sie stellte sich auf die Zehenspitzen und **lugte** zu *glanced*
Herrn Purdan herüber, wohl um festzustellen, wo dieser nun
eigentlich sitze. Dann verschwand sie wieder.

Zum Nachtisch gab es Eis, und Eis aß Herr Purdan nie, weil
er davon Zahnschmerzen bekam. Er ließ also seine Portion
stehen.

„Das ist gegen die Regel"! sagte der Baron. „Unsere Statu-
ten schreiben vor, daß kein Gericht **verschmäht** werden darf. *refused*
Warum essen Sie ihr Eis nicht"?

„Es bereitet mir Zahnschmerzen", erwiderte Herr Purdan.
„Ich kann nicht einsehen, warum ich mich **mutwillig** *torture on purpose*
quälen soll".

Derweil der Baron zornig schwieg, suchten die Gäste Herrn *while*
Purdan zu **bereden**, daß er es über sich bringe, dem Zahn- *convince*
schmerz **zum Trotz** das Eis zu essen; doch er tat es nicht. Da *despite*
erhob sich ein Gast und **kippte**, aus Mitleid oder aus **Verdruß**, *poured / chagrin*
Herrn Purdans Eis in eine große, leere Vase.

„Feine Manieren"! **knurrte** der Baron. *growled*

Kurz darauf trat die Negerin abermals in die Tür und
schaute Herrn Purdan lange und **eindringlich** an. Er erwiderte *penetratingly*
ihren Blick, und indem er **sich mit ihr einließ**, verspürte er *here: as their eyes met*

eine kuriose Empfindung. Es **war ihm plötzlich einerlei,** ob die schwarze Köchin ihm den Tod bringe oder nicht. Vielleicht, dachte er, vielleicht ist der Tod das Köstlichste, was einem überhaupt gereicht werden kann—der letzte, der feinste **Leckerbissen.** . . .

Als er **sich fand,** war die schwarze Köchin fort. Sie kam aber gleich wieder zum Vorschein, und alle sahen, daß sie in der Hand ein Glas Wein trug. Langsam, Schritt um Schritt, ging sie auf Herrn Purdan zu und **kredenzte** ihm das Glas. Herr Purdan **zögerte.** „Nun trinken Sie schon"! rief der Baron. „Einer schönen Frau **schlägt** man nichts **ab**".

Obwohl Herr Purdan wußte, daß es sein Ende sei, nahm er das Glas und führte es zum Munde. Atemlos schauten die Gäste zu. In dem Augenblick, da Herr Purdan das Glas an die Lippen setzte, **zersprang** es, und der Wein ergoß sich auf den Boden.

„Schweinerei"! rief der Baron. „Mit Ihnen hat man wirklich nur **Ärger**"!

Die Negerin blickte Herrn Purdan **entsetzt** an und **stürzte davon.** Der Baron erhob sich. „Ich schlage vor", sprach er finster, „daß wir die Mahlzeit abbrechen, denn sie nimmt ja doch keinen ordnungsgemäßen **Verlauf**". Und so geschah es. **Verlegen,** enttäuscht, **bestürzt** machten die Gäste sich auf den Heimweg.

Als Herr Purdan zu Hause ankam, wartete vor seiner Tür die Negerin. „Du sollst", sprach sie, „fortan mein Herr sein, denn du stehst unter hohem **Schutz**". Herrn Purdan war das recht; und so blieb sie bei ihm und kochte für ihn.

Den Schaden hatte wieder einmal der Baron. Es dauerte lange, bis er **aufs neue** eine gute Köchin fand.

he suddenly did not care

delicacy
came to

presented
hesitated
denies

cracked

How disgusting!
aggravation
horrified / dashed off

course
embarrassed / perplexed

protection

The Baron was the loser again / once more

Zum Verständnis

1. Die „hohen Ansprüche", die Herr Purdan an seine Köchinnen stellt, spiegeln sich in dem Vokabular wieder, das Kusenberg verwendet. Unterstreichen Sie alle Wörter/Ausdrücke, die Ihnen „gehoben" oder ungewöhnlich vorkommen, und finden Sie Synonyme. (z.B. leidlich begütert = ziemlich reich erlesene Mahlzeit = ausgezeichnetes Essen usw.)
2. Welche Gerichte werden zubereitet? Was halten Sie von ihnen?

Gruppenarbeit

Erarbeiten Sie eine Nacherzählung des Geschehens aus der Sicht der folgenden Personen:
    a. Frau Purdan
    b. Baron Gumpolding

c. der Arzt
d. die schwarze Köchin
e. Herr Purdan

Zur Bedeutung

1. Welche Rolle spielt Magie in dieser Erzählung? Was hat das mit der Köchin zu tun?

2. Wie erklären Sie sich das kuriose Interesse der Gäste an den Abenden beim Baron?

3. Hier wird nicht gegessen—sondern aufs Erlesenste diniert! Besprechen Sie diese und andere Übertreibungen in der Geschichte.

4. In welches Licht rückt das Ende der Erzählung das Geschehen?

Suppen
Broccolicremesuppe mit Sahnehaube und gerösteten Mandeln 3.80
Doppelte Kraftbrühe mit schwäbischen Maultaschen. 3.50
Frische Tomatencremesuppe mit Sahnehaube und Basilikum 3.60

Diskussionsthemen und Debatten

1. In welche Restaurants gehen Sie gerne? Warum?
2. Was kochen Sie gerne?
3. Halten Sie Tischsitten für überholt? Warum? Warum nicht?
4. Haben Sie schon einmal eine Diät gemacht? Was für eine? Weshalb?
5. Wie stellen Sie sich unsere Ernährung in zwanzig Jahren vor?
6. Was würde Baron Gumpolding von einem Schnellimbiß halten?
7. „Essen ist immer auch Risiko". Inwiefern gilt dies für die drei Texte?

Hauptgerichte

Gekochte Ochsenbrust mit Apfelmeerrettich und Petersilienkartoffeln **13.20**

Gebackenes Schweineschnitzel "Wiener Art" mit pommes frites und kleinem Salat ... **14.50**

Geschnetzeltes Schweinefilet "Züricher Art" mit frischen Pilzen in Rahmsauce, dazu Berner Rösti **15.90**

Saftiges Grillfleisch vom Schweinenacken mit Salaten umlegt **12.50**

Mittwoch, 10. Dezember 1986
18.00 Uhr **Karpfenessen**

Spiegelkarpfen, blau, zerlassene Butter, Meerrettich Petersilienkartoffeln, Kopfsalatherzen in Roquefort-Dressing

Weihnachtsgebäck

◇ ◇ ◇

Gruppenarbeit

Stellen Sie Menus zusammen für:
- **a.** einen Imbiß
- **b.** ein Familienessen
- **c.** ein festliches Abendessen

Beschreiben Sie, wie Sie den Tisch decken, die Speisen und Getränke, die Sie servieren, und geben Sie, wenn möglich, die Rezepte.

III Zuviel Fett und Salz
Trotzdem: Fast-Food ist besser als sein Ruf.

Anneliese Furtmayer-Schuh[1]

... Wenngleich rund 250 Fast-Food-Restaurants den Hunger deutscher Bundesbürger stillen, so sind doch 87% der Einkehrenden der Ansicht, daß dieses Essen nicht gesund sei. Wissenschaftler vom Institut für Humanernährung und Lebensmittelkunde der Universität Kiel wollten das

---

[1] *Anneliese Furtmayer-Schuh:* Journalist writing for *Die Zeit*.

jetzt genau wissen und untersuchten den Nährwert von Hamburgers, Cheeseburgers, Whoppers und wie die wattierten Maulsperren alle heißen. Die Forscher bestimmten den Gehalt an Eiweiß, Fett, Vitaminen, Mineralstoffen, Kohlenhydraten sowie Ballaststoffen und verglichen die Befunde mit den Empfehlungen der deutschen Gesellschaft für Ernährung.

Man höre und staune, so schlecht wie ihr Ruf schneiden die industrialisierten Futterkrippen gar nicht ab. . . . Je mehr ungesättigte Fettsäuren, um so besser für die Gesundheit. Eine gesunde Fettzusammensetzung weisen Doppeldecker-Hamburger, Fischmäc, sowie der Mais und Putenfleisch enthaltende Salat auf. Überdies enthält ein Mc Rib, der aus Schweinefleisch besteht, einen doppelt so hohen Anteil an ungesättigten Fettsäuren wie der rindfleischige Hamburger Royal mit Käse.

Zu fett werden Fast-Food-Produkte meist erst durch Zugabe von Saucen, Mayonnaisen oder durch das Fritierfett, in dem die Pommes frites schmurgeln. Ein Fischmäc, Big Mäc oder Mc Rib enthält rund ein Drittel der Menge Fett, die von der deutschen Gesellschaft für Ernährung als Tagesbedarf empfohlen wird.

Wenngleich unter dem Schnellfutter sehr kalorien-, fett- und salzreiche Speisen lauern, so kann sich doch der eilige Esser durchaus ausgewogene Mahlzeiten zusammenstellen. Einfache Hamburger, Cheeseburger oder kleine Portionen Chicken Mc Nuggets eigneten sich gut als Zwischenmahlzeiten, resümieren die Kieler Ernährungsfachleute. Bei niedrigem Energie- und Fettgehalt liefern sie für den Hunger zwischendurch . . . ausreichende Mengen an Eiweiß, Kalzium, Eisen und Vitamin B1. Getränke wie Orangensaft und Milch, die seit kurzem der obligatorischen Coca-Cola in der Fast-Food-Gastronomie Konkurrenz machen, tragen zur Versorgung mit Vitamin C beziehungsweise mit Kalzium und Vitamin B2 bei.

Aber nur wer am häuslichen Tisch ausreichend Milch, Obst, Gemüse, Kartoffeln und Vollkornprodukte verzehrt, deckt seinen Bedarf auch an den Mangelnährstoffen der Fast-Food-Gastronomie. . . .

Könnten sich die Kettengastronomen zu mehr Salaten und gar zu Vollkornsemmeln entschließen, würde Fast-Food vom Ernährungsstandpunkt fast zu einer sinnvollen Mahlzeit des modernen Menschen avancieren. Vielleicht gelingt es gar den deutschen Ernährungswissenschaftlern, die amerikanischen Manager vom vitaminreichen „Ballastburger" zu überzeugen.

KAPITEL 8

Kriminelles

Einführung in das Thema

Suchen Sie passende Oberbegriffe zu den Wortgruppen. Streichen Sie Ausdrücke, die nicht passen.

Staatsanwalt	verdächtigen	jemanden ermorden
Verteidiger	anklagen	einbrechen
Richter	beweisen	verhören
Reporter	schuldig sprechen	stehlen
	verurteilen	sich verstecken
	verhaften	erschießen

Beweismaterial sammeln
eine Hausdurchsuchung durchführen
protokollieren
verhaften
bestrafen

Nachdem Sie die Texte gelesen haben, erweitern Sie die Wortgruppen um jeweils drei bis vier Ausdrücke. Wo es möglich ist, bilden Sie Unter-
5 gruppen oder finden Sie neue, umfassendere Oberbegriffe.

DER HÖRZU-KRIMI
von Volker Ernsting

FALL 2

Hubertus Freiherr von Höselwang war ein passionierter Jäger und ein Freund der unberührten Natur. Seine neuen Nachbarn mochte er nicht besonders. „Wenn aus einem Schiettopf ein Brattopf wird...", pflegte er über sie zu sagen.

Vor etwa einem Jahr hatten die Brüder Alfred und Adolf Schaumlöffel einen unpassenden, neu-altdeutsch eingerichteten Bau in die Landschaft gesetzt. Alfred lebte dort mit seinem Sohn Manfred aus erster Ehe und seiner dritten Frau, Gitti gerufen. Sie hatte allerdings hauptsächlich Augen für den unbeweibten Adolf und Ohren für harten Rock.

Alfred Schaumlöffel war ein miserabler, aber begeisterter Golfspieler. Selbst abends übte er noch regelmäßig einige Schläge im Wohnzimmer.

An einem feuchten Herbstabend wurde Alfred Schaumlöffel durch einen gut gezielten Schuß ins Jenseits befördert.

Unsere Abbildung (oben) zeigt den Tatort, wie er von Oberinspektor Johannes Smantek vorgefunden wurde. Die vier Aussagen (jeweils im Kasten) nahm er zu Protokoll.

Manfred: Ich joggte. Als ich an der Terrassentür vorbeikam, sah ich, daß Pa noch golfte. Plötzlich bekam ich einen harten Schlag ins Gesicht. Als ich zu mir kam, hörte ich Gitti schreien und lief ins Haus.

Gitti: Ich war in meinem Salon und hörte Rock. Als ich mir einen Drink aus dem Wohnzimmer holen wollte, fand ich Alfi. Ich schrie wie am Spieß.

Adolf: Ich fühlte mich nicht gut und verbrachte den ganzen Tag oben im Bett. Trotz Gittis Lärm schlief ich, aber ihre Schreie weckten mich auf. Sofort lief ich nach unten.

Höselwang und Stubbel: Ich war mit Stubbel gerade bei diesem gräßlichen Haus, als etwas klirrte — ein Schrei, dann ein Schuß und wieder ein Schrei. Das war die Reihenfolge. Kurz darauf flog mir eine Pistole vor die Füße. Und etwas später kreischte die Schaumlöffel!

Spielen Sie mal Kommissar!

Ein neuer Ratekrimi in HÖRZU — wieder mit Spaß! Erdacht und gezeichnet von Volker Ernsting. Humorvoll, spannend und ganz schön knifflig: Sie müssen schon ziemlich genau lesen und hinsehen, um dem Täter auf die Spur zu kommen.

FRAGEN

Von wem und womit bekam Manfred den Schlag ins Gesicht?

....

Von wo wurde geschossen?
Von drinnen .... Ja ○
　　　　　　　　　　 Nein ○
Von draußen .... Ja ○
　　　　　　　　　　 Nein ○

Wer erschoß Alfred Schaumlöffel?
Manfred　　　　　○
Gitti　　　　　　 ○
Adolf　　　　　　○
Von Höselwang　　○

Auflösung auf Seite 113

Zum Verständnis

1. Charakterisieren Sie die Personen im Kriminalfall Schaumlöffel und beschreiben Sie sie so genau wie möglich.
2. Geben Sie eine detaillierte Beschreibung des Tatortes.
3. Vergleichen Sie die Aussagen der Verdächtigten; wo liegen die wichtigsten Diskrepanzen?
4. Versuchen Sie, die „Fragen" im Text zu beantworten, bevor Sie sich die Auflösung anschauen.

Einbrecher im Amtsgericht

KÖNIGSTEIN. Auf zwei verschiedenen Wegen drangen Einbrecher nachts ins Amtsgericht im Burgweg ein. Zunächst schlugen sie vom Vordach aus das Fenster zum Fotokopierraum ein und stiegen ein. Dort versperrten ihnen jedoch verschlossene Türen den Weg. Darum schlugen sie ein zweites Fenster ein und gelangten in einen Raum und einen Sitzungssaal. Drei Schreibtische und ein Schrank wurden gewaltsam geöffnet. Die Beute: Eine Getränkekasse mit 70 bis 80 Mark Inhalt. w

Gruppenarbeit

Führen Sie das Verhör als Sketch auf. Einer spielt den Inspektor, die anderen übernehmen die Rollen der vier Verdächtigten.

Der Hörzu-Krimi
Spielen Sie mal Kommissar! — Auflösung

Von wem und womit bekam Manfred
den Schlag ins Gesicht?
Von seinem Vater Alfred mit dem Golfball,
den er durch die Scheibe der Terrassentür
5   schlug (Scherben, Ball auf der Terrasse).

Von wo wurde geschossen?
Von draußen (Blätter an Tatwaffe) durch
das durch den Golfball entstandene Loch.
Wäre das Loch durch einen Schuß entstanden,
10 lägen Scherben im Raum.

Wer erschoß Alfred Schaumlöffel?
Manfred? Nein. **Laut** Aussage Höselwangs   *according to*
klirrte es (Ball durch Scheibe, Manfreds
Ohnmacht) bevor der Schuß fiel.   *unconsciousness*
15 Gitti? Nein, sie war gar nicht draußen
(keine Blätter an den Schuhen).
Adolf? Ja! Die Blätter an seinen Schuhen
und die Fußspuren von draußen nach drinnen
über die Treppe nach oben **beweisen,**   *prove*
20 daß er nicht immer in seinem Zimmer war.

Höselwang **bekam** die Tat nur akustisch mit   *perceived, got*
und die Tatwaffe vor die Füße.

Kommissar Computer
Fritjof Haft

Spektakuläre **Fahndung**serfolge (und -mißerfolge) beim Kampf   *search (pursuit)*
gegen den Terrorismus haben das **Augenmerk** einer breiten   *attention*
Öffentlichkeit auf die Fahndungscomputer der Polizei ge-
richtet. Was **leistet** der Kommissar Computer—das ist   *accomplishes*
5 die Frage.
    Zunächst einmal ist hier das bei allen Polizeidienststellen
der Bundesrepublik Deutschland **ausliegende** Fahndungs-   *available*
buch zu nennen. Es enthält **Angaben** über etwa 120000 bis   *data*
130000 Personen, die von der Polizei oder der Justiz gesucht
10 werden. Nach dem **herkömmlichen Verfahren** dauerte es bis   *traditional method*
zu sechs Wochen, bis der Name einer gesuchten Person in das
Fahndungsbuch aufgenommen werden konnte—eine lange
Zeit, die ein Verbrecher dazu nutzen konnte, um **unterzu-**
tauchen. Durch die Installierung von Computern ist es mög-   *to disappear*
15 lich, gesuchte Personen ohne Zeitverlust in das elektronische
Fahndungsbuch **einzuspeichern.** Damit sind sie für jeden Po-   *to enter*
lizeibeamten, der **Zugang** zu einem **Datensichtgerät** hat, im   *access / computer terminal*
on-line-Verfahren erkennbar.
    Das Bundeskriminalamt und einige Kriminalämter haben
20 einige elektronisches Informationssystem für die Polizei (IN-
POL) installiert. In Computern, die miteinander in Verbund
stehen, werden alle polizeilich relevanten Angaben über gesuchte Personen eingespeichert und ständig **auf dem neues-**
ten Stand gehalten. Wichtige Polizeidienststellen und die   *kept up to date*
25 Grenzdienste können die **Informationen abfragen.** Im End-   *access information*
stadium sollen das Bundeskriminalamt und alle Landeskri-

minalämter über INPOL miteinander korrespondieren können, und alle Polizeidienststellen sollen die Möglichkeit haben, über mehrere hundert Datenstationen beim Bundeskriminalamt,
30 den Landeskriminalämtern, den **Grenzschutzbehörden,** den Grenzübergängen sowie den Flug- und Seehäfen **auf das System Zugriff zu nehmen.** Besonders interessant ist dabei für die Polizei auch die Möglichkeit, verschiedene kriminalistisch relevante **Merkmale** eines gesuchten Täters miteinander zu
35 **verknüpfen.** Hier wird also nicht nach einer bestimmten, be-

border patrols
to tap into the system

characteristics
link

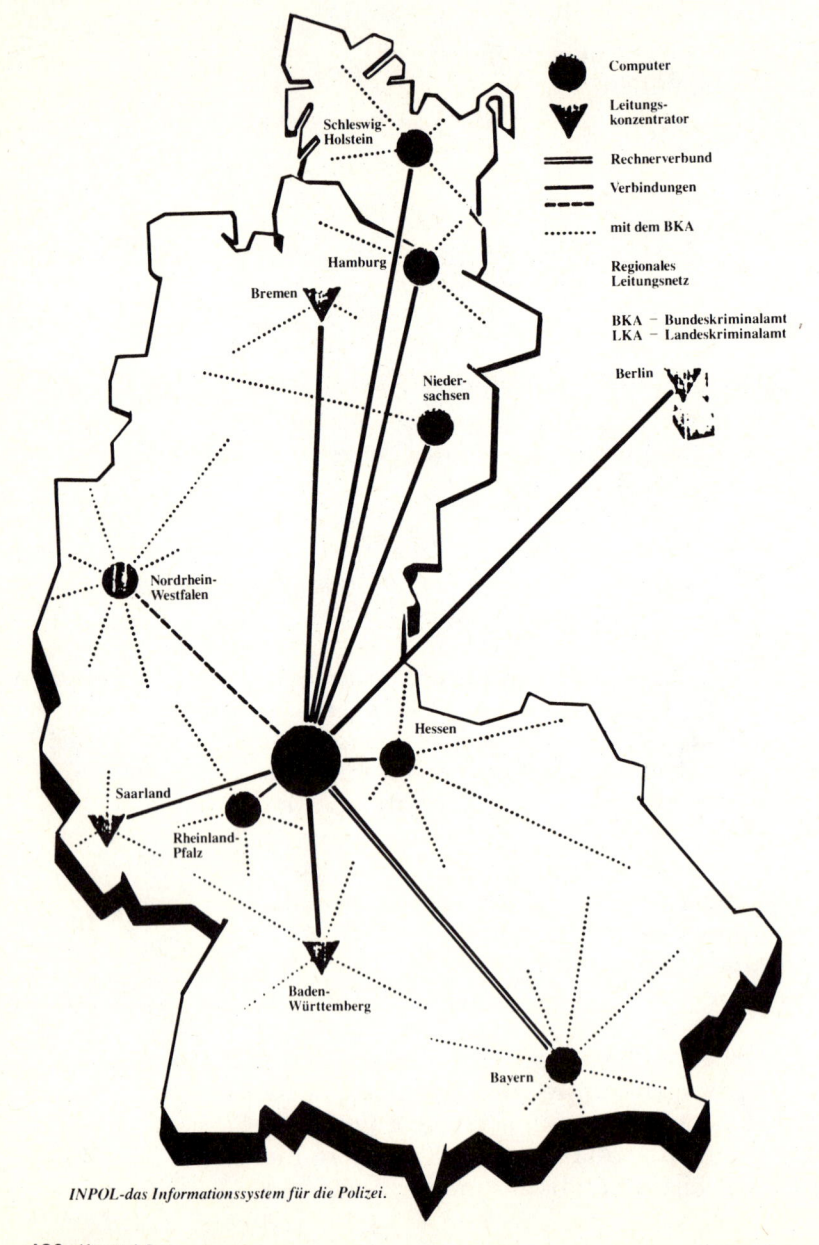

INPOL-das Informationssystem für die Polizei.

reits bekannten Person gefragt, sondern es wird der für ein **Delikt** in Frage kommende Personenkreis **ermittelt,** um hieraus den wahren Täter fassen zu können. Dies geschieht durch **Erstellung** von Täterprofilen, in denen bestimmte Merkmale zusammengefaßt sind. Ein solches Täterprofil **erfaßt** beispielsweise alle einbeinigen Linkshänder, welche sexuell **abartig veranlagt sind** und norddeutschen Dialekt sprechen. In einer traditionell aufgebauten **Kartei** ist eine solche mehrdimensionale Suche praktisch nicht **durchführbar;** hier kann man ja immer nur ein **Stichwort** für sich suchen. Für den Computer dagegen ist sie problemlos möglich. Einige der spektakulärsten Fahndungserfolge der **jüngsten** Vergangenheit erklären sich auf diese Weise.

Auf Grund der Computerspeicherung **begangener** Verbrechen läßt sich **mitunter** die Begehung künftiger Verbrechen mit einer mehr oder weniger großen Wahrscheinlichkeit prognostizieren. Mancher Täter, der bereits am Tatort erwartet wurde, verdankt dies dem „Kommissar Computer".(. . .)

crime / ascertained

drawing up
includes

inclined to be deviant
catalog
feasible
key-word

most recent

committed
at times

POLIZEI–INFORMATION GEGEN VERBRECHEN POLIZEI–INFO

DIEBE MACHEN KEINE FERIEN

Schließlich ist das **Kfz**-Wesen zu nennen. In der Bundesrepublik Deutschland sind ca 20 Millionen Fahrzeuge angemeldet. Sie alle sind in den Computern des Kraftfahrt-Bundesamtes in Flensburg registriert. Dort werden Statistiken erstellt, die für die Unfallforschung wichtig sind. Sie erlauben es auch, Rückrufaktionen der Hersteller von Automobilien wegen nachträglich entdeckten **Produktionsmängeln** wirksam zu unterstützen. Natürlich wird auch die sogenannte **Verkehrssünderkartei** mit Hilfe des Computers geführt. Bei der Ermittlung von Verkehrssündern—etwa Schnellfahren—hilft der Computer ebenfalls. Über Fernsehkameras werden die Nummernschilder erfaßt, in Datensichtgeräte eingegeben (künftig wird dieser Vorgang automatisiert werden) und an den Computer gemeldet, der die Daten des Kraftfahrers herausgesucht hat, noch ehe er das Ende der Überwachungsstrecke erreicht hat. In den USA werden derartige Kontrollen an den Straßenbrücken mit **Mautstellen** bereits routinemäßig durchgeführt. Auf diese Weise werden beispielsweise Kfz-Diebstähle verfolgt.

Kraftfahrzeug vehicle

production defects
file of traffic violators

toll booths

Zum Verständnis

1. Welche praktischen Dienste leistet der Computer?

2. Inwiefern ist der Name „Kommissar" gerechtfertigt?

3. Welche anderen, in dem Artikel nicht erwähnten Funktionen erfüllen Polizeicomputer?

4. Was gehört zu einem Täterprofil?

Zur Bedeutung

1. Nicht nur Leute, die mit dem Gesetz in Konflikt kommen, sind heutzutage im Computer gespeichert, sondern wir alle. Welche Institutionen, glauben Sie, profitieren besonders von einem Computernetz, und wie wirkt sich das auf den einzelnen Menschen aus?

z.B. Banken (Konto- und Kredit-Daten)
Krankenversicherungen (Krankheits-Daten)
Finanzamt (Daten über finanzielle Verhältnisse)
Arbeitgeber (Beurteilungs-, Laufbahn-Daten)
usw

Grundgesetz

Datenschutz ist zunächst Schutz des privaten Bereichs („Privatsphäre") durch die Grundrechte in Artikel 1 Absatz 1 und Artikel 2 Absatz 1 des Grundgesetzes.

Er ist von Behörden und Privatpersonen zu beachten.

Artikel 1 Absatz 1 des Grundgesetzes (GG):
„Die Würde des Menschen ist unantastbar. Sie zu achten und zu schützen ist Verpflichtung aller staatlichen Gewalt."

Artikel 2 Absatz 1 GG:
„Jeder hat das Recht auf die freie Entfaltung seiner Persönlichkeit, soweit er nicht die Rechte anderer verletzt und nicht gegen die verfassungsmäßige Ordnung oder das Sittengesetz verstößt."

2. Welche Gefahren birgt ein „Kommissar Computer" für die freiheitliche Gesellschaft?

Sichern ist sicherer!
STOP dem Fahrzeugdiebstahl
Gemeinsam für Sicherheit – Sie und Ihre Polizei

Das Gottesurteil

Heinz Risse[1]

divine judgment

In der Nähe von F., einer kleinen Bergstadt Kalabriens, wurde an einem Junimorgen des Jahres 1412 die **Leiche** eines Mannes aufgefunden, der **offenbar** während der Nacht beraubt und ermordet worden war. Da der Tote nichts mehr bei

corpse
apparently

[1] *Heinz Risse:* Born 1898 in Düsseldorf. Studied philosophy and economy. Novelist and essayist.

sich trug, woraus man hätte entnehmen können, **um wen es sich handelte, schaffte** man ihn in die Stadt und stellte ihn im Leichenhaus zur Schau. Einige Leute, die ihn dort sahen, erklärten sogleich mit Bestimmtheit, dem Mann am Abend vor seiner Ermordung begegnet zu sein, im Gasthof, sagten sie, er habe erzählt, daß er Kaufmann und **seiner Geschäfte halber** unterwegs sei. Der Wirt, den der Richter darauf **herbeiholen** ließ, **bestätigte** das: der Fremde, **fügte** er **hinzu**, habe nach einer **ausgiebigen** Mahlzeit den Gasthof erst am späten Abend mit der Bemerkung verlassen, er wolle nun weiterreisen. Zusammen mit ihm seien zwei junge Leute **aufgebrochen**, die während des Essens am Tisch des Gastes gesessen und ihn unterhalten hätten; deren **Zeche** habe übrigens der Fremde bezahlt.

Ob die beiden jungen Leute in F. wohnten? fragte der Richter. Ja, versicherte der Wirt und nannte die Namen; Urbini hieß der eine, Vigilio der andere.

Der Richter ließ beide **vorführen;** obwohl sie erklärten, sich von dem Kaufmann schon am Tor des Gasthofs getrennt zu haben, und obwohl auch eine sogleich **vorgenommene** Durchsuchung der von ihnen bewohnten Häuser nichts **Belastendes ergab**, ordnete der Richter an, daß sie **in Haft zu bleiben** hätten. An den folgenden Tagen **vernahm** er sie mehrfach, doch gelang es ihm nicht, wie **geschickt** er auch seine Fragen stellen **mochte**, nur den Schatten eines **Schuldbeweises** zu entdecken; schließlich **gelangte er** selbst **zu der Überzeugung**, daß weder Vigilio noch Urbini der Mörder des Kaufmanns sei. Trotzdem konnte er sich nicht entschließen, die über sie **verhängte Haft** aufzuheben. Da kam ihm eines Nachts aus dem **Zwiespalt** seiner Überlegungen der Gedanke, Gott die Entscheidung zu überlassen. Am nächsten Tage befahl er, zunächst Urbini zu holen; diesen fragte er, ob **ihm** in einer der Nächte während seines **Aufenthaltes** im Gefängnis geträumt habe? Urbini blickte den Richter erstaunt an: ja, erwiderte er, etwas sehr **Absonderliches** sogar. Er habe sich nämlich in diesem Traum auf einer Straße liegen sehen, **regungslos** und auch ohne die Fähigkeit, sich zu rühren. Es sei dunkel gewesen, und die Furcht, von einem zufällig des Weges kommenden Wagen überfahren zu werden, habe ihn sehr **gepeinigt, zumal** er in der Ferne das Rollen von Fahrzeugen habe hören können; doch sei keines in seine Nähe gekommen. Beim Erwachen sei er naß gewesen vom Schweiß der Angst, die er im Traum **empfunden** habe.

Der Richter überlegte einen Augenblick, dann befahl er, Urbini solle in der **Morgendämmerung** des nächsten Tages an Händen und Füßen **gefesselt** vor der Stadt auf der Straße niedergelegt werden, auf der um diese Zeit die Bauern aus der Umgegend ihre Waren zum Markt bringen würden. Dort solle er zwei Stunden liegen; die Bauern **seien** bei Strafe **anzuhalten,** ihre Fahrzeuge so zu **lenken,** als ob die Straße frei wäre. **Überstehe Urbini die Probe,** sei ihm die Freiheit wiedergegeben.

Der Richter erschien selbst am nächsten Tage dort, wo Urbini niedergelegt wurde; mit den **Schergen** wartete er, bis die Zeit, die er für die Entscheidung bestimmt hatte, **verstrichen** war. Sie verging zu seiner Verwunderung, ohne daß irgendein Wagen gekommen wäre; nachdem er endlich dem Verhafteten selbst die Fesseln abgenommen hatte, befahl er zweien seiner Leute, die Straße hinabzugehen und in den Dörfern am Fuß des Berges zu **erkunden,** warum die Bauern an diesem Tage dem Markt in der Stadt **fernbleiben** würden. Die Boten kehrten bald zurück: nicht weit **unterhalb** jener Stelle, an der man Urbini niedergelegt habe, so meldeten sie, **sei** in der Nacht **ein Felssturz erfolgt;** Steine und Erdmassen versperrten die Straße.

Der Richter, der in dem **Vorgang** einen Beweis dafür sah, daß ihm tatsächlich jemand die **Last** der Entscheidung abgenommen habe, ließ sogleich Vigilio holen und stellte auch ihm die Frage, ob ihm während der Zeit seiner Haft etwas geträumt habe. Der Gefangene lächelte. „Mir hat geträumt", erwiderte er, „daß ich dem steinernen Löwen am Portal des Rathauses die Hand ins Maul legte." Auch er ist unschuldig, dachte der Richter. „Der Löwe biß zu", fuhr Vigilio fort. „Der steinerne Löwe?" fragte der Richter verwundert und schüttelte den Kopf. „Es war **eben** ein Traum", erwiderte der Gefangene.

„Nun gut", sagte der Richter, „wir wollen zum Rathaus gehen, und du wirst dem Löwen die Hand ins Maul legen. Beißt er dich nicht, so werde ich befehlen, auch dich wieder in Freiheit zu setzen."

Er **begab sich** mit dem Gefangenen und zwei Wärtern durch die Straßen zum Rathaus; eine große Menschenmenge folgte ihnen, denn die Nachricht von der **Errettung** Urbinis hatte sich rasch verbreitet; dieses Wunder weckte in vielen den Wunsch, bei der Erprobung Vigilios **zugegen** zu sein. Doch **erhob sich Gelächter,** als die Masse aus **Andeutungen** der Schergen erfuhr, was Vigilio zu tun habe, um seine Unschuld zu beweisen—auch der Gefangene selbst lächelte, während er, die Stufen zum Portal des Rathauses emporsteigend, die **belustigten** Gesichter der Menschen auf dem Marktplatz betrachtete. In der offenbaren **Voraussicht** auch seiner Errettung legte er noch lächelnd die Rechte in das offene Maul des steinernen Löwen, aber mit einem Schrei des Schmerzes **riß** er

sie sogleich wieder **zurück**; die in der Nähe Stehenden sahen, wie durch Vigilios **heftige** Bewegung ein Skorpion auf die Treppe des Rathauses **geschleudert** wurde—offenbar hatte
100 das Tier in der dunklen Höhle des Löwenmauls **Unterschlupf** gefunden und sich mit seinem **Stachel** gegen die eindringende Hand **gewehrt**.

    Der Richter **verfügte**, daß der Gefangene sogleich ins Gefängnis zurückzubringen sei; zugleich ordnete er an, daß des-
105 sen Verletzung durch niemanden ärztlich behandelt werden dürfe—so sehr war er nunmehr überzeugt von der Schuld Vigilios. Dieser starb einige Stunden später unter starken Schmerzen. Totzdem war die Überzeugung des Richters, was den Mord an dem Kaufmann **anlangt**, falsch; tatsächlich hatte
110 weder Urbini noch Vigilio den Händler ermordet, sondern ein Mann, der zwanzig Jahre später in Neapel auf dem Totenbett seine **ruchlose** Tat **gestand**. Davon jedoch erfuhr niemand in F., auch nicht der Richter. Selbst wenn **es** aber **zu seiner Kenntnis gelangt wäre**, so hätte ihm dennoch kein Zweifel
115 kommen dürfen an der **Gerechtigkeit** der durch ihn **weitergegebenen** Entscheidung—denn wer **vermag** zu sagen, ob nicht die Strafe **sich** auf eine Tat **beziehen** sollte, von der er, der Richter, nichts wußte? **Zusammenhänge**, die man sehen kann, sind meist keine—überdecken die wahren—, der Mensch
120 kann nur, wie der Richter es tat, seine Frage stellen. Ob er das **Rätsel**, das die Antwort ihm **aufgibt**, zu lösen vermocht hat, erfährt er selten.

riß ... zurück pulled back
violent
hurled
refuge
stinger
defended
ordered

concerned

infamous / confessed

he had learned of it
justice / passed on / can

sich ... beziehen apply
connections

puzzle / poses

Zum Verständnis

1. Die Erzählung läßt sich in fünf Abschnitte teilen: ,,Vorgeschichte'' (Zeile 1–21), ,,Vor Gericht'' (Zeile 22–47), ,,Urbinis Prozeß'' (Zeile 48–69), ,,Vigilios Verhör und Prozeß'' (Zeile 70–108) und ,,Epilog.'' Erzählen Sie die einzelnen Abschnitte in Ihren eigenen Worten nach.

Gruppenarbeit

Spielen Sie entweder Richter oder Reporter. Als Richter verhören Sie alle Beteiligten (Wirt, Gäste, Vigilio, Urbini usw.), als Reporter interviewen Sie sie und erstatten Bericht.

Zur Bedeutung

1. Was ist ein Gottesurteil?

2. Charakterisieren Sie den Richter. (Ist er parteiisch? Feige? Welches Gottesbild hat er? Wie definiert er Gerechtigkeit? usw.)

3. Welche gesellschaftliche Position nimmt der Richter ein? Woran erkennt man das?

4. Wie würde die Untersuchung und der Prozeß eines solchen Mordfalles heutzutage aussehen?

5. Welche stilistischen Eigenheiten weist dieser Text auf, und wie passen sie zum Inhalt der Erzählung?

Diskussionsthemen und Debatten

1. Was halten Sie von Schöffengerichten? Waren Sie schon einmal Schöffe? Unter welchen Umständen?

2. Würden Sie gerne für die Polizei, den Geheimdienst, Interpol arbeiten? Warum, warum nicht?

Sichern ist sicherer

Überprüfen Sie Ihr Heim auf Sicherheit, bevor es Diebe tun!

Checkliste

Mehrfamilienhäuser/Wohnungen

	Ja	Nein
1. Sind der Hauseingang und das Treppenhaus ausreichend beleuchtet?		
2. Hat der Hauseingang eine elektrische Türschliessung und Gegensprechanlage?		
3. Sind die Keller- und Estrichzugangstüren abgeschlossen?		
4. Sind alle Nebeneingänge, Lichtschächte und Erdgeschossfenster zusätzlich gesichert?		
5. Haben Sie eine massive Wohnungstür mit einem Sicherheitsschloss?		
6. Hat Ihre Wohnungstür einen Weitwinkelspion und eine zusätzliche Sperrvorrichtung?		
7. Sind Fenster- und Balkontüren zusätzlich verriegelbar?		
8. Haben Sie eine Vertrauensperson, die während Ihrer Abwesenheit Ihre Wohnung im Auge behält?		

Checkliste

Einfamilienhaus

	Ja	Nein
1. Ist Ihr Grundstück ausreichend beleuchtet?		
2. Entspricht auch die Gartenbepflanzung Ihrem Sicherheitsdispositiv?		
3. Sind Strom- und Telefonzuleitungen sabotagegesichert verlegt?		
4. Sind alle Aussentüren genügend gesichert?		
5. Sind alle Fenster, Lichtschächte und Balkontüren, Rolläden und Dachluken einbruchgesichert?		
6. Sind Ihre Sicherheitsanlagen funktionstüchtig?		
7. Hat es auf Ihrem Grundstück oder in der Nachbarschaft keine Kletterhilfen wie Leitern usw.?		
8. Haben Sie eine Vertrauensperson, die während Ihrer Abwesenheit Ihr Heim kontrolliert?		

Gemeinsam für Sicherheit – Sie und Ihre Polizei

3. Welche Vorstellungen haben Sie vom Beruf des Richters?

4. Es werden immer mehr Verbrechen begangen. Was liesse sich tun, um die wachsende Kriminalität einzudämmen?

> Sie können Ihrer Polizei bei der Fahndung nach Tätern mit genauen Angaben helfen. Notieren Sie sich – sofort nach Ihrem Anruf bei der Polizei – die gemachten Beobachtungen;
>
> im besonderen:
>
> - die Anzahl und das Aussehen der Verdächtigen (Grösse, Kleidung, besondere Merkmale usw.);
> - das Kennzeichen, die Farbe und Marke des allfälligen Fluchtfahrzeuges;
> - die Fluchtrichtung der Verdächtigen.
>
> **Wichtig!** Bis zum Eintreffen der Polizei nichts verändern und keine Spuren verwischen.
>
> Sichern ist sicherer
>
> ...Sie und Ihre Polizei

5. Diskutieren Sie das Pro und Contra der Todesstrafe.

6. Wer, im Zeitalter des Computers, entscheidet über gespeicherte Daten und darüber, bei welchen Delikten gespeichert wird? Nehmen Sie dazu Stellung.

KAPITEL 9

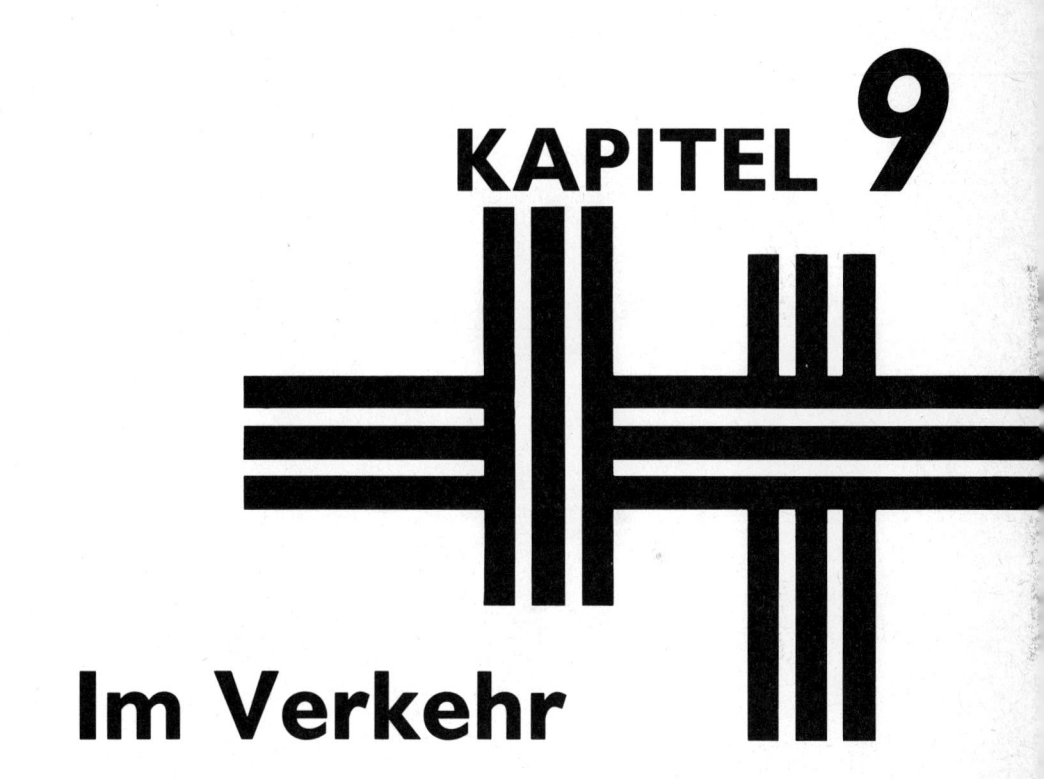

Im Verkehr

Einführung in das Thema

Finden Sie die richtigen deutschen Bezeichnungen für die jeweiligen Autoteile. (Auspuff, Blinker, Kofferraum. Kotflügel, Motorhaube, Radkappe, Reifen, Rückspiegel, Scheibenwischer, Scheinwerfer, Seitenspiegel, Stoßstange, Windschutzscheibe.)

Finden Sie die passende Beschreibung für diese Verkehrsschilder auf der nächsten Seite.

Sind die amerikanischen Schilder/Beschreibungen anders? Inwiefern?

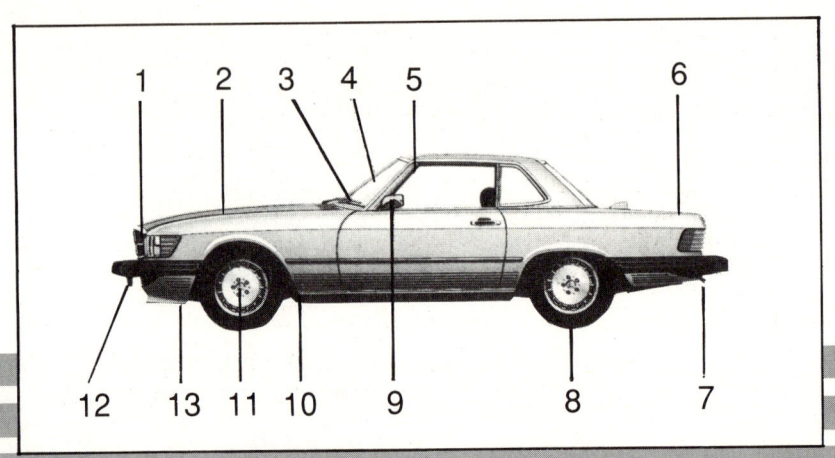

Verbot für Fahrzeuge mit einer Ladung von mehr als 3000 l wassergefährdender Stoffe

Kinder
Erhöhte Aufmerksamkeit, nötigenfalls Bremsbereitschaft und Geschwindigkeitsminderung. Eine Gefährdung von Kindern muß ausgeschlossen sein. Das Risiko liegt fast ganz beim Kraftfahrer.

Gehweg
Fußgänger sind verpflichtet, diesen Weg zu gehen. Für andere Verkehrsteilnehmer verboten (ausgen. Radf. bis 8 Jahre). Auch Fußgängerbereiche werden in der Regel so gekennzeichnet. Zeitweise (durch Zusatzschild) zugelassener Fahrzeugverkehr darf nur mit Schrittgeschwindigkeit (höchstens 4–7 km/h) fahren.

Ufer
Straße mündet auf ein ungesichertes Ufer oder Hafenbecken. Bei Dunkelheit Verwechslungsgefahr zwischen Wasseroberfläche und Fahrbahn. Abgestellte Fahrzeuge gut sichern.

Verkehrsverbot für Kfz in Sperrbezirken, die durch Smog-Verordnungen festgelegt sind

Erste Hilfe

Tankstelle   auch bleifrei

Tiere
Mit stark verunreinigter Fahrbahn und Weidetieren, die die Fahrbahn versperren, rechnen.

Fußgängerunter- oder -überführung

Wanderparkplatz
Kennzeichnung für Parkplätze, an denen Rundwanderwege beginnen oder enden.

Schleudergefahr bei Nässe oder Schmutz
Nicht scharf bremsen oder stark beschleunigen. Nicht ruckartig lenken.

Schneeketten sind vorgeschrieben
(auf den Rädern der Antriebsachse) Höchstgeschwindigkeit 50 km/h

Vorfahrt gewähren!
Wenn das Verkehrszeichen verdeckt würde, nicht näher als 10 m vor dem Zeichen halten.

Das Haltverbot kann durch Zusatzschilder zeitlich begrenzt werden. Hier ist das Halten an Werktagen in der Zeit von 7–19 Uhr verboten.

Pannenhilfe

Verbot der Einfahrt
Dieses Schild steht an allen verbotenen Einfahrten, z.B. am Ende einer Einbahnstraße oder bei mehreren Fahrbahnen vor denen der Gegenrichtung.

Bahnübergang mit Schranken oder Halbschranken

Gefahr unerwarteter Glatteisbildung
Im Herbst, Winter und Frühjahr größte Vorsicht. Langsam fahren, keine plötzlichen Lenkbewegungen, nicht scharf bremsen, nicht stark beschleunigen.

Fußgängerüberweg
Das Zeichen steht unmittelbar an der Markierung

Halt! Vorfahrt gewähren!
An diesem Zeichen muß unbedingt angehalten werden, und zwar auch dann, wenn auf der bevorrechtigten Straße kein Fahrzeug kommt. Das Fahrzeug muß – zumindest für einen Moment – völlig zum Stillstand kommen. Anzuhalten ist dort, wo die andere Straße zu übersehen ist (Sichtlinie). Ist eine Haltlinie vorhanden, dann muß vor dieser angehalten werden (vgl. auch Seite 51). Bis zu 10 m vor diesem Zeichen ist jedes Halten und Parken verboten, wenn das Zeichen verdeckt würde.

Überholverbot für Kraftfahrzeuge aller Art
Krafträder ohne Beiwagen, Fahrräder mit Hilfsmotor, Straßenbahnen und nichtmotorisierte Fahrzeuge dürfen jedoch überholt werden. Das Ende der Überholverbotsstrecke ist wie im Bild gezeigt gekennzeichnet.

Geschwindigkeitsbeschränkungen
Leo[1]

Es wird vorgeschlagen und mancherorts heftig darauf **gedrängt**, die Geschwindigkeit "**außerhalb geschlossener Ortschaften**" von Tempo 100 auf Tempo 80 zu senken.[2]   *urged*
outside city limits

Pro

5 1. Die **weitaus** meisten Verkehrsunfälle passieren auf den Landstraßen, und zu hohe Geschwindigkeit erscheint dabei als die Hauptursache.   *by far*

2. Auf einer Straße, wo Traktoren, Mopeds, Radfahrer und Pferdefuhrwerke sich bewegen, ist der Autofahrer mit Tempo
10 100 auch dann ein Schrecken, wenn er niemanden **anfährt**.   *hits*

3. Tempo 100 **reizt zu** vielen **Überhol-Vorgängen**, und die bedeuten erfahrungsgemäß vervielfachtes Risiko.   *invites passing maneuvers*

4. Landstraßen sind immer für Überraschungen gut; immer wieder gibt es **unvorhersehbare** Situationen (Kühe auf der   *unexpected*
15 Straße, umgestürzte Bäume und Balken, **unübersichtliche**   *blind*
Ausfahrten), auf die bei Tempo 100 nicht rechtzeitig reagiert werden kann.

5. Wer auf deutschen Landstraßen fährt, fährt entweder kurze Strecken, oder er will sich die Gegend anschauen. Im
20 einen Falle wäre etwas langsamer zu fahren **zumutbar**, im   *tolerable*
anderen höchst empfehlenswert.

---

[1] *Leo:* Pseudonym of a columnist writing for *Die Zeit*.
[2] According to West German law the speed limit within city limits is 50 km/h for all vehicles. Outside city limits it is 100 km/h for vehicles up to 2.8 tons. As of now, there is no general speed limit on the West German Autobahnen, as opposed to those in Austria, Switzerland, and the GDR.

6. Bei Tempo 80 braucht ein Auto weniger Benzin und **stößt** weniger **Schadstoffe aus** als bei Tempo 100.

7. Bei Tempo 80 ist die **Lärmbelästigung** der **Anlieger,** die es ja auch außerhalb geschlossener Ortschaften gibt, spürbar geringer.

Contra

1. Die Autofahrer werden es nicht verstehen, daß sie dort, wo sie bisher Tempo 100 gefahren sind, auf einmal Tempo 80 fahren sollen, ohne daß irgend etwas sich geändert hätte. Verbote, deren Sinn nicht begriffen wird, werden **übertreten.**

2. Man stelle einen Radarwagen an eine autobahnähnlich ausgebaute Landstraße (und nicht etwa an enge, unübersichtliche Kurven—dort **erwischt** man ja keinen), dann kann man als Finanzminister verdienen und als Polizist sich **Verdienste erwerben.**

3. Allzu langsam fahrende Autos reizen auch, und sie besonders, zu den in der Tat riskanten Überholmanövern.

4. Es gibt die **Straßenverkehrsordnung.** Es gibt jederzeit die Möglichkeit, an gefährlichen Stellen drastische Geschwindigkeitsbeschränkungen vorzuschreiben. Jeder Vernünftige wird ohnehin auf unübersichtlichen, schmalen Landstraßen Tempo zurücknehmen. Aber wer auf **vierspurig** ausgebauten Bundesstraßen Tempo 80 fahren müßte, **käme sich verkohlt vor.**

5. Wenn alle weit voneinander entfernt liegenden Orte durch eine Autobahn verbunden wären, dann gäbe es in der Tat weniger Gründe, auch auf Landstraßen schnell zu fahren. Diejenigen, die gegen den Ausbau des Autobahnnetzes protestieren, und diejenigen, die auf Landstraßen Tempo 80 vorschreiben wollen, sind jedoch kurioserweise oft die gleichen Leute.

6. Man kann schwerlich Tempo 100 auf Autobahnen als die **schlechterdings** ideale Geschwindigkeit für verringerten Benzinverbrauch und minimale Schadstoffemission empfehlen und dann ganz die gleichen Daten auf den Landstraßen beklagen.

7. Allen durch welchen Lärm auch immer Belästigten seien Maßnahmen zur Herstellung von Ruhe empfohlen: Sie reichen vom **Ohropax** in den Ohren bis zu **lärmundurchlässigen** Fenstern, die zwar nicht billig sind, aber **sich** schon dadurch **rentieren,** daß sie gleichzeitig die Kälte fernhalten, daß sie also nicht nur ,,schallisolierend'', sondern auch ,,wärme-isolierend'' den Hausbewohner auf eine Insel der Ruhe und des Friedens versetzen.

Conclusio

Meine Freunde und meine Feinde werden mich nicht wiedererkennen: Ich habe mich durch die hier vorgebrachten Pro-Argumente (vor allem 1 und 2) davon überzeugen lassen, daß es richtig und vernünftig wäre, auf Landstraßen die Höchstgeschwindigkeit von Tempo 100 auf Tempo 80 zurückzunehmen. Das **Zugeständnis** hat freilich einen **Pferdefuß**. Man sollte dann die Autobahnen Schnellstraßen sein lassen, so, wie sie geplant waren.

concession / catch (lit. club-foot)

Zum Verständnis

1. Analysieren Sie die einzelnen Argumente. Worauf beruhen sie? (Tatsachen, Vermutungen, Meinungen usw.) Woran erkennt man das? (Beachten Sie dabei das Vokabular, die Grammatik, die Zugehörigkeit zum Thema usw.)

2. Vergleichen Sie die Pro- und Contra-Argumente Punkt für Punkt. Wird das gleiche Thema behandelt? Welchen Einfluß hat das auf die Urteilsbildung?

3. Überrascht Sie die Conclusio? Warum/nicht?

Gruppenarbeit

Stellen Sie gemeinsam eine Liste von Pro- und Contra-Argumenten zur Geschwindigkeitsbeschränkung/-erhöhung in Amerika zusammen und vergleichen Sie Ihre Ergebnisse mit denen der anderen Gruppen.

Führerschein auf Probe tritt in Kraft

Hans-Peter Colditz[1]

provisional / becomes law

Es ist entschieden. Der Führerschein auf Probe hat nach monatelangem Hin und Her alle parlamentarischen Hürden genommen[2] und kann nach einer **Übergangsfrist** von sechs Monaten am 1. Dezember 1986 in Kraft treten. Der **Termin** der Einführung war im politischen Bonn bis zuletzt **umstritten.** Es hat sogar Bemühungen gegeben, die ihn auf die Zeit nach der **Bundestagswahl** im Januar nächsten Jahres hinausschieben wollten. Wie man hört, hat niemand anderes als

transition period
date
disputed

federal parliamentary elections

---

[1] *Hans-Peter Colditz:* Journalist writing for the magazine *Fahrschule*.
[2] Refers to a lengthy debate on this subject in the German Parliament.

Bundesverkehrsminister Werner Dollinger selbst schließlich
ein „Machtwort" gesprochen. „Der 'Führerschein auf Probe'
tritt noch in diesem Jahr in Kraft", erklärte er nun wörtlich
auf einer Veranstaltung der Deutschen **Verkehrswacht** in
Aachen.

    Mit dem neuen Recht reagiert der Gesetzgeber darauf, daß
nach den Verkehrsstatistiken junge Fahrer sowohl im **Pkw-
Bereich**[3] wie auch bei Motorrädern besonders häufig an Ver-
kehrsunfällen beteiligt sind. Dieser **erhöhten Unfallbelastung**
von Fahranfängern, die zum Teil auf der Unerfahrenheit der
neuen Verkehrsteilnehmer, zum Teil auch auf ihrer besonders
hohen „Risikobereitschaft" beruht, wird mit dem neuen Führerschein auf Probe entgegengewirkt. Wie mehrfach berichtet,
wird für die erste Fahrerlaubnis der Klassen 1 bis 4[4] künftig
eine Probezeit von zwei Jahren eingeführt. Dies bedeutet
nicht, daß etwa **grundsätzlich** nach Ablauf der Probezeit erneut die Führerscheinprüfung abgelegt werden müßte. Vielmehr treten bestimmte Sanktionen in Kraft, wenn innerhalb
der Probezeit von dem Fahranfänger bestimmte gravierende
Verkehrsverstöße begangen worden sind.

    Verkehrsverstöße sind im **Anhang** des neuen Gesetzes im
einzelnen aufgeführt und in zwei Gruppen aufgeteilt. Eine
Gruppe A enthält besonders schwerwiegende Verstöße, wie
beispielsweise **Unfallflucht**, Trunkenheit im Verkehr oder
Vorfahrtsverletzungen. Die Gruppe B beinhaltet **die anderen
Tatbestände**. Wenn innerhalb der Probezeit ein Verstoß der
Gruppe A begangen wird, muß der **betreffende** Führerschein-
inhaber an einem **Nachschulungskurs** teilnehmen; bei Ver-
kehrsverstößen der Gruppe B gilt dasselbe, wenn innerhalb
der Probezeit zwei Verstöße begangen worden sind.

    Damit eine Kontrolle möglich ist, wird für alle Fahranfänger
beim **Kraftfahrtbundesamt** in Flensburg ein besonderes Register eingerichtet.

    Außerdem enthält das Gesetz weitere Neuregelungen, die
die Fahranfänger und deren Ausbildung betreffen. Danach
sind künftig alle Fahrschüler verpflichtet, am Fahrschulunter-
richt teilzunehmen.

    Dies bedeutet, daß die Ausbildung von Fahrschülern
außerhalb der Fahrschulen durch Laien, die bisher aufgrund
der „Einzelausbildungserlaubnis" möglich war, in Zukunft
entfällt.

    Auch die Anforderungen an die Qualifikationen der Fahr-
lehrer werden durch Verlängerung der Ausbildung und Erwei-

---

[3] Pkw = Personenkraftwagen; Lkw = Lastkraftwagen; Kfz = Kraftfahrzeug.
[4] See illustration on page 136.

terung der Fahrpraxis erhöht. Hierbei werden besondere **Anforderungen** an die jenigen Fahrlehrer gestellt, die die neu **erforderlichen** „Nachschulungskurse" für in der Probezeit
55 **sich verkehrswidrig verhaltende** Fahranfänger durchführen dürfen.

demands

necessary

violating traffic rules

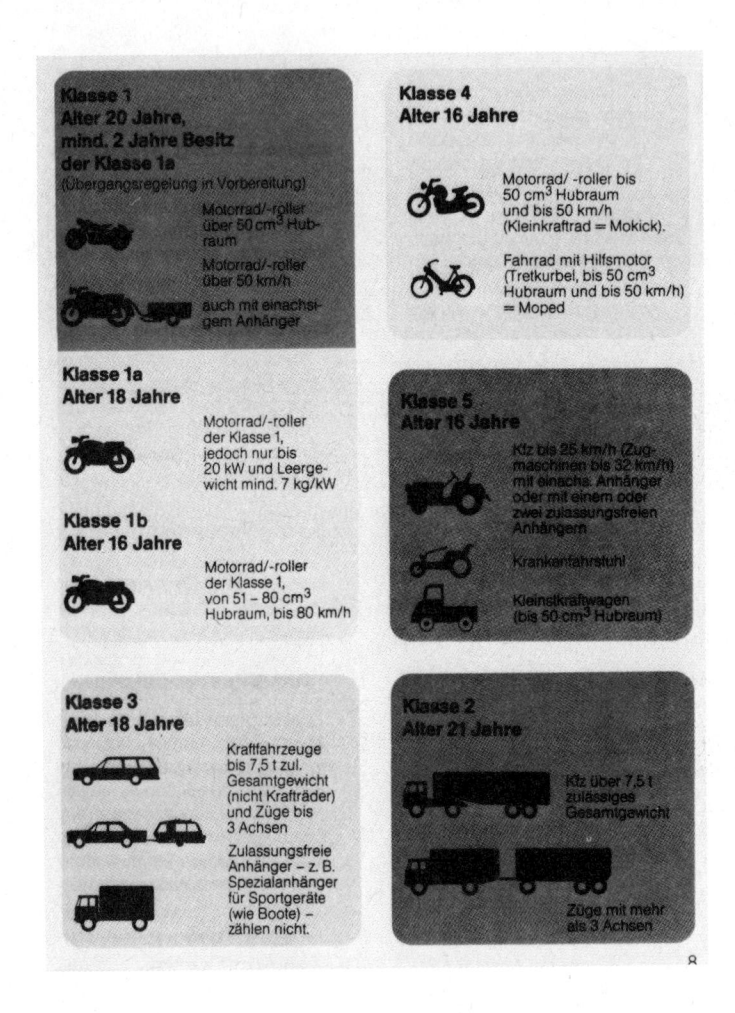

Zum Verständnis

1. Was bedeutet „Führerschein auf Probe"?
2. Warum wurde er eingeführt, und für wen gilt er?
3. Was sagt der Artikel über Fahrausbildung im allgemeinen aus?

Zur Bedeutung

Was halten Sie von einem „Führerschein auf Probe" in Amerika?

Erwerb des Führerscheins
Eignung des Antragstellers   *suitability of the applicant*

Sie müssen zum Führen eines Kfz in jeder Hinsicht, also körperlich, geistig und charakterlich, geeignet sein.
Bei Ihrer **Meldebehörde**[1] müssen Sie ein **Führungszeugnis** beantragen, wenn die Führerscheinbehörde das verlangt.   *registration office / certificate of good conduct*
5 Bei körperlichen **Mängeln** muß durch **Vorrichtungen** am Fahrzeug **Vorsorge** getroffen werden, daß andere nicht gefährdet werden. Führerschein gilt dann nur für so **ausgestattete** Fahrzeuge.   *handicaps / special equipment / care*   *equipped*

Bei Zweifeln an der Eignung wird die Eignung durch ein amts-
10 oder fachärztliches Zeugnis, durch **Gutachten** eines **Sachverständigen** oder einer medizinisch-psychologischen Untersuchungsstelle festgestellt.   *opinion*   *expert*

In jedem Fall wird von Ihnen ein Sehtest verlangt. Die Bescheinigung über den Sehtest müssen Sie dem Führerschein-
15 antrag beifügen. Ein Sehtest ist nicht erforderlich, wenn Sie ein Zeugnis oder Gutachten eines Augenarztes oder bestimmter anderer Stellen vorlegen (nicht älter als zwei Jahre).

Wer eine Fahrerlaubnis der Klasse 2 beantragt, muß stets eine
20 ärztliche Bescheinigung über seinen Gesundheitszustand beifügen.

Lehrgang über Hilfeleistung für Unfallverletzte
Sie müssen folgende Lehrgänge besuchen:
„Sofortmaßnahmen am Unfallort" für die Führerscheinklas-
25 sen 1, 1a, 3, 4, 5
„Erste Hilfe" für Klasse 2, Omnibusse und Krankenkraftwagen

Theoretische und praktische Kenntnisse
Kenntnisse über:
30 Verkehrsvorschriften
Verkehrssicherheitslehre
Straf- und Bußgeldbestimmungen[2]   *fines*
energiesparende Fahrweise

---

[1] Each person is required by law to inform the authorities (**Einwohnermeldeamt** or **Meldebehörde**) of his legal residence.
[2] *Bußgeld:* Fines for minor traffic violations; *Strafgeld:* fines for major violations, also in conjunction with a jail term.

Fähigkeiten:
35 sichere Führung des Kraftfahrzeuges
verkehrsgerechte Fahrweise
Anwendung der gesetzlichen Vorschriften

Diese Punkte werden geprüft.

Zum Verständnis

Besprechen Sie die Unterschiede in der Vorbereitung auf die Fahrprüfung in Amerika und Deutschland.

Fahrerflucht
Nicolas Born[1]

hit and run

Über der Straße, in die ich jetzt **einbiege,** hängt ein rechteckiger Lichtschein; den nächsten davor und den nächsten dahinter sehe ich auch. Diese Lampen machen in ihrem Umkreis den Nebel fast weiß. Ich folge den Lampen auf der rechten
5 Straßenseite. Hinter mir **verlöschen** welche, vor mir erscheinen andere. Manchmal wird ein **fahler,** matter Schein in der Größe eines Fensters sichtbar, rechts über mir. (...)
    Das Geräusch eines Motors kommt, schnell sogar. Keine Straßenbahn, keine Fußgänger sonst. Ich bin der Mittelpunkt
10 einer Fläche, eines **Planquadrats,** das immer mehr Teile der unsichtbaren Stadt **einbezieht,** hinten dafür andere Teile **ausstößt.** Die Wohnungen, die **Speicher,** die Keller gehören dazu, die Höfe und die Gärten. Die Anzahl der Personen, die gehen und stehen und sitzen und liegen. Wie viele Willis, wie viele
15 Karls, wie viele Köpfe, Friedhelme? Das Auto kommt. Es ist ungewöhnlich schnell. Ich drehe mich um, sehe es noch nicht, gehe weiter, fühle das Kitzeln in meinem Nacken, drehe mich wieder um. Jetzt sehe ich zwei runde gelbe Flecken, sehe die Scheinwerfer, die schnell näherkommen, mich erreichen, und
20 deren Lichtstäbe **holpernd herumstochern** im Nebel. Schnell. Es **überholt** mich. Ich drehe mich mit. Der Wagen war für einen Augenblick zu sehen: ein autoförmiger Fleck dunkleren

turn (into)

disappear
pale

sector
encompasses
leaves behind / attics

poke around erratically
passes

[1] *Nicholas Born:* Born 1937 in Duisburg, died 1979 in Hamburg. Author of novels, poetry, and radio plays. Guest professor at University of Iowa 1969/70 and at the University of Essen in 1975, where he taught contemporary literature. Recipient of numerous prestigious prizes.

Graus. Das rote Licht der Rücklichter wird rasch vom Nebel verdünnt und verschwindet. Ich höre einen schwachen und **dumpfen Prall.** Das Motorgeräusch wird ruhiger und dunkler, **schwillt** aber schon wieder **an** und erreicht eine **heulende** Höhe. Ich ahnte eigentlich nichts Ernstes, beginne aber zu rennen. Während des Rennens kommt mir doch eine **Ahnung,** die mich weiterrennen läßt, schneller. Ich renne auch weiter, als ich mir sage, das Rennen sei nicht gut, renne weiter, renne immer noch, obwohl ich schon Lufthol . . . holbesch . . . beschwerden habe. Meine Blicke suchen ab. Die Fahrbahn. Ich gehe langsam weiter auf dem Rand des **Trottoirs.** Ich gehe noch, noch einen, immer noch einen Schritt. Meine Ahnung hat sich **ausgewachsen** zu einem bestimmten **Verdacht.** Jetzt sehe ich auch schon ein menschgroßes Bündel **gekrümmt** auf der Fahrbahn liegen. Ich beuge mich, auf der **Bordsteinkante** stehend, mit dem Gesicht über die Fahrbahn. Wahrscheinlich ist es ein Mann. Ich richte mich auf und horche, höre aber nichts außer einem fernen, unbestimmten Summen. Drei schnelle—ich glaube auch entschlossene—Schritte bringen mich auf die Fahrbahn. Der Mann liegt ganz still. Ich kann sein Alter nicht erkennen, weil er die Arme um den Kopf geschlungen hat. Er liegt auf seiner rechten Seite. Unter seinem rechten Arm hervor tritt Blut als schmales **Rinnsal.** Ich muß etwas tun, und ich weiß auch schon, was ich tun muß. Diese Situation ist durch den Nebel eine Ausnahme und **erfordert** ausnahmsweises **Verhalten.** Vielleicht ist er tot, vielleicht lebt er noch. Ich nehme mir nicht mehr die Zeit . . .

gray

dull thud

schwillt . . . an intensifies / screaming

premonition

sidewalk

grown / suspicion
crumpled up
curb

trickle

requires
behavior

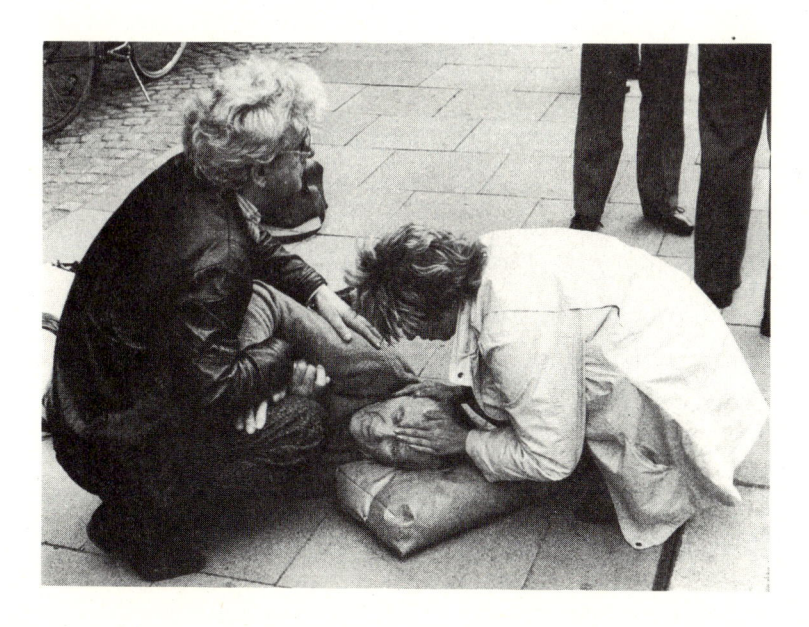

Im Verkehr

50　　　Gleich kommt wieder ein Auto: ich höre schon das Brummen des Motors. Ich richte den Oberkörper des Mannes auf ... er lebt ... er **stöhnt**. Ich freue mich kurz, daß er lebt, und bin mit seinem Stöhnen allein. Das Motorengeräusch wird lauter. Ich stütze seinen Oberkörper mit meinen Knien. Ich
55　schiebe meine Arme unter seine **Achselhöhlen** und **klammere** meine Hände auf seiner Brust fest ineinander. So ziehe ich ihn von der Fahrbahn; die Beine **schleifen nach,** als seien die Hosenbeine mit **Lumpen** gefüllt. Ich schleppe ihn über das Trottoir bis zur Hauswand, setze ihn mit dem Rücken dage-
60　gen, er kann nicht sitzen, das sehe ich schon, also lege ich ihn hin, forme aus meinem Mantel einen **Kopfkeil**, den ich ihm unter Nacken und Hinterkopf schiebe. Das Auto ist da, und ich schreie *Halt*, werde aber nicht gehört und überhört. Das Auto ist vorbei und ich sehe den dunklen Fleck, die kleine
65　**Blutlache** auf dem Asphalt, aus dem eine **Profilspur** herausführt. Ich gehe zurück zu der verunglückten Person. Der Mann hält immer noch die Arme starr um seinen Kopf geschlossen. Seiner Kleidung nach, dem leichten, dunkelgrauen **Überzieher** und den **hochgeschnürten** Schuhen mit Haken, ist er ein äl-
70　terer Mann. Ich weiß nicht, was ich tun soll, und stehe dabei. Plötzlich **fallen mir** die Häuser **ein,** in denen ja Leute sind. Ich finde eine Haustür. Sie ist natürlich verschlossen. Ich drücke auf sechs Klingelknöpfe (es sind nur sechs). Ich habe Leben in das Haus gebracht. Aus dem Hausflur höre ich Laute, bald
75　darauf sogar Stimmen. Das Licht flammt auf, ein Brummen ertönt in der Tür. Ich drücke die Tür auf und stehe im hellen Flur.
　　„Was ist?"
　　„Bei Ihnen auch?"
80　„Wo brennt's denn?"
　　„Wohl verrückt geworden."
　　„Wer hat denn da **geschellt?**"
　　Ich schreie hoch in den Hausflur hinein, was passiert ist, ich schreie *Krankenwagen* und daß einer anrufen soll, *Krank-*
85　*enwagen und Polizei.*
　　„Ja, ein schwerer Unfall."
　　Aus jeder Höhe des Treppenhauses sind jetzt Stimmen zu hören, die sagen und fragen, vorschlagen und empfehlen.
　　„Rufen Sie an?"
90　„Sehen Sie doch mal nach."
　　„Wo?"
　　„Mein Mann ruft schon an."
　　„Wo denn?"
　　„Sagen Sie doch mal."
95　„Gleich vor dem Haus", schreie ich ins Haus und verlasse das Haus und gehe zurück zu der verunglückten Person, die

groans

armpits / clasp

drag behind
rags

headrest

puddle of blood / tire track

overcoat
high-laced

fallen ... ein come to mind

rang the doorbell

unter leisem Stöhnen kleine Bewegungen macht. Schon höre ich ein **Traben**, ja, und weiß auch schon, daß alle, alle kommen. Die **Nächstenlieben** sind im Anmarsch. Einer kommt
100 auf **Pantoffeln**. Alle besehen sich zuerst den Verunglückten von allen Seiten, außer von unten. Dann sind die einen der Meinung, er sei tot, die anderen, er lebe. Einer glaubt eine Bewegung gesehen zu haben. Ich habe sie nicht gesehen, aber möglich ist es schon; vorhin hat er sich ja auch bewegt. Jetzt
105 soll ich erzählen, wie es passiert ist. Alle fragen durcheinander. Ich muß erzählen.
  „So ein Schwein."
  „Das ist ein eindeutiger Fall von Fahrerflucht."
  „Den werden sie kaum erwischen bei diesem Nebel."
110 „Unglückswetter."
  „Fahrerflucht."
  „**Gemeinheit**."
  „Verbrechen."
  „Unmenschlichkeit."
115 „In solchen Fällen: **Rübe** ab, sage ich."
  „Haben Sie denn nicht die Nummer aufgeschrieben?"
  „Nein."
  „Wie sollte er das denn machen?"
  „Man sieht doch nichts."
120 „Das **machen** Sie ihm erst einmal **vor**."
  „Der kommt nicht durch. Wenn er überhaupt noch lebt."
  „Das kann man nie wissen."
  „Hör auf, der ist doch tot."
  „Sind Sie Arzt?"
125 „Nein. Wieso?"
  „Bestimmt ein **Schädelbruch**."
  „Schädelbasisbruch."
  „Kennt ihn denn niemand?"
  „Ob ihn niemand kennt?"
130 „Ich nicht."
  „Man sieht ja sein Gesicht nicht."
  „Geh hinein, Susi, das Kind ist allein."
  „Es handelt sich hier um einen alten Mann."
  „Das wissen wir schon lange."
135 „Bei der Sicht die Straße zu überqueren als alter Mann."
  „Nicht anfassen. Man soll sie nicht bewegen und anfassen."
  „Liegenlassen, man muß sie immer liegenlassen."
  „Vielleicht ging der Ärmste nur auf dem Bürgersteig."
140 „Wie sollte er denn dann . . ."
  „Ich meine, das Auto könnte ihn . . ."
  „. . . könnte ihn auf dem **Bürgersteig erfaßt** haben, meinen Sie."

footsteps (trot)
good neighbors
slippers

what a rotten thing!

head (dialect)

machen . . . vor show, demonstrate

skull fracture

sidewalk / struck

„Ich weiß nicht."
145 „Meinen Sie nicht?"
„Der lag doch auf der Straße."
„Das heißt nichts."
„Das ist unwahrscheinlich."
„Sagen Sie mal, haben Sie nichts gesehen?"
150 „Nein, nichts."
„Aber doch gehört?"
„Ja, gehört schon."
„Von wie weit?"
„Von ziemlich weit."
155 „Das hat er doch längst erzählt."
„Da war ich noch nicht da."
„Das ist doch nicht seine Schuld."
„Halten Sie doch Ihren Mund."
„Soll er denn das Ganze vielleicht noch einmal erzählen?"
160 „**Von mir aus** nicht." 　　　　　　　　　　　　　As far as I'm concerned
„Er hat sich bewegt!"
„Jetzt hab ich's auch gesehen."
„Sehen Sie?"
„Er lebt noch."
165 „Wo bleibt der Krankenwagen?"
„Und die Polizei."
„Wenn man sie braucht, dann kommt sie nicht."
„Quatsch, was Sie da sagen. Die sehen doch auch nichts."
„Aber die müßten doch wenigstens . . ."
170 „Und dann?"
„Der blutet ganz schön."
„Soll ich **Mull** holen?"　　　　　　　　　　　　　　gauze
„Nichts machen, liegenlassen, sag ich."
„Aber man muß doch was tun."
175 „Liegenlassen, nicht anrühren."
„Die Zeitung schreibt nachher, wir hätten rumgestanden und nichts getan."
„Hat jemand ein sauberes Taschentuch?"
„Ja, ich."
180 „Opa, nimm den Arm mal weg."
„Er stöhnt."
„Opa, kannst du uns verstehen?"
„Hauptsache, er lebt."
„Er blutet unter den Haaren."
185 „Legen Sie es nur drauf."
„Aus den Ohren."
„Ich protestiere: was Sie machen, ist falsch."
„Wir machen ja gar nichts."
„Die Nase blutet auch."

190 „Das ist nicht so schlimm."
„Schädelbasisbruch."
„Schwebt in Lebensgefahr." *hovers between life and death*
„Still mal!"
„Die Sirene?"
195 „Sie kommen."
„Gott sei Dank."
„Das ganze Gesicht ist blutig."
„Sie kommen ja schon."
Ja, die Sirene des nahenden Unfallwagens schwingt ihren
200 Heulton wie eine **Überschlagschaukel**. Ich kann mich auf *loop-the-loop ride*
etwas **gefaßt machen**. Auskunft geben, berichten, Zeuge sein. *get ready*

Zum Verständnis

1. Stellen Sie sich vor, Sie beobachten das Geschehen aus dem Fenster eines Nachbarhauses. Ein Freund/eine Freundin ruft Sie an. Was erzählen Sie ihm/ihr?

2. Geben Sie den „Nächstenlieben" Namen und beschreiben Sie sie so gut Sie können. Was sagen sie aus in Bezug auf
    a. den Unfall
    b. den Verletzten
    c. den Erzähler
    d. die Polizei

Zur Bedeutung

1. Die Lebendigkeit der Geschichte beruht darauf, daß sie als unmittelbare Erfahrung dargestellt wird. Der Autor steht nicht über dem Geschehen, sondern er nimmt es—und der Leser mit ihm—, fast ausschließlich durch die Sinnesorgane wahr. Schauen Sie sich den ersten Teil des Textes sorgfältig an, und stellen Sie fest, welche Sinnesorgane jeweils angesprochen werden bei der Schilderung
    a. des Wetters
    b. des Unfallwagens
    c. des Unfalls
    d. des Verunglückten
    e. der ersten Hilfeleistung

2. Vergleichen Sie den Stil und Inhalt des ‚Monologs' mit dem Stil und Inhalt des ‚Dialogs.' Wo liegen die Unterschiede, wo die Gemeinsamkeiten?

3. Was empfinden wir am Dialog als komisch?

5 Notruf

Sorgen Sie bei einem Notfall möglichst schnell für einen Notruf. Bleiben Sie selbst an der Unfallstelle. Um wertvolle Zeit zur Rettung zu gewinnen, sollten Sie dabei folgende Angaben machen:

> Wo geschah es?
> **Möglichst genaue Angabe des Unfallortes**
>
> Was geschah?
> **Kurze Beschreibung des Unfallhergangs, dabei auch Angabe evtl. vorhandener Kennzahlen auf orangefarbenen Warntafeln an Fahrzeugen**
>
> Wieviel Verletzte?
> **Angabe der Zahl der Verletzten**
>
> Welche Art von Verletzungen?
> **Lebensbedrohliche Verletzungen besonders schildern**
>
> Wer meldet?
> **Angabe des eigenen Namens**

Vergessen Sie möglichst nichts. Nur dann kann der Rettungsdienst schnell und zielgerichtet helfen.

Für den Notruf gibt es z. Z. außer dem Telefon (Polizei 110 · Feuerwehr 112) einige spezielle Meldemittel:

Notrufsäulen

Notrufsäulen an der Autobahn (Abstand 2 km)

Verbindung zur nächsten Autobahnmeisterei
Münzfreie Betätigung
Bedienungsanleitung außen auf der Klappe

Polizeirufsäulen

Verbindung zur Polizei
Münzfreie Betätigung
Bedienungsanleitung am Gerät

Polizeirufstellen

Verbindung zur Polizei
Münzfreie Betätigung
Bedienungsanleitung am Gerät

Funknotrufsäulen
(z. B. an der B 505 zwischen Bamberg und der Autobahn Frankfurt-Nürnberg)

Verbindung zur nächsten Autobahnmeisterei
Münzfreie Betätigung
Bedienungsanleitung außen auf der Klappe

Notruf-Telefon

Verbindung zur Polizei
Münzfreie Betätigung
Bedienungsanleitung auf der Rückseite der Tür

Gruppenarbeit

Spielen Sie die Dialogszene mit verteilten Rollen vor.

Diskussionsthemen und Debatten

1. Wann und wie haben Sie Autofahren gelernt? Welche Fahrzeuge können Sie fahren?

> **Was Verkehrsteilnehmer beachten müssen**
>
> **1957:** *In geschlossenen Ortschaften darf man nur noch 50 km/h fahren. Vorher keine Begrenzung.*
> **1973:** *Die 0,8-Promille-Grenze wird eingeführt. Davor waren bis zu 1,3 Promille zulässig.*
> **1974:** *Punktesystem Flensburg wird gültig. Wer über 18 Punkte hat, verliert den Führerschein.*
> **1976:** *100 km/h Höchstgeschwindigkeit auf Landstraßen; Gurtpflicht auf Vordersitzen (noch ohne Verwarngeld); Helmpflicht für Motorradfahrer.*
> **1978:** *130 km/h Richtgeschwindigkeit auf Autobahnen (ab 1976 probeweise).*
> **1979:** *Sicherheitsgurte auf Rücksitzen; theoretische Prüfung für Mofafahrer.*
> **1984:** *40 Mark Verwarngeld bei Fahren ohne Gurt auf Vordersitzen.*
> **1985:** *Helmpflicht für Mofafahrer; Abgas-Sonderuntersuchung für Autos.*
> **1986:** *40 Mark Verwarngeld bei Fahren ohne Gurt auf Hintersitzen (Bundesrat muß noch zustimmen).*

2. Wie soll man sich als Beteiligter nach einem Unfall verhalten?

So sichert man eine Unfallstelle

In den Sommermonaten häufen sich die Verkehrsunfälle. Dann entscheidet rasches Handeln womöglich über Leben und Gesundheit der Verletzten. Ganz wichtig: Die Sicherung der Unfallstelle, damit einem Unglück nicht das nächste folgt. Dies sollten Sie tun:
- Schalten Sie die Warnblinkanlage Ihres Wagens ein.
- Stellen Sie die Warndreiecke gut sichtbar am Fahrbahnrand auf.
- Fordern Sie vorüberfahrende Fahrzeuge durch Handzeichen zum Langsamfahren auf.
- Sorgen Sie für die freie Zufahrt der Rettungsfahrzeuge.

Die Absicherung der Unfallstelle bewahrt Sie selbst vor weiterem Schaden, schützt den oder die Verletzten und dient der Sicherheit des nachfolgenden Verkehrs. Zögern Sie deshalb nicht: Zum Helfen ist jeder moralisch und gesetzlich verpflichtet.

3. Was kann alles zu einem Unfall führen? Schreiben Sie alle Faktoren an die Tafel und gruppieren Sie sie.

4. Was bedeutet defensives Autofahren?

5. Das Tragen von Sturzhelmen und Sicherheitsgurten ist in vielen Ländern gesetzlich vorgeschrieben. Wie stehen Sie dazu?

Gruppenarbeit

Erfinden Sie eine Unfallsituation und beschreiben Sie sie so ausführlich wie möglich. (z.B. Tageszeit, Wetter, Lokalität, wie viele Fahrzeuge, welcher Schaden usw.)

KAPITEL 10

Zukunftsaspekte

Einführung in das Thema

Was fällt Ihnen zu diesen Worten und Bildern ein? Schreiben Sie alle Aussagen an die Tafel.

Raketenstationierung

Strahlengefahr

Apokalypse

Tschernobyl

Atomhysterie

Stacheldraht

Plutonium

BÜCHER ZUM FRIEDEN

Machtpolitik

Weltall

der eiserne Vorhang

Supermacht

Atomindustrie

Friede

Geigerzähler

ICH BEISS' FÜR EUCH INS GRAS!

ich auch!

Hiroshima

1945

Invasion

Was tun mit der Angst?
Wolfgang Schmidbauer[1]

Es geschieht nicht oft, daß politische Tagesereignisse **beeinflussen**, was ein Psychotherapeut hört. Seine Patienten sind im allgemeinen stark mit sich selbst und ihren emotionalen Problemen beschäftigt.

influence

5 I
An dieser Situation hat sich etwas geändert, seit der Reaktor in Tschernobyl[2] explodierte und weite Teile Europas radioaktiv **verseuchte**. Die Distanz wandelte sich **binnen** weniger Tage in tiefe **Betroffenheit**. Zuerst war es ein Unglücksfall wie
10 viele andere—,,schrecklich, aber was hat das mit mir zu tun?" Aber als der radioaktive Regen fiel, als die Kinder keine frische Milch mehr trinken, in keinem Sandkasten mehr spielen sollten, als in den Supermärkten die alte H-Milch[3] wie durch Zauberei verschwand und in den Kellern der Einfami-
15 lienhäuser ganze **Gebirge** aus Mineralwasserflaschen und Konservenbüchsen wuchsen, war es mit dieser Distanz vorbei. Ich habe das in fünfzehn Praxisjahren noch nie so erlebt. Mit wenigen (und **ihrerseits bezeichnenden**) Ausnahmen waren die meisten Patienten tief betroffen und **aufgewühlt**. Einige
20 Zitate:

contaminated / within
trepidation

mountains

characteristic in their own way
disturbed

II
,,Ich will nicht in einer Welt leben, in der ich jeden Salatkopf, jedes Stück Fleisch mit dem Geigerzähler kontrollieren muß!"
,,Was soll man den Kindern sagen . . . (weint heftig). Es ist
25 wie in einem Zukunftsfilm, der nicht mehr aufhört. Die Kinder werden in ein paar Jahren sterben, und ich muß zusehen, kann nichts machen."
,,Ich will weg, nichts wie weg. Ich wollte zu einer Freundin nach Frankreich fahren, weil dort **angeblich** keine Gefahr
30 war. Und dann hat sich herausgestellt, daß die **Ämter** dort gelogen hatten."
,,Die Angst ist nicht einmal so schlimm. Aber ich **halte es fast nicht mehr aus vor Wut**, wie die Politiker reagieren, wie

supposedly
authorities

can barely contain my anger

---

[1] *Dr. Wolfgang Schmidbauer:* Born in 1944, has an advanced degree in psychology. He practices as well as teaches psychotherapy and is a free lance writer, living in Munich.
[2] *Tschernobyl, USSR:* Site of an explosion, fire, and meltdown of a nuclear reactor on April 26, 1986.
[3] *H-Milch (Haltbarmilch):* Specially processed milk in cartons that keeps for several months without refrigeration as long as not opened.

> ALSO ERNA, ICH SACH DIR, WENN DAS MIT DEM REAKTORUNFALL WIRKLICH SO SCHLIMM WÄRE, HÄTTEN UNS DIE IN BONN SCHON LÄNGST GEWARNT!

Cartoonisten können Angst in Gelächter auflösen

sie lügen und tun, als wäre nichts. Und das macht mir dann wieder am meisten Angst: daß nichts geschieht, daß alles vergessen wird!" (...)

III
Die Ängste durch Tschernobyl dürfen nicht als neurotisch oder hysterisch **abgetan** werden. Es handelt sich um Reaktionen auf eine reale, **schwer abschätzbare** und in ihrem Umfang bis heute weitgehend unbekannte Gefahr. Realangst läßt sich so beschreiben, daß eine Person wirklich vorhandene Gefahren **wahrnimmt** und versucht, **überlegt** auf sie zu antworten. Neurotische Angst **liegt vor**, wenn sich jemand vor harmlosen Dingen fürchtet—beispielsweise vor Spinnen—oder Gefahren wahrnimmt, die allgemein als relativ **geringfügig** eingeschätzt werden, und diese bis zu Vermeidungsreaktionen steigert. (...)

IV
Umgekehrt gibt es auch eine *neurotische Verleugnung* oder *Verdrängung* von Angst. **Süchtige** beispielsweise haben oft viel zu wenig Angst vor den körperlichen oder sozialen Schäden, die sie riskieren. Viele junge Motorrad- und Autofah-

rer gewinnen erst durch lebensgefährliche Unfälle die Realangst zurück, die sie zunächst erfolgreich verdrängt haben.
Aus Abenteuerfilmen (sofern sie ein wenig psychologische Dif-
ferenzierung bieten) kennen wir die Labilität der Angstverleugnung. Der *bad guy,* der behauptet, vor nichts und niemand Angst zu haben, bricht weinend zusammen, wenn er
auf einmal nicht mehr der Stärkere ist, der mit der Waffe in
der Hand andere ängstigen kann. Der wirkliche Held hingegen
ist sich seiner Angst bewußt, gesteht sie sich zu, und be-
herrscht sie.

V
Angstverleugnung ist gefährlicher als Angst. Sie gehört zu den
destruktiven seelischen Mechanismen, welche die **hochgerüs-
teten** Industriegesellschaften aufrechterhalten. Die **allgemeine Wehrpflicht** und die Interessen der Fabriken haben ein
hohes Maß an Angstunterdrückung erzwungen. Der Fabrikar-
beiter darf sich vor dem drohenden Arbeitsunfall so wenig
fürchten wie der Soldat. (. . .)

armed to the hilt
compulsory military service

VI
Es ist fast unanständig geworden, wenn ein mächtiger Mann
zugibt, Angst zu haben. Der „**innere Schweinehund**" muß bekämpft werden, obwohl es gewiß vernünftiger wäre, nicht auf
feindliche Gewehre zuzugehen oder—wie es Auto- und Pan-
zerfahrer gleich nonchalant tun—sich in eine Eisenschachtel
zu setzen und **in Kauf zu nehmen,** daß man in ihr bei lebendi-
gem Leib geröstet wird. Frauen dürfen Angst haben. Männer
sind dann **Feiglinge.** Diese Einstellungen beherrschen noch
heute die Öffentlichkeit.

cowardice

to accept the possibility

cowards

VII
Was tun mit der Angst?
Wenn ein kleines Kind auf der Straße steht und weint, weil
es sich fürchtet, kommen oft wohlmeinende Fremde auf es zu
und fordern es auf, keine Angst zu haben. In der Regel fürchtet sich dann das Kind vor ihnen und weint heftiger. Dennoch
wird diese Erfahrung nur in seltenen Fällen diese Erwachsenen zum Nachdenken bringen. Sie werden es wohl das
nächste Mal ähnlich machen und **achselzuckend** weitergehen, wenn sie mit ihren **Beschwichtigungen** nicht
ankommen.

with a shrug of the shoulder
appeasing
succeed

VIII
An diese **Passanten** erinnern mich die Politiker und Experten,
die von oben herunter auffordern, keine Angst zu haben. Sie
übersehen etwas sehr Wesentliches: Es ist durchaus möglich,

passers-by

daß eine solche **Ansprache** beruhigt. Aber das ist nur der Fall, wenn das ängstliche Kind (und ein solches Kind steckt in uns allen) Vertrauen in den oder die **Tröster** hat, wenn es glaubt, daß sie sein Bestes wollen. Aber dieses Vertrauen **flößen** wohl nur wenige Politiker den Ängstlichen **ein**.

approach

consolers

instill

IX

Was nach dem Super-GAU[4] in Tschernobyl geschah, **bestätigte** eher Mißtrauen, als daß es Vertrauen weckte. Die Panik lag nicht auf seiten der Bevölkerung, sondern auf seiten der Machthaber. In blinder Angst vor einer „Antiatomhysterie" wurden Informationen zurückgehalten. Daß sich eine radioaktive Wolke näherte, war ohne Informationen aus Moskau bekannt. Statt nun zu empfehlen, Regen zu meiden, Kinder möglichst in den Wohnungen zu halten, Blattgemüse noch einmal zu ernten und Sandkästen abzudecken, wurde die Gefahr **bagatellisiert,** bis es zu spät war. Dann kamen Schutzmaßnahmen, die den Eigennutz der Mächtigen so bloßstellten, daß dem informierten Bürger gar keine andere Wahl mehr blieb, als **sich taub zu stellen.**

confirmed

belittled

to pretend to be deaf

X

Was aber tun mit der Angst, wenn die Beschwichtigungstaktik sie steigert, wenn die Meldungen einander widersprechen? Wie damit fertig werden, daß unser Alltag plötzlich vom Unterschied der **Halbwertszeiten** von radioaktivem Jod, Cäsium oder Plutonium bestimmt ist? (...)

half-life

Ich sehe meine Rolle als psychotherapeutischer Experte, der jetzt Rezepte ausgeben soll, wie die Bevölkerung mit der Angst vor der radioaktiven Verseuchung fertig werden soll, kritisch. Gegen die real begründete Angst können und sollen Psychologen nicht helfen—im Gegenteil! Gegen die neurotische Angst, die ebenfalls geweckt werden kann und die durch das Informationschaos noch verstärkt wird, will ich einige Hilfen beschreiben. Sie lassen sich so zusammenfassen:

Die Angst prüfen—
Die Angst teilen—
Die Angst in Handlungen bewältigen.

XI

Intellektuell haben die meisten von uns immer gewußt, daß eine Gefahr droht, wie sie sich jetzt in Tschernobyl ergeben

---

[4] *GAU (Größter Anzunehmender Unfall):* The worst possible accident, a relatively recent term in the German language, which has been gaining widespread usage.

hat. Harrisburg,[5] Windscale[6]—in weiterer Entfernung Bikini,[7] noch länger zurück Hiroshima[8] und Nagasaki[9]: Die Welt hat ihre Unschuld seit langem verloren. Eigentlich sollte uns verwundern, wie gut wir das immer wieder vergessen können.

140 Wenn sich erweist, daß geschehen kann, was wir vage immer befürchtet haben, gewinnt die bisher abstrakte Furcht eine konkrete, sinnliche Qualität. (...)

XII

Deshalb ist es so notwendig, zu unterscheiden, zu prüfen, was
145 überflüssige Gefahr ist, was **unausweichliches** Risiko. **Tölpelhafte** Beschwichtigungen („einmal von München nach Hamburg mit dem Auto fahren ist zehnmal so gefährlich wie Tschernobyl") sind dabei ebenso zu vermeiden wie phobische Einschränkungen. (...)

unavoidable / simplistic

150 (...) Wenn wir frisches Gemüse nicht mehr essen, weil wir überhaupt keiner **Unschädlichkeitsversicherung** mehr trauen, so schützen wir uns vor einem Risiko und nehmen ein anderes in Kauf. Beide Risiken zu vergleichen ist schwierig. Aber es ist ein sinnvoller Umgang mit der Angst, solche Ver-
155 gleiche immer wieder zu versuchen.

assurance of wholesomeness

XIII

Jeder einzelne von uns ist damit freilich **überfordert**. Mein zweiter Vorschlag ist daher, die Angst zu teilen, Informationen auszutauschen, auf diese Weise auch Fachleute zu finden, de-
160 nen man vertrauen kann. (...)

excessively burdened

Tschernobyl und die Folgen haben gezeigt, daß unsere Expertengremien **versagen** müssen, weil sie **längst** abhängig geworden sind von industriellen und politischen Interessen. Wir sollten aufhören, ihnen das vorzuwerfen, und lieber ver-
165 suchen, sie schrittweise zurückzugewinnen für das Wohl des Ganzen, für das Überleben unserer Kinder.

fail / long since

Sie können und werden dieses nur dann **berücksichtigen**, wenn tatsächlich die **Betroffenen** ihre **Auftraggeber** sind,

*take into account
the affected persons / employers*

---

[5] *Harrisburg, PA, USA:* Location of Three Mile Island, where on March 28, 1979 radioactive gases escaped through the plant's venting system and a large hydrogen gas bubble formed in the top of the reactor containment vessel.
[6] *Windscale:* A nuclear power development laboratory near Liverpool, England. On October 7, 1957 a fire in a graphite cooled reactor spewed radiation over the countryside contaminating a 200 square mile area.
[7] *Bikini:* An atoll in the North Pacific, where the US conducted atomic bomb tests in 1946.
[8] *Hiroshima, Japan:* Site of the first military use of the atomic bomb on August 6, 1945.
[9] *Nagasaki, Japan:* The site of the second military use of the atomic bomb on August 9, 1945.

nicht Interessengruppen, denen es um Macht oder Geld geht.
170 Nicht **Verzicht** auf Kritik kann das Vertrauen des Bürgers *renunciation*
wiederherstellen, nur die Konsequenzen aus dieser Kritik.

XIV
Gegen die Spätschäden durch Radioaktivität helfen eine aus-
geglichene **Gemütslage**, Optimismus, Entspannung, ausgewo- *disposition*
175 gene, frische Nahrungsmittel . . . Es fällt schwer, angesichts
solcher (**sachlich unabweisbar richtigen**) Feststellungen **ge-** *factually undeniably correct*
genwärtig nicht in Galgenhumor zu verfallen. Dennoch soll- */at the present time*
ten wir uns bewußt bleiben, daß unsere seelische Integrität
(und die unserer Kinder) ebenso wichtig ist wie unsere körper-
180 liche. (. . .)

XV
In unserer Zeit, in der es so schwierig geworden ist, rationale
Gründe für gute Überlebenschancen der Menschheit zu fin-
den, drohen auch die Apfelbäumchen immer wieder **auszuge-** *to come to an end*
185 **hen**. Anscheinend müssen wir die alte Weisheit wieder entdecken, daß es zu einem erfüllten Leben gehört, den Tod nicht
allzu tragisch zu nehmen. **Es gilt**, eine Art kontrollierter Panik *it is necessary*
zu vermeiden, die in Wirklichkeit das Gegenstück zur Panik-
kontrolle von seiten der **Obrigkeit** ist—eine Haltung, die *the authorities*
190 durch rastlose Aktivität und puritanische Askese **aufzuheben** *to nullify*
versucht, was uns **in Gestalt von** Hochrüstung und Atomin- *in the shape of*
dustrie bedroht. Ich finde, daß der besser und länger kämpfen
kann, der sich auch ein Picknick am Rande des Abgrunds erlaubt, der den Duft blühender Wiesen, der Obst und Käse
195 genießen kann, ohne sich *jedesmal* zu überlegen, wieviel
Becquerel[10] in ihnen stecken. Mir gelingt das manchmal recht
gut. Aber wenn ich an die Kinder denke, verliere ich meine
Ruhe wieder. Vielleicht ist das nur gut. Es wäre genauso un-
heilvoll, sich zu gewöhnen und zu vergessen, wie es **kräfte-** *debilitating*
200 **zehrend** ist, immer jene milde Form von Angst um unsere Zukunft zu haben, die mit einem wohlschmeckenderen Wort
„Verantwortungsgefühl" genannt wird.

Zum Verständnis

1. Suchen Sie alle Wörter, bzw. Sätze, die mit Angst zu tun haben und
schreiben Sie sie an die Tafel.
    a. Welche verschiedenen Angstaspekte (z.B. kindliche Angst, neu-
    rotische Angst, Angstbekämpfung usw.) können Sie dabei ent-
    decken?

[10] *Becquerel:* A unit measuring the activity of radioactive material.

b. Wie manifestieren sich diese Aspekte?

2. a. Finden Sie den Hauptgedanken in den einzelnen Abschnitten und drücken Sie ihn in Ihren eigenen Worten aus.

   b. Ist der Rest der Klasse mit Ihnen einverstanden? Wenn nicht, lassen Sie sich von den anderen helfen und kommen Sie zu einem gemeinsamen Schluß.

Zur Bedeutung

1. An wen wenden sich Menschen in Notzeiten traditionsgemäß um Hilfe? An wen würden Sie sich wenden?

2. Was halten Sie von den Ratschlägen, die der Psychologe gibt? Welche anderen Vorschläge haben Sie?

3. Was haben uns die Tschernobyl-Erfahrungen gelehrt (Warnsysteme, Politikerreaktion, Aufklärung usw.)?

4. Wie umschreibt der Autor „Verantwortungsgefühl"? Was verstehen Sie unter diesem Begriff?

Der Kommentar / Von Loriot

Explosionen in Kernkraftwerken sind nicht mehr so unbeliebt...

...seit man weiß, daß im Katastrophenfall...

...auf einer Fläche von 400 Quadratkilometern...

...sämtliche Gartenschädlinge vernichtet werden.

Schriftliches

„Ich finde, daß der besser und länger kämpfen kann, der sich auch ein Picknick am Rande des Abgrunds erlaubt,"—nehmen Sie dazu Stellung!

Vorbereitung auf das Lesen

Schlagen Sie in einem deutsch-deutschen Wörterbuch die Begriffe *fremd, feindlich* und *einfrieden* nach. Besprechen Sie die verschiedenen Bedeutungen dieser Wörter.

Gegner gesucht
Hoimar von Ditfurth[1]

In der Nähe von Würzburg steht ein fast 100 Jahre alter **Grabstein.** Seiner Inschrift ist zu entnehmen, daß hier ein **Hannoveraner** begraben liegt, der für Preußen in den Krieg ziehen

tombstone

soldier of the Hannover regiment

[1] See footnote page 32.

mußte und dabei im Kampf gegen bayerische Soldaten fiel.²

Das ist noch nicht ganz 100 Jahre her. Und schon heute wäre ein solches Ereignis völlig undenkbar. Es folgten drei Kriege gegen den „Erbfeind" Frankreich.³ Das Ende des letzten liegt noch nicht einmal 30 Jahre zurück. Aber auch in diesem Falle erscheint uns eine Wiederholung bereits heute als unvorstellbar.

Die beiden Daten markieren den jüngsten Abschnitt einer Entwicklung, deren Beginn bis in die Urgeschichte der menschlichen Gesellschaft zurückreicht. In ihrem **Verlauf** ist der **Bereich**, innerhalb dessen der Mensch noch fähig ist, sich mit anderen Menschen als zur gleichen Gruppe **gehörig** zu erleben, immer größer geworden—von der **Urhorde** über den Stadtstaat und die Nationalstaaten bis zu den heutigen Machtblöcken kontinentalen **Ausmaßes.** Die Grenzen, hinter denen das Fremde beginnt, haben psychologisch und schließlich auch geographisch immer größere Räume **umfaßt.** Da aber fremd und feindlich nicht nur sprachlich synonyme Begriffe sind, war das gleichbedeutend mit der **Befriedung** immer größerer Gebiete der Erde.

Man könnte sich durch diese Entwicklung optimistisch stimmen lassen, wenn sie sich nicht gerade in unseren Tagen in einer **unausweichlich** erscheinenden **Sackgasse** festgefahren hätte. Der Grund besteht darin, daß Befriedung immer auch eine Grenze voraussetzt, über die hinaus aggressive Tendenzen **abgeleitet** werden können, daß sie nach einem Gegner verlangt, dem gegenüber sich die eigene Gruppe überhaupt erst als Gemeinschaft verstehen kann. Und da die Oberfläche einer Kugel zwar unbegrenzt, aber nicht unendlich groß ist, mußte früher oder später die Situation eintreten, die heute erreicht ist. Die Größe der befriedeten Gebiete und die Größe der Gefahr haben gleichzeitig das maximal mögliche Maß erreicht—es sind die beiden Hälften der Erde, die jetzt einander gegenüberstehen.

Wo ist eine neue Grenze denkbar, die die ganze Erde „einfrieden" könnte, wo ein neuer Gegner, angesichts dessen die ganze Menschheit die Möglichkeit hätte, sich als die Gemeinschaft der Erdenbürger zu erfahren? Ganz offensichtlich wäre das die einzige Möglichkeit, die sich sonst früher oder später bis zu tödlicher **Spannung** steigernde Aggressivität von der

---

² In 1866 Prussia waged war against Austria and Bavaria. Hannover, Austria's most northern ally, was overrun by Prussia and forced to fight on its side.
³ References to Franco-Prussian War of 1870/71, World War I and World War II.

Erde insgesamt abzuleiten. Wäre es nicht denkbar, daß die
Astronautik uns die neue Grenze **bescheren** wird? Daß sie *offer*
uns, wo nicht konkret, so doch zumindest psychologisch mit
der Erkenntnis konfrontieren wird, daß wir nicht die einzigen
Lebensformen sind? Wer von der Sinnlosigkeit der Weltraumfahrt
redet, müßte jedenfalls auch diese Möglichkeit **wider-** *refute*
legen.

Kein Zweifel, eine einzige echte „fliegende Untertasse", und
das Problem wäre gelöst. Die Gefahr würde verfliegen, als
hätte es sie nie gegeben. Aber ganz so leicht wird uns die Lösung
sicher nicht in den **Schoß** fallen. *lap*

> „Wir brauchen unsere Neurosen, sonst haben wir gar nichts mehr", hat Gottfried Benn einst gedichtet. Soll er am Ende recht behalten? Wollen wir uns wirklich wiederfinden in der Lage der Athener, die der griechische Diplomat und Poet Cavafy beschworen hat: „Woher die plötzliche Unrast und Verwirrung? Weil die Nacht hereinbrach und die Barbaren nicht gekommen sind. Einige Leute kamen von der Grenze und sagten: Es gibt keine Barbaren mehr. Und was soll nun aus uns werden ohne Barbaren? Die waren eine Art von Lösung..."

Zum Verständnis

1. Was erfährt man aus der Inschrift auf dem Grabstein?

2. Wann haben sich Deutschland und Frankreich das letzte Mal bekriegt?

3. Ist die Fähigkeit der Menschen, miteinander in einer Gemeinschaft zu leben, im Laufe der Geschichte gewachsen oder hat sie sich vermindert? Welchen generellen Beweis führt Ditfurth dafür an?

4. Was lief parallel zur Ausdehnung der Grenzen gegen das Fremde?

5. Welche zwei Gründe nennt der Autor dafür, daß eine Grenze immer einen Gegner verlangt?

6. Welches Paradox ergibt sich für Ditfurth aus der Kugelgestalt der Erde?

7. Was verspricht sich der Autor von einem globalen Gegner?

8. Was hält Ditfurth von der Astronautik?

Zur Bedeutung

1. Ditfurth hält Kriege innerhalb Europas heutzutage für unvorstellbar. Warum? Schreiben Sie Ditfurths Argumente in Stichworten an die Tafel

und ordnen Sie sie nach ihrem Wichtigkeitsgrad. Welcher Meinung sind *Sie*?

2. Bilden Sie zwei Gruppen; die eine findet Argumente für Ditfurths Ansicht, daß Frieden ohne Gegner nicht denkbar ist, die andere spricht dagegen. Wenn Sie einander nicht überzeugen können, schließen Sie einen Kompromiß.

10. Oktober 2021 oder **Kastanien** oder sogar naive Malerei

chestnuts

Ingrid Stracke

Die Kastanien waren reif geworden—über Nacht. **Stachlige** Schalen lagen vor unserem Haus, und wenn man Glück hatte, fand man hier und da sogar eine: braun, hart und rund. Gerade für meine Kinderhand geschaffen.

prickly

5   Es ist Oktober, genau der 10. Oktober 2021. Ein Tag wie jeder andere. Meine Großmutter schaut auf die Straße, die Brille ist ihr tief auf die Nase gerutscht. Die **Gardine** hat sie mit einer Wäscheklammer beiseite geheftet, um mich nicht aus den Augen zu verlieren.

curtain

10   Die Russen sind in unserer Stadt, hat Großmutter mir gestern erzählt: sie haben die öffentlichen Häuser und Dienststellen besetzt. Es gab keine Schießerei, kein Panzerrollen, keine Gefangennahme von Menschen wie 1945, sagte sie mir. Sie sei damals sieben Jahre gewesen und hätte nach dem Zweiten
15   Weltkrieg **Furchterregendes** von den Russen gehört und nicht nur von diesen.

horror stories

Was wollen sie hier, hab ich zurückgefragt, haben sie kein Land für ihre Menschen?

Das ist eine lange Geschichte, meinte Großmutter, da müßte
20   ich **weit ausholen.** Und ob du alles verstehen würdest, wäre eine zweite Frage.

go back a long way

Ich saß halbwegs auf ihrem Schoß, weil ich schon ein wenig zu groß für Großmutters **Mulde** in ihrem Rock war, und spielte mit meinen Fingern in ihrem spärlichen Silberhaar, das zwei
25   Klammern hielten.

hollow

Du hast mir erzählt, Großmutter, daß du schon zwei Kriege erlebt hast und dich wunderst, warum die Erde noch immer an ihrem alten Platz ist, fing ich an. Von den Atombomben, die Mann und Maus vernichten konnten und von der Angst,
30   wer als Erster eine solche Bombe werfen könnte. Und warum haben sie diese Wunderbombe nicht ausprobiert, Großmutter, hab ich gefragt.

Das ist eine neue Geschichte in der Geschichte, hat sie weise lächelnd geantwortet.

Dann ging sie in die Küche, **goß** sich einen neuen Kaffee **ein**, brachte mir einen Kakao mit und setzte sich wieder zu mir.

goß ... ein poured

Ich will versuchen, es Dir ganz einfach zu erklären—gar nicht so leicht, mein Kind, sagte sie und räusperte sich ein wenig, wie sie es immer tat, wenn sie scharf nachdachte. In den achtziger Jahren, weißt du, türmten sich diese Atomwaffen auf der ganzen Erde, und die Gefahr, sich alleine aus **Unachtsamkeit** einander vernichten zu können, nahm von Tag zu Tag zu. Die Angst vor der eigenen Erfindung dieser schrecklichsten aller Waffen ließ niemand mehr ruhig schlafen. Die Menschen auf der Erde waren nicht mehr fähig, ohne Furcht zu arbeiten. Sie lachten nicht mehr, sangen und musizierten nicht, machten keine Späße miteinander, sie tanzten nicht, schrieben keine Geschichten auf, erfanden keine Märchen mehr. Sie lebten nicht mehr richtig. Viele, sehr viele wurden krank. In der Seele krank, mein Kind, was viel gefährlicher ist als alle Krankheiten am Körper.

lack of attention

Wie bemerkte man dieses Seelenkrank, Großmutter, unterbrach ich sie, wenn doch die Seele eigentlich unsichtbar ist, wie du mir gesagt hast.

Großmutter atmete tief durch und fuhr fort: Viele Menschen nahmen sich ihr Leben und sogar das ihrer Kinder. Unzählige wanderten aus und dachten sich so zu retten. Wir hatten nicht genug Ärzte für diese Krankheiten, und selbst diese waren nicht mehr fähig, die Kranken zu heilen, weil sie selbst erkrankten. Nur ganz wenige Menschen blieben gesund. Sogar die Frauen und Männer, die die Politik machten, hatten durch ihr schlechtes Gewissen, was ja auch mit der Seele irgendwie zusammenhängt, keine Kraft mehr, sich von guten und vernünftigen Gedanken leiten zu lassen. So litten sie alle große Not, nicht, weil sie Hunger hatten oder kein Brot, sondern weil durch ihre eigene Erfindung so Fürchterliches auf der Erde entstanden war.

Jetzt muß ich **weit zurückgreifen,** mein Kind. Als die Amerikaner 1983—ich glaube es war damals auch Herbst—in unserem Land diese Atomraketen stationierten, das heißt, sie an einigen Stellen hier unterbrachten, um sich gegen die Russen zu schützen[1], begann hier bei uns ein grauenvoller Bürgerkrieg. Vor allem junge Menschen, die der Friedensbewegung angehörten, wurden gefangen genommen, manche von

go back in time

---

[1] Reference is to the stationing of American missiles in western Europe.

ihnen getötet. Es war eine schreckliche Zeit. Oft kämpften die Alten gegen die Jungen. Das ging sogar durch die Familien, die Nachbarn denunzierten sich.

Was heißt denunzieren, Großmutter, wollte ich wissen. Verraten ist das gleiche Wort, mein Kind, erklärte die Großmutter.

Danach, fuhr sie fort, besetzten die Amerikaner unser Land, als Freund oder Feind—so genau ließ sich das nicht ganz klären. Sogar das andere Deutschland, das hinter dem Eisernen Vorhang—wie es damals hieß—wurde von ihnen besetzt.

Gab es da wirklich einen Vorhang aus Eisen, Großmutter?

Nein, er war nicht aus Eisen, er hieß nur damals so unter uns, man hatte hohe **Stacheldrahtzäune** errichtet mit **Anlagen,** die auf flüchtende Menschen von drüben schossen, wenn sie das andere Deutschland, das unter russischer Führung war, verlassen wollten. Das wiederum **ließen sich** die Russen **nicht gefallen,** mit der Besetzung des anderen Deutschland. Und nach dem Bürgerkrieg entstand dann der Krieg zwischen Amerika und Rußland. Jedermann hier dachte, das sei das Ende für uns alle, denn die Atomwaffen reichten aus, um den ganzen Erdball zu **verwüsten.** Aber, welch großes Wunder! Alle Völker der Erde hielten sich aus diesem Krieg heraus. Sie spielten **toter Käfer,** wie man so schön sagt und taten gar nichts. Vorerst taten sie nichts. Dann kamen **Botschafter** aller Völker hier nach Deutschland und forderten Rußland und Amerika auf, sofort diesen beginnenden Krieg zu beenden. Niemand glaubte zuerst an einen Erfolg—das kannst du dir doch sicher denken. Zwei so große Weltmächte und sie sollten auf den Rest der Völker hören. Aber Wunder sind doch immer noch möglich. Und das kam so: alle Völker—ich meine die Vertreter der Völker—trafen sich in Hiroshima (das ist eine der beiden Städte, die 1945 durch einen Atombombenangriff dem Erdboden gleichgemacht wurden) und hielten eine Konferenz ab und beschlossen dort, alle vorhandenen Atom- und Neutronenbomben zu **verschrotten.**

Und das taten sie dann auch. Dieses Beispiel, dieses gute Beispiel ging wie ein **Lauffeuer** um die Welt. Tagelang feierten die Menschen ihre Wiedergeburt. Es war ein wunderbares Ereignis, ein Weltereignis, wie nie zuvor in der Geschichte.

Wir Deutsche allerdings, mein Kind, die wir immer gerne kämpften, die wir immer gerne unter den Ersten auf der Erde **in vielerlei Hinsicht** sein wollten, mußten uns gefallen lassen, daß unser Land verteilt wurde, nun endgültig. Deshalb sind also die Russen jetzt hier und du wirst eines Tages neben unserer Sprache auch ihre Sprache lernen. Wir werden eines Tages zusammengewachsen sein, wie das vielen Völkern untereinander geschehn ist.

Ich drückte meine Kastanie fest in meiner Hand und lief nach unten. Ein starker Wind hatte den Baum vorm Haus geschüttelt und mir neue Früchte heruntergeworfen.

Zum Verständnis

1. Was ist in dieser Geschichte faktisch nachweisbar, was pure Fiktion?

2. Bilden Sie Gruppen und schreiben Sie die Geschichte in ein Lesedrama um. Es gibt drei Rollen: (1) einen fiktiven Erzähler, der die Geschichte einleitet und zwischendurch kommentiert; (2) die Großmutter; (3) das Kind.

Zur Bedeutung

1. Warum war die Konferenz in Hiroshima erfolgreich? Schreiben Sie die Schritte, die die einzelnen Völker unternommen haben, an die Tafel und besprechen Sie sie.

2. Schlagen Sie den Begriff *naiv* in einem deutsch-deutschen Wörterbuch nach. Was alles ist an der Erzählung naiv?

3. Welche Rolle spielt Deutschland in dieser Geschichte? Was halten *Sie* davon?

Mit nichts ausgerüstet als dem unbändigen Wunsch, meine Kinder und Enkel leben zu lassen, erscheint mir das vielleicht ganz und gar Aussichtslose vernünftig: Einseitig abzurüsten... und damit die andere Seite unter den moralischen Druck der Weltöffentlichkeit stellen.

Christa Wolf, 1982 in einer Vorlesung über ihr Buch "Kassandra" in Frankfurt. In der Heimat der Autorin, der DDR, sind Buch und Vorlesungen nun endlich auch erschienen - es fehlen in der DDR - Ausgabe etwa sechzig Zeilen, darunter unser Zitat. Es lebe die Zensur!

FRIEDEN ist mehr, als Leben ohne Krieg!

DEMONSTRATION
Sonntag
22. November
in Bonn

Verantwortlich: Komitee für Frieden und Menschenrechte Hochtaunus
Landgrafenstraße 26
6380 Bad Homburg v. d. H.
Sprecher: Mathias Burbach

Diskussionsthemen und Debatten

1. Wovor oder vor wem haben Sie Angst? Wie erklären Sie sich diese Angst?
2. 'Frauen dürfen Angst haben, Männer nicht!'
    a. Was sagt das über unsere Gesellschaft aus?
    b. Welche anderen Pauschalurteile können Sie nennen?
3. Was sollte Ihrer Meinung nach unternommen werden, um die Bevölkerung über Strahlenbelastung, Becquerel, Atomstrahlung usw. aufzuklären?
4. Wie beurteilen die drei Autoren unsere Überlebenschancen? Wie sehen *Sie* unsere Überlebenschancen?

Gruppenarbeit

Besprechen Sie die Vor- und Nachteile von Atomenergie. Welche wirtschaftlich rentablen Alternativen sind Ihnen bekannt?

ANZEIGE

KERNENERGIE *NACHRICHTEN*

Jahrhundertvertrag erneut bekräftigt

Die Vereinigung Deutscher Elektrizitätswerke und der Gesamtverband des deutschen Steinkohlebergbaus haben den Grundsatz „Kohle und Kernenergie bei der Stromerzeugung" erneut bekräftigt. Dieser Grundsatz erfülle die wesentlichen Forderungen der Energie- und Umweltpolitik, erklärten die Präsidenten der beiden Verbände. Mit heimischer Kohle und Kernenergie sei unsere Stromversorgung unabhängig von den Risiken und den Preisschwankungen der Weltenergiemärkte und sichere die Beschäftigung der heimischen Industrie. Die Kombination aus Kernenergie für die Grundlaststromerzeugung und Kohle für die Stromerzeugung im Mittellastbereich sei wirtschaftlich und umweltfreundlich.
Fragen? Rufen Sie uns an.

**Informationskreis Kernenergie
Heussallee 10 · 5300 Bonn 1
02 28 / 50 72 29**

Ich bin Energiesparer

Energiesparer leisten auch aktiven Umweltschutz.

Schriftliches

Vergleichen Sie *Was tun mit der Angst* (1986), *10. Oktober* (1984) und *Gegner gesucht* (herausgegeben 1974). Auf welchen verschiedenen Ausgangspunkten basieren die Texte, wo liegen ihre Gemeinsamkeiten?

KAPITEL II

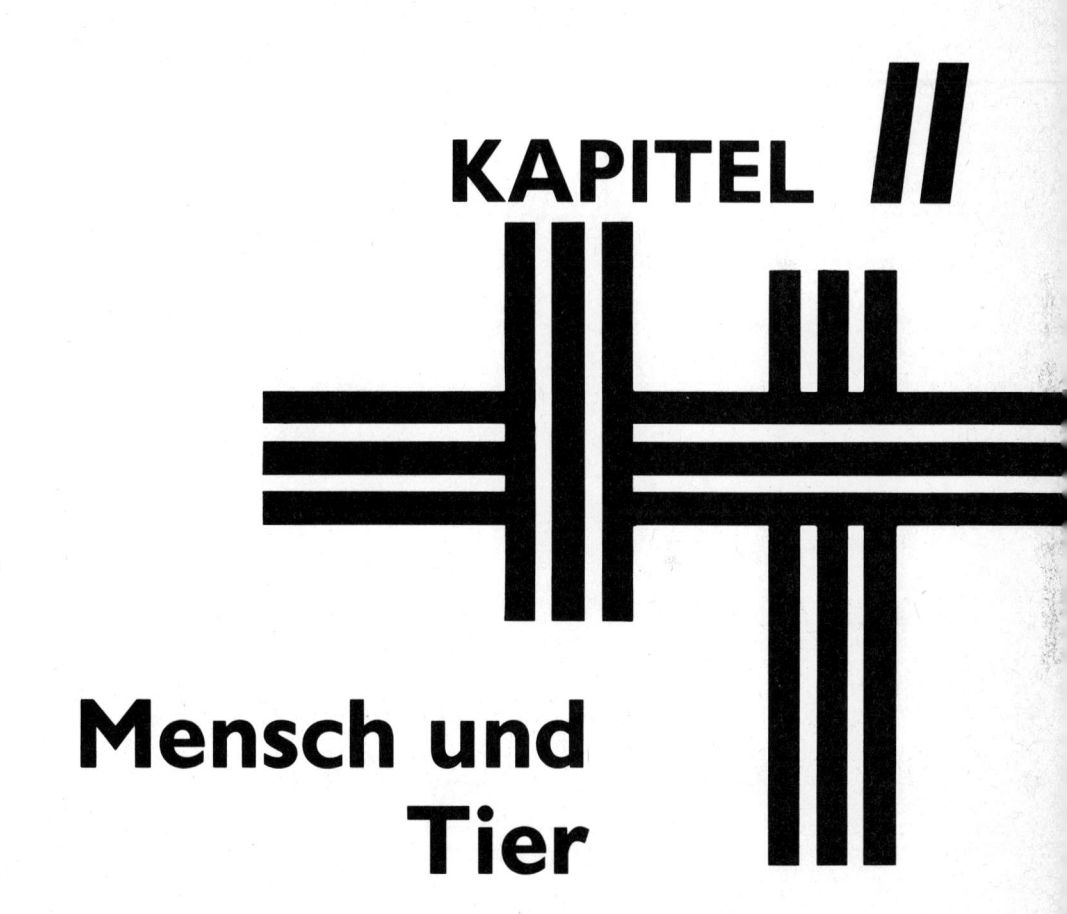

Mensch und Tier

Einführung in das Thema

Welches Tier soll ich mir halten?

Bestimmen Sie anhand des Fragebogens, warum Sie sich beispielsweise einen Bernhardiner, eine Wildkatze, eine Schlange, ein Schwein, Hühner, einen Papagei, eine Schildkröte halten wollen und können, beziehungsweise warum nicht.

Fragebogen

Bin ich in der Lage, dem Tier ein störungsfreies und artgerechtes Leben zu garantieren? (Wie und wo ist es von Natur aus gewöhnt zu leben?)

Welchen Platz und welche speziellen Einrichtungen braucht das Tier (z.b. Hundezwinger [*kennel*], Vogelbauer, Terrarium, Stall, Käfig [*cage*] usw.)?

Ist auf lange Sicht genug Zeit für Füttern, Pflegen, Ausführen, Reinigung des Käfigs, Ausmisten des Stalls usw. vorhanden?

Welche laufenden Kosten entstehen (z.B. Futter, Tierarzt, Pflegemittel, Versicherung, Steuer usw.)?

Könnte mein Tier andere stören (z.B. Mitbewohner, Nachbarn, Vermieter, usw.)?

Welche Vorteile bringt mir das Tier (z.B. Gesellschaft, Nahrung, Schutz, usw.)?

Frohnatur

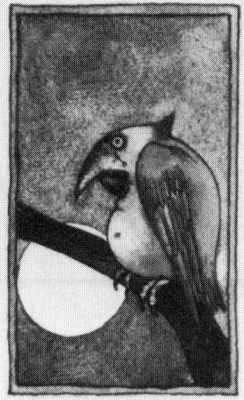

Es war einmal ein Vogel, ein Oktopus, ein Bollenaal, ein Regenwurm, eine Schlange und ein Nashorn. Die gründeten zusammen eine „Gemeinschaft aller Lebewesen" und nahmen aus Vollständigkeitsgründen einen Menschen dazu.

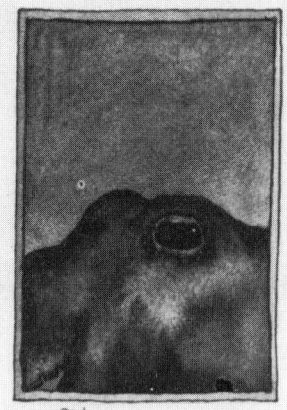

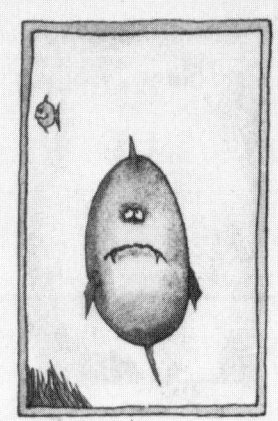

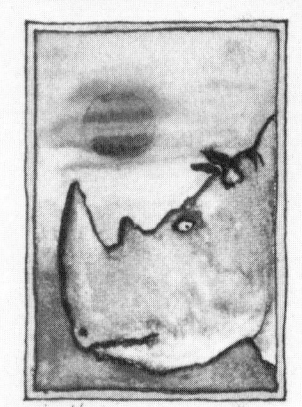

Illustration: Nikolaus Heidelbach

167 Mensch und Tier

Tierschutz mit Verstand und Herz
Professor Beat Tschanz

Pferde, Wölfe, **Paviane,** Bienen und andere **gesellige** Tiere **halten sich** wie wir Menschen in ihrem Zusammenleben an bestimmte Regeln. Ameisen und Termiten liegen sie im Blut. Pferde und Wölfe **hingegen** müssen wie wir Menschen vieles erst durch Erfahrung lernen. Jede **Art** hat ihre eigenen „Gesellschaftsregeln". Gruppen aus Angehörigen verschiedener Arten können sich deshalb nur ausnahmsweise bilden. Solche Ausnahmen sind die staatenbildenden Insekten und wir Menschen; jene halten „Sklaven", wir hingegen **Haustiere.**

Kerbtiere scheinen mit ihrer Tierhaltung keine Schwierigkeiten zu haben. Uns modernen Menschen **haben** sie das **voraus!** Als unsere Vorfahren vor 6000 Jahren begannen, aus Ziegen, Schafen, Pferden, Hühnern und manchem anderen Wild Haustiere zu machen, mag das noch leicht gewesen sein. Die Zahl der **betreuten** Tiere war klein, die Umgebung durch den Menschen wenig verfremdet, und niemand stellte hohe **Ansprüche** an die Leistungen der Tiere. Aber schon damals muß es Menschen gegeben haben, die mit Tieren **roh** umgingen und damit **gegen die guten Sitten verstießen.**

Eine der **Gegenmaßnahmen** war es, „Tierschutzgesetze" zu **erlassen.** Die **Anführungszeichen** sind wohlbegründet: Erlassen wurden die Gesetze nämlich nur zum Schutz jener Menschen, die sich in ihrem eigenen **Empfinden** verletzt fühlten, wenn sie eine **Rohheit** sahen, nicht hingegen für die Interessen des Tieres. Katzen lebendig zu **häuten** blieb deshalb immer noch möglich, wenn dadurch nur kein **öffentliches Ärgernis** entstand.

Bis in jüngster Zeit durften auch **Nutztiere** unter Mißachtung ihrer **angeborenen Bedürfnisse** in Ställe **gepfercht** werden. Das wurde selbstverständlich **ausgenutzt,** wenn man dadurch mehr verdienen konnte. **Spalten- oder Gitterböden** für Rinder, Schweine und Hühner ersparen Arbeitslöhne für das **Entmisten,** enge **Aufstallung** erspart Baukosten. Nutztiere bekommen nur gerade soviel Stallfläche, wie für eine störungsfreie Produktion nötig ist. Bei **Legehennen reicht** hierzu schon die Fläche eines Schreibmaschinenblattes; Schweine und Kühe „erzeugen" mehr (Fleisch und Milch), **leisten** noch genügend, wenn sie **sich** nur noch wenig **rühren** können. Daß **sich** die Tiere bei dieser Aufstallung körperliche Schäden **zuziehen,** stört den Besitzer nicht. Wohl aber jene, die im Tier ein Lebewesen sehen, das ähnlich leiden

Kein Ei aus Quälerei!

So sehen die Käfighennen aus, die Ihre Eier legen und die man Ihnen später als „Suppenhuhn" anbietet. Guten Appetit – aber schlechtes Gewissen!

und fühlen kann wie wir, nicht allein eine Produktionsmaschine. Solche Tierfreunde fordern ein Gesetz, bei dem **sich der Schutz des Tieres nicht erst aus dem Schutz des Menschen ergibt.**

Stattdessen soll das Tier seinen **Anlagen gemäß** leben können. Aus Achtung vor dem Leben **wird** damit **ein Urrecht verlangt,** das bisher der Mensch ausschließlich für sich selbst **beansprucht** hat. Sowohl in der Bundesrepublik als auch in der Schweiz ist dieses Urrecht in den neuen Tierschutzgesetzen verankert worden. „Dieses Gesetz dient dem Schutz des Lebens und Wohlbefindens des Tieres", heißt es im bundesdeutschen Gesetz. Dem Tier soll **angemessene, artgemäße** Nahrung und **Pflege** sowie eine **verhaltensgerechte Unterbringung** gesichert und es soll vor **vermeidbaren** Schmerzen oder Schäden geschützt werden.

Wer nun hoffnungsfroh erwartete, daß die neuen Bestimmungen rasch zu wesentlichen Verbesserungen führen würden, wurde bisher enttäuscht. Die dafür erforderlichen **Verordnungen** bestehen zwar bereits in der Schweiz, **lassen** aber

eine längere Übergangszeit **zu**, bis sie **eingehalten** werden *observed*
müssen. In der Bundesrepublik sind sie **bedauerlicherweise** *regrettably*
überhaupt noch nicht **erlassen. Zudem berufen sich** die *passed / in addition / refer*
neuen Tierschutzgesetze auf das Gewissen jedes einzelnen.
65 Sittlich **verpflichtet** fühlt sich dieser aber dem neuen Recht *obligated*
gegenüber nur dann, wenn dessen **Forderungen** seinen eige- *demands*
nen Gefühlen **entsprechen.** Nur dann wird er sich nach dem *correspond*
Gesetz richten. Zwar könnte das auch **erzwungen** werden; *forced*
doch **Gewalt** trägt nicht dazu bei, solche Empfindungen entste- *force*
70 hen zu lassen. Sie sind aber die Voraussetzung dafür, auch
Tieren ihr Recht auf ein **qualenloses** Leben **zuzuerkennen.** *painless / to grant*
Letztlich **wurzeln** die dafür notwendigen Wertgefühle in be- *derive from*
sonderen Begegnungen mit Tieren. „TIER"-Herausgeber
Heine Hediger hält es für hochwichtig, daß es dazu schon in
75 früher Kindheit kommt. Das kann ich **bestätigen.** Ich mag *attest to*
etwa drei Jahre alt gewesen sein, als mir eines Abends eine
Taube zuflog. Für mich war sie ein Wundervogel. Ich hätte sie
gerne behalten. Meine Mutter meinte, es müsse der Taube **an-** *given the choice*
heimgestellt werden, ob sie bei mir bleiben wolle. Sie öffnete
80 am nächsten Morgen das Fenster. Die Taube entflog. Aber am
Abend fand sie sich erneut ein und verbrachte viele Nächte in
meinem Zimmer. Mir kam es so vor, als gehörten wir auf wun-
dersame Weise zusammen, die Taube, Mutter und ich. In der
Art, wie die Mutter mit der Taube umging, erfuhr ich, was
85 Achtung vor der **Eigenart** eines anderen ist. Aus solchen Er- *uniqueness*
fahrungen erwächst die **Bereitschaft,** Bedingungen zu schaf- *willingness*
fen, die es dem Tier ermöglichen, seiner Eigenart entsprechend zu leben. Dazu gehört außerdem Tierkenntnis. Gute
Beobachter mit **wachem** Verstand haben daraus **abgeleitet,** *keen / deduced*
90 was ein Tier nötig hat.

Verstand und Gefühl müssen zusammenwirken, wenn es
um Lösungen geht, die den Interessen des Tierhalters und des
Tieres gleicherweise gerecht werden. Wir müssen also das Gefühl ebenso pflegen wie den Verstand schulen, wenn es darum
95 geht, über Recht und Unrecht im **Umgang** mit Lebewesen zu *dealing*
entscheiden.

Zum Verständnis

1. Das Gleichgewicht zwischen Verstand und Gefühl, das Professor
Tschanz für den Tierschutz fordert, spiegelt sich in seiner Argumentation wieder. Wo und wie spricht er, Ihrer Meinung nach, den Verstand
an, wo und wie das Gefühl?

2. Welche spezifischen Verstöße gegen artgerechte Haltung der Tiere
werden erwähnt? Worauf lassen sie sich zurückführen?

3. Wie sieht der Autor die ideale Einstellung des Menschen zum Tier? Wie unterscheidet sie sich von der Realität?

Wir empfehlen Eier aus tierfreundlicher Bodenhaltung

Landestierschutzverband Hessen e. V.

ei, ei... natürlich vom Nest

Mit dieser Banderole können Landwirte ihre Produkte aus tierfreundlicher Bodenhaltung kennzeichnen, wenn sie einen vom Landestierschutzverband Hessen vorgelegten Fragebogen befriedigend ausgefüllt haben und ihre Bodenhaltung von Legehennen aus der Sicht des Tierschutzes als annehmbar befunden wurde.

Zur Bedeutung

1. Worin besteht der Unterschied zwischen der „Sklavenhaltung" von Insekten und der Tierhaltung von Menschen?
2. Welche sittliche Verpflichtung hat der Mensch dem Tier gegenüber?
3. Wie entwickelt man Wertgefühle für Tiere?

Alternativ-Methoden gemeinsamer Fonds

Die Fragen nach der Wirksamkeit und nach der Giftigkeit von Stoffen sind besonders für die **Arzneimittelindustrie** und die chemische Industrie von zentraler Bedeutung. Ihnen hat der Gesetzgeber **zur Auflage gemacht,** ihre Produkte auf mögliche
5 Auswirkungen auf die Gesundheit des Menschen zu prüfen.
   Schätzungen zufolge fallen ca. 80% der in der Bundesrepublik jährlich durchgeführten Tierversuche **in diesen Bereich.** Dies bedeutet, daß 80% der Tierversuche keiner direkten staatlichen Kontrolle unterliegen, denn Tierversuche, die
10 aufgrund gesetzlicher Auflagen **erfolgen, sind** nicht **genehmigungspflichtig.**

pharmaceutical industry

ordered

according to estimates fallen ... Bereich this applies to

are conducted / require permission

Ersatzmethoden, die zur Lösung der angesprochenen Fragen entwickelt werden, könnten zu einer spürbaren **Verringerung** der Zahl der Tierversuche in der Industrie und damit der Tierversuche insgesamt führen. **Ausgereifte** Ersatzmethoden bringen nicht nur den Tierschutz einen großen Schritt weiter, sie bieten auch der Industrie **greifbare** Vorteile, denn sie sind kostensparend. Dieses Argument wird seit Jahren als Beweis dafür vorgebracht, daß die Industrie selbst das größte Interesse an Ersatzmethoden habe und daher von sich aus auch solche Methoden entwickelte.

Forschung kostet aber zunächst Geld. **Nicht umsonst** fließen daher **Zuschüsse** des Bundesministeriums für Forschung und Technologie zur Entwicklung von Ersatzmethoden in die Pharmakonzerne, und nicht umsonst konnten daraufhin in den letzten Jahren einige Erfolge **verzeichnet** werden.

Die Industrie führt Tierversuche nicht zuletzt deshalb durch, um ihre Produkte verkaufen zu können. Andererseits ist sie **Nutznießer** neu entwickelter Ersatzmethoden. Deshalb sollte sie auch zu ihrer Erforschung ihren **Beitrag leisten**.

Durch die **Vermittlung** des Bundesministeriums für Ernährung, Landwirtschaft und Forsten konnte die Industrie nun dazu bewegt werden, gemeinsam mit dem Deutschen Tierschutzbund e.V. und der ADT einen Fonds zur **Förderung** von Alternativmethoden zum Tierversuch zu gründen.

Eine Million Mark bringt die Industrie als Startkapital in den Fonds ein. Der Deutsche Tierschutzbund **e.V.** hat von Anfang an klargestellt, daß er kein Geld verfügbar habe. Trotzdem ist man übereingekommen, das **Entscheidungsgremium** des Fonds—den Stiftungsrat—zu gleichen Teilen mit Vertretern der Industrie und Vertretern des Tierschutzes zu besetzen . . .

Der Deutsche Tierschutzbund hat dieses Angebot angenommen. Natürlich mußte er sich auch den kritischen Fragen stellen, ob durch eine Zusammenarbeit mit Industrieverbänden in einer gemeinsamen **Stiftung** das Selbstverständnis des Tierschutzes berührt würde oder ob ihm nicht von Kritikern eine „**Kumpanei**" mit der Industrie vorgeworfen werden könnte. „Nach gründlicher Diskussion und **reiflicher** Überlegung meinen wir, daß trotz der unterschiedlichen Standpunkte keine Chance **vergeben** werden sollte, den Ersatz von Tierversuchen zu erreichen", erklärt Bundesgeschäftsführer Wolfgang Apel . . .

Selbstverständlich wird für den Deutschen Tierschutzbund unabhängig davon der Kampf für das grundsätzliche Verbot aller Tierversuche unvermindert weitergehen.

Tierschutz ist Menschenschutz

Wir informieren über die Tierversuche

Wir fordern die maximale Einschränkung der Tierversuche, da Millionen Tierversuche überflüssig sind.

Katze mit Elektroden im Gehirn.

Zum Verständnis

1. Geben Sie den Inhalt des Artikels in Stichworten wieder.

2. Der Stil dieses Artikels ist typisch für wissenschaftliche Texte (viele Substantive; wenige Verben; Schachtelsätze; Passivkonstruktionen; Konjunktive). Versuchen Sie, den Text so umzuschreiben, daß er leichter verständlich wird. Der erste Paragraph könnte z.B. so aussehen:

z.B. Wie giftig oder wirksam sind Stoffe, die die Arzneimittelindustrie und die chemischen Industrien verwenden? Diese Frage ist von zentraler Bedeutung. Der Gesetzgeber schreibt neuerdings den Industrien vor, zu prüfen, welche möglichen Auswirkungen ihre Produkte auf die Gesundheit des Menschen haben.

Zur Bedeutung

1. Besprechen Sie den Nutzen und die Gefahren, die sich aus Tierversuchen ergeben.
2. Welche Schwierigkeiten ergeben sich aus der Zusammenarbeit von Industrie und Tierschutzbund?

III Die Landesregierung von Nordrhein-Westfalen hat eine Reihe beispielhafter Initiativen im Hinblick auf den Tierschutz ergriffen, die wir nachstehend **aufführen:** *enumerate*

Der Tierschutz hat die Aufgabe, dafür zu sorgen, daß Tieren keine Schmerzen, Leiden und Schäden **zugefügt** werden.[1] *subjected to*
Dieses Ziel **ist unverzichtbar** und wird von der Landesregierung Nordrhein-Westfalen sehr ernst genommen. Deshalb *must not be relinquished*
5 hat die Landesregierung eine Reihe von Initiativen entwickelt.

Grünes Telefon
Die Landesregierung hat beschlossen, die bei den Regierungspräsidenten eingerichteten „Grünen Telefone" **um den Bereich Tierschutz zu erweitern.** Jeder Bürger, der in Sachen *to expand to include the category Tierschutz*
10 Tierschutz Probleme hat, kann sich ab sofort auch an die „Grünen Telefone" wenden ...

Beirat für Tierschutz *committee*
Im Beirat für Tierschutz waren bisher die Tierschutzvertreter die Minderheit. Zukünftig erhalten sie ebenso viele Sitze wie
15 die Vertreter der Landwirtschaft und der **Tierärztekammern.** *veterinary associations*
Damit wird dem Tierschutzgedanken größeres Gewicht verliehen, der Einfluß des Tierschutzes auf Entscheidungen in diesem Bereich gestärkt.

Tierversuche
20 Folgende Forderungen werden von der Landesregierung im Hinblick auf Tierversuche erhoben.

Versuchsansteller müssen verpflichtet sein, die Notwendigkeit von Tierversuchen **eindeutig** nachzuweisen und dabei *applicants for experiments* / *clearly*
das Interesse der Allgemeinheit an der Durchführung der zu
25 erwartenden Forschungsergebnisse **herausstellen.** *demonstrate*
Tierversuche zur Erprobung von Kosmetika und Waffen müssen ausdrücklich verboten werden.

[1] *Paragraph 1 des Tierschutzgesetzes:* Niemand darf einem Tier ohne vernünftigen Grund Schmerzen, Leiden oder Schäden zufügen.

In der **vorgesehenen** „Ethik-Kommission" müssen Tierver-   *planned*
suchsansteller, Geisteswissenschaftler und Tierschützer
paritätisch vertreten sein, um die Behörden bei der Entschei-   *equally*
dung über **beantragte** Tierversuche **sachgerecht** beraten zu   *requested / expertly*
können.

Durch Verbesserung bei der **Führung** von Aufzeichnungen,   *recording*
Meldungen und Statistiken muß das Tierversuchsgesche-
hen transparenter gestaltet werden. Durch **Auswertung**   *evaluation*
von Datenbanken muß sichergestellt werden, daß Tierversuche nur angesetzt werden, wenn tatsächlich noch **Er-
kenntnislücken** bestehen.   *gaps in knowledge*

Auf Übungen an lebenden Tieren zur Aus-, Fort- und Weiter-
bildung in medizinischen Berufen muß verzichtet werden,
wenn der Zweck durch andere **geeignete** Methoden erreicht   *appropriate*
werden kann.

Zum Verständnis

Was läßt sich anhand der Verbesserungen, die Nordrhein-Westfalen für den Tierschutz fordert, über die alten Regelungen aussagen? Gehen Sie ins Detail!

Zur Bedeutung

Was könnte, Ihrer Meinung nach, das Interesse der Regierung für den Tierschutz wachgerufen haben?

Affenkäfig
Kurt Tucholsky[1]

Der Affe (von den Besuchern): „Wie gut, daß die alle hinter Gittern sind—!"
Alter '*Simplicissimus*'[2]

In Berlins Zoologischem Garten ist eine Affenhorde aus Abessinien eingesperrt, und vor ihr **blamiert sich** das Publikum täglich von neun bis sechs Uhr. **Hamadryas Hamadryas L.** sitzt still im Käfig und muß glauben, daß die Menschen eine
5 kindische und etwas **schwachsinnige** Gesellschaft sind. Weil es Affen der alten Welt sind, haben sie **Gesäßschwielen** und **Backentaschen**. Die Backentaschen kann man nicht sehen. Die Gesäßschwielen **äußern sich** in flammender Röte—es ist, als ob jeder Affe auf einem Edamer Käse säße. Die Horde
10 wohnt in einem Riesenkäfig, von drei Seiten gut zu besichtigen; wenn man auf der einen Seite steht, kann man zur anderen hindurchsehen und sieht: **Gitterstangen**, die Affen, wieder Gitterstangen und dahinter das Publikum. Da stehen sie.

makes a fool of itself
type of baboon

moronic
callouses on hindquarters
cheek pockets
are

iron bars

---

[1] *Kurt Tucholsky:* Born in Berlin 1890. Emigrated to Sweden in 1929. Became an expatriate in 1933, when his books, together with those of many others, were publicly burned. One of the foremost social critics in the early 20th century. Horrified by the success of the Nazi Regime, he committed suicide in 1933.
[2] *Simplicissimus:* A satyrical, political weekly, founded in 1896 in Munich. Published until 1944.

15 Da stehen Papa, Mama, das Kleinchen; ausgeschlafen, fein sonntagvormittaglich gebadet und mit offenen Nasenlöchern. Sie sind leicht amüsiert, mit einer Mischung von Neugier, vernünftiger **Überlegenheit** und einem Schuß **gutmütigen** Spottes. Theater am Vormittag—die Affen sollen ihnen etwas
20 vorspielen. Vor allem einen ganz bestimmten Akt.

superiority / benevolent

Zunächst ist alles still im Affenkäfig. Auf den hohen Brettern sitzen die Tiere umher, allein, zu zweit, zu dritt. Da oben sitzt eine Ehe—zwei in sich versunkene Tiere; **umschlungen, lauscht** jedes auf den Herzschlag des andern. Einige **lausen**
25 **sich.** Die Gelausten haben im zufriedenen Gesichtsausdruck eine überraschende Ähnlichkeit mit **eingeseiften** Herren im Friseurladen, sie sehen würdig aus und sind **durchaus** im Einverständnis mit dem guten Werk, das da getan wird. Die Lauser suchen, still und sicher, kämmen sorgsam die Haare
30 zurück, **tasten** und stecken manchmal das Gejagte in den Mund . . . Einer hockt am Boden, **Urmensch** am Feuer, und schaufelt mit langen Armen Nußreste in sich hinein. Einer **rutscht** vorn an das Gitter, läßt sich mit zufriedenem Gesichtsausdruck vor dem Publikum nieder, **seinerseits** im Theater,
35 setzt sich **behaglich** zurecht . . . So . . . es kann anfangen.

Es fängt an. Es erscheint Frau Dembitzer, fest überzeugt, daß der Affe seit frühmorgens um sieben darauf gewartet habe, daß sie „Zi-zi-zil" zu ihm mache. Der Affe sieht sie an . . . mit einem himmlischen Blick. Frau Dembitzer ist unend-

in an embrace
listens / to pick at one's lice or fleas
lathered
totally

grope
primitive man

scoots
he himself
comfortably

lich überlegen. Der Affe auch. Herr Dembitzer wirft dem Affen einen **Brocken** auf die Nase. Der Affe hebt den Brocken auf, beriecht ihn, steckt ihn langsam in den Mund. Sein hart gefalteter Bauernmund bewegt sich. Dann sieht er **gelassen** um sich. Kind Dembitzer versucht, den Affen mit einen Stock zu **necken**. Der Affe ist plötzlich sechstausend Jahre alt.

    Drüben muß etwas **vorgehen**. In den Blicken der Besucher liegt ein **lüsterner, lauernder** Ausdruck. Die Augen werden klein und **zwinkern**. Die Frauen schwanken zwischen **Abscheu, Grauen** und einem Gefühl: **nostra res agitur**. Was ist es? Die Affen der andern Seite sind dazu übergegangen, **sich einer anregenden Okularinspektion zu unterziehen.** Sie spielen etwas, das nicht **Mah-Jongg** heißt. Das Publikum ist indigniert, amüsiert, aufgeregt und angenehm unterhalten. Ein leiser **Schauer** von bösem **Gewissen** geht durch die Leute—jeder fühlt sich **getroffen.** „Mama!" sagt ganz laut ein Kind, „was ist das für ein roter Faden, den der Affe da hat—?" Mama sagt es nicht. Mein liebes Kind, es ist der rote Faden, der sich durch die ganze Weltgeschichte zieht.

    In die Affen ist Bewegung gekommen. Die Szene gleicht etwa einem Familienbad in Zinnowitz.[3] Man geht umher, berührt sich, stößt einander, betastet fremde und eigene **Glieder** ... Zwei Kleine fliehen **unter Gekreisch** im Kreise. Ein **bebarteter Konsistorialrat** bespricht ernst mit einem **Studienrat** die Schwere der Zeiten. Eine verlassene Äffin verfolgt aufmerksam das **Treiben** des **Ehemaligen**. Ein junger Affe spricht mit seinem **Verleger**—der Verleger **zieht** ihm unter heftigen Arm- und Beinbewegungen fünfzig Prozent **ab**. Zwei vereinigte Sozialdemokraten sind vernünftig und **realpolitisch** geworden; **mißbilligend** sehen sie auf die Jungen—gleich werden sie einen Kompromiß schließen. Zwei Affen bereden ein Geheimnis, das nur sie kennen.

    Das Publikum ist leicht **enttäuscht**, weil wenig **Unanständiges** vorgeht. Die Affen scheinen vom Publikum gar nicht enttäuscht–sie erwarten wohl nicht mehr. Hätten wir **Revue-Theater** und nicht langweilige Sportpaläste voll **geklauter** Tricks—welch eine Revue-Szene!

    In dem Riesenkäfig wohnten früher die Menschenaffen aus Gibraltar. Große, dunkle und haarige **Burschen**, größer als Menschen—mit riesigen alten ... Gesichtern. Eine Mutter hatte ein Kleines—sie **barg** es immer an ihrer Brust, eine schwarze Madonna. Sie sind alle **eingegangen**. Das Klima hat ihnen wohl nicht **zugesagt**. Sie sind nicht die einzigen, die dieses Klima nicht vertragen können.

---

[3] *Zinnowitz:* Spa on the Baltic Sea.

Marginal glosses:
- **Brocken** — tidbit
- **gelassen** — cool
- **necken** — tease
- **vorgehen** — happen
- **lüsterner, lauernder** — lascivious / watchful
- **zwinkern** — squint
- **Abscheu, Grauen** — disgust / horror
- **nostra res agitur** — our thing is being done (lit.)
- **sich einer anregenden Okularinspektion zu unterziehen** — to inspect each other with great interest
- **Mah-Jongg** — Chinese game
- **Schauer / Gewissen** — shudder / conscience
- **getroffen** — spoken to
- **Glieder** — limbs
- **unter Gekreisch** — shrieking
- **bebarteter Konsistorialrat / Studienrat** — bearded church official / teacher
- **Treiben / Ehemaligen** — activity / former mate
- **Verleger / zieht ... ab** — publisher / robs ... of
- **realpolitisch** — pragmatic
- **mißbilligend** — disapprovingly
- **enttäuscht / Unanständiges** — disappointed / indecent
- **Revue-Theater** — stage shows
- **geklauter** — stolen
- **Burschen** — fellows
- **barg** — cuddled
- **eingegangen** — perished
- **zugesagt** — suited

85 Ob die Affen einen Präsidenten haben? Und eine **Reichswehr**? Und **Oberlandesgerichtsräte**? Vielleicht hatten sie das alles, im fernen Gibraltar. Und nun sind sie eingegangen, weil man es ihnen weggenommen hat. Denn was ein richtiger Affe ist, der kann ohne so etwas nicht leben.

army / circuit court judges

Zum Verständnis

1. „In Berlins Zoologischem Garten ist eine Affenhorde aus Abessinien eingesperrt, und vor ihr blamiert sich das Publikum täglich von neun bis 6 Uhr." Was erfahren wir aus diesem Satz über den Inhalt der Erzählung?

2. Wie beschreibt Tucholsky die Menschen, wie die Affen? Machen Sie eine Liste der Attribute, ordnen Sie sie in Gruppen (z.B. Aussehen, Benehmen) und vergleichen Sie sie miteinander. Wo liegen die Unterschiede, wo die Gemeinsamkeiten?

3. Erzählen Sie Tucholskys Geschichte aus der Sicht der Affen wieder.

Zur Bedeutung

1. Mit wem sympathisiert Tucholsky? Woran erkennt man das?

2. Wer spielt mit wem Theater?

3. Was sagt diese Erzählung über unsere Einstellung zu Affen im besonderen, zu Tieren im allgemeinen aus?

4. „Der Affe (von den Besuchern): 'wie gut, daß alle hinter Gittern sind!'" Kommentieren Sie!

Diskussionsthemen und Debatten

1. „Milch von glücklichen Kühen": Inwiefern ist dieser Werbeslogan wirksam?

2. Glauben Sie, daß Tiere psychologische Probleme haben können? Welche? Warum?

Rindvieh im Kleinformat

Was hat acht Enden, ist etwa so groß wie ein Truthahn und liefert Milch? Eine ausgewachsene Mini-Kuh. Nach 17 Jahren Experimentieren ist es Forschern der National-Universität in Mexiko-Stadt gelungen, Rindviecher im Westentaschenformat zu züchten. Diese „Designer-Kühe" genannten Wundertiere geben drei bis vier Liter Milch pro Tag und Stück; dabei fressen sie lediglich ein Zehntel des Graslandes ihrer schwergewichtigen Artgenossinnen ab. Nur noch das klassische „Muh" erinnere an ihr ursprüngliches Wesen, erklären die Wissenschaftler stolz. Sie träumen schon von einer zweiten „Grünen Revolution": Die genügsamen, pflegeleichten Euter-Zwerge sollen die Versorgungsprobleme der Dritten Welt lösen. Allerdings haben diese Bonsai-Kühe einen Nachteil - sie sind in hohem Gras nicht mehr aufzufinden.

HUMOR

Von Uli Stein

JA UND? WO IST DAS STÖCKCHEN?

3. Sind Tierversuche nötig? Warum? Warum nicht?

4. Würden Sie sich ein Kleidungsstück aus Pelz kaufen? Welches? Warum? Warum nicht?

5. Würden Sie Tieren zuliebe Vegetarier werden? Warum? Warum nicht?

6. Welche Tiere sind heutzutage besonders gefährdet? Was wird von wem unternommen, um sie zu schützen?

7. Auf welche Arten werden Tiere mißhandelt? (z.B. Grausamkeit, übertriebene Tierliebe, Profitsucht usw.)

Schriftliches

1. Warum haben die meisten Länder Zoologische Gärten?
2. Diskutieren Sie den Leitsatz des Deutschen Tierschutzbundes: „Tierschutz ist Menschenschutz".

Die Entwicklung der Menschheit
Erich Kästner[1]

Einst haben die Kerls auf den Bäumen gehockt,
behaart und mit böser Visage.
Dann hat man sie aus dem Urwald gelockt
und die Welt asphaltiert und aufgestockt,
5 biz zur dreißigsten Etage.

Da saßen sie nun, den Flöhen entflohn,
in zentralgeheizten Räumen.
Da sitzen sie nun am Telefon.
Und es herrscht noch genau der selbe Ton
10 wie seinerzeit auf den Bäumen.

Sie hören weit. Sie sehen fern.
Sie sind mit dem Weltall in Fühling.
Sie putzen die Zähne. Sie atmen modern.
Die Erde ist ein gebildeter Stern
15 mit sehr viel Wasserspülung.

Sie schießen die Briefschaften durch ein Rohr.
Sie jagen und züchten Mikroben.
Sie versehn die Natur mit allem Komfort.
Sie fliegen steil in den Himmel empor
20 und bleiben zwei Wochen oben.

Was ihre Verdauung übrig läßt,
das verarbeiten sie zu Watte.
Sie spalten Atome. Sie heilen Inzest.
Und sie stellen durch Stiluntersuchungen fest,
25 daß Caesar Plattfüße hatte.

So haben sie mit dem Kopf und dem Mund
den Fortschritt der Menschheit geschaffen.
Doch davon mal abgesehen und
bei Lichte betrachtet sind sie im Grund
30 noch immer die alten Affen.

[1] *Erich Kästner.* Born 1899 in Dresden. Studied German Literature, worked as a journalist. Lyricist and novelist. His books were banned and burned in 1933. Since then he published abroad. Known as a moralist, social critic and author of children's books. In 1960 he received the „Internationale Jugendbuchpreis". Died 1974 in Munich.

KAPITEL 12

Sprachliches

Einführung in das Thema

Unter welchen Umständen würden Sie diese Definitionsarten benutzen? Welche Art spricht Sie besonders an? Warum?

1. **Horror** ⟨m.; unz.; Gen.-3⟩ *Grausen, Schauder, Abscheu;* einen ~ vor etwas haben; ~ vacui *(nach einer alten Vorstellung) Abscheu (der Natur) vor luftleeren Räumen* [lat.] ~ **film** ⟨m.⟩ *Film mit grausamen od. gruseligen Bildern;* ~ **-trip** ⟨m.⟩ *Rauschzustand mit beängstigenden Vorstellungen nach dem Genuß von Rauschgift*

2. **Horror**
Wer auf Horror kommt, hat sein seelisches Gleichgewicht verloren bzw. findet etwas unerträglich: **Wenn ich daran denke, komm' ich auf Horror.** Besonders gebräuchlich ist die Wendung in der Drogenszene: Wer Trips (Halluzinogene) nimmt, muß damit rechnen, daß er auf Horror kommt. . . . Längst ist der Begriff „Horror" allgemein in der Jugendszene üblich: Wenn zum Beispiel **der totale Horror losbricht,** fühlt man sich einer sehr ungemütlichen Situation ausgeliefert.

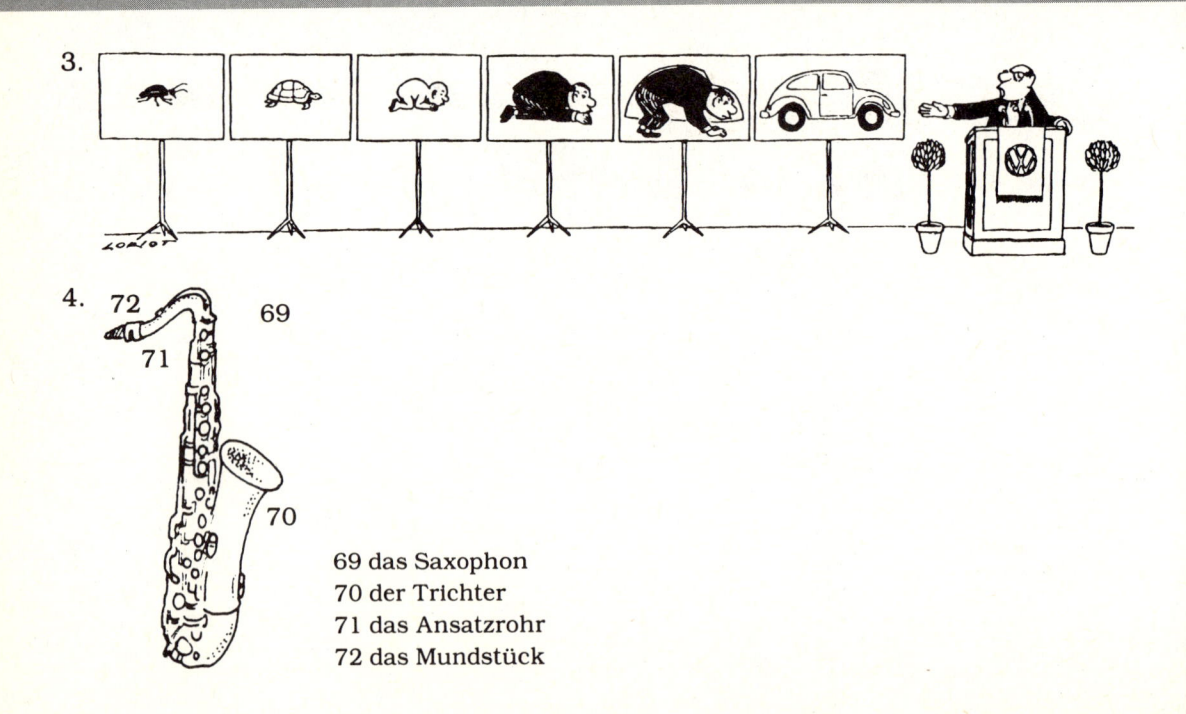

3.

4.

69 das Saxophon
70 der Trichter
71 das Ansatzrohr
72 das Mundstück

5.

DAS LEBEN MACHT DOCH OHNE BESSERE HÄLFTE KEINEN SPASS

Vorbereitung auf den Text

Die folgenden Ausdrücke sind wesentlich für das Verständnis des „Schnecke"-Textes. Es sind Ausdrücke aus der Jugendsprache—Deutsch, wie es von vielen Jugendlichen der achtziger Jahre gesprochen wird, aber noch nicht unbedingt in den Standardlexika nachzuschlagen ist. Die meisten Wörter sind „übersetzt", einige verstehen Sie von selbst. Im Text selber ist alles, was aus der Jugendsprache stammt, schräg gedruckt.

'ne Schnecke angraben: sich um ein Mädchen bemühen; Bock/Null Bock: Interesse/kein Interesse; echt stark: wirklich toll; die Story (!); antörnen (!); raffen (gerafft): begreifen; jmdm. etwas vorschmieren: jmdm. etwas vormachen; Durchblick haben: alles verstehen; durchticken: begreifen; (vor-)labern: Unsinn reden; hochziehen: festhalten; auseinanderknallen: verrückt werden; der Zoff: Ärger; checken: verstehen; abgespitzt: unbrauchbar; das Feeling (!); der Kappes: Unsinn; der totale Horror(!); reintun: lesen, lernen; cooler Typ(!); voll drauf abfahren: ganz begeistert sein; tote Hose: nichts; reinziehen: lesen, lernen; finster drauf bringen: in schlechte Laune bringen; ergeiern: um etwas kämpfen; Kohle bunkern: Geld sparen; die Szene(!); wo Power abgeht: wo Power(!) ist; geil: interessant; rumflippen (!); 'ne Biege machen: sich in der Welt umsehen; Studium durchziehen: zuende studieren; tierische Maloche: harte stupide Arbeit; vortürken: vormachen; no future (!); der Look (!); knackige Röhre: tolle Hose; durchhängen: erschöpft sein; Musik-Freaks (!); bärenstark: einzigartig; durch die Pampa brettern: schnell durch die Gegend fahren; bärig: vertrauenswürdig; Zweierkiste: Partnerschaft; unheimlich abgehen: große Freude machen; die Anmache: das Kennenlernen; ein Rad ab haben: spinnen, verrückt sein;

Laß uns mal 'ne Schnecke angraben
Claus Peter Müller-Thurau[1]

I. Vorwort

"Schüler mit Bock auf gar nichts *sucht* **Gleichgesinnte** *für keinen Briefwechsel.*"   *person with the same interests*

So paradox wie dieses **Inserat** *ist die Lage vieler Jugend-*   *ad*
licher: Mal werden sie als Kinder gesehen, mal als Erwachsene—meist als nichts von beidem. Die Situation ist folglich
schlicht schizophren und damit schwer **auszuhalten**—*nicht*   *simply / to endure*
zum Aushalten ist allerdings für viele Jugendliche der Ausweg aus der Misere, den die Älteren für sie **vorgesehen** haben: *chosen*
Ihr müßt so werden wie wir! Die Reaktionen sind eher sarkastisch: *Null Bock! Wir machen uns unsere Katastrophen selber*—oder: *Ihr wollt nur unser Bestes, doch das kriegt Ihr*
nicht! Um dem **Zugriff** zu entgehen, bauen sich die Jüngeren   *clutch*
Reservate aus, in denen sie versuchen, etwas **Eigenes** zu gestalten.   *of their own*
Wenn man bedenkt, daß die menschliche Existenz zutiefst sprachlich ist, dann gehört der jugendliche Wort- und
Sprüche „schatz" zu den entscheidenden Elementen dieses   *expressions*
Selbstgestaltungsversuches—im wahrsten Sinne des Be-   *attempt at self-realization*
griffs. In seiner althochdeutschen **Urform** bedeutet „szaz" ein   *original*
Stück Vieh, später, bei den **Minnesängern** des 13. Jahrhun-   *minstrels*
derts, wurde mit diesem Begriff eine **begehrenswerte** Frau be-   *desirable*
zeichnet. Heute ist manchem der vertraute Partner in einem intimen Verhältnis ein „Schatz".

Der jugendliche Wort „schatz" scheint von all dem etwas zu
enthalten: Er ist ein erstrebenswertes **Gut** und **un-**   *possession / inalienable*
veräußerlicher Besitz, Ausdruck von Intimität und Symptom einer gemeinsam und gleich empfundenen Lage. Vielleicht ist
er auch noch mehr—vielleicht **stimmt** die Art und Weise
manchen Erwachsenen **nachdenklich**, wie in der Sprache der   *makes think*
Jugendszene alles das, was Menschen betrifft und betroffen
macht, zum Ausdruck drängt. Wem beim Lesen dieses Buches
die eine oder andere Vokabel bzw. Redewendung **die Sprache**   *leaves speechless*
verschlägt, der mag sich die Frage stellen, ob sich hier tatsächliche **Unbotmäßigkeiten** und **Sprachverfall ankünden**—   *unruliness / language decay / announce*
oder ob darin nicht nur seine große Entfernung zur jungen Generation deutlich wird. Denkbar ist aber auch, daß mancher etwas entdeckt, was er für sich selbst längst schon verloren glaubte.

[1] *Claus Peter Müller-Thurau:* Born 1947 in Thierbach/Sachsen (GDR), lives now in the FRG. Studied Germanic and Romance languages, philosophy and sociology. Works as a psychotherapist and in adult education.

II. „Wahnsinn, das ganze Leben ist Wahnsinn!"

40 „Es war sehr früh am Morgen, die Straßen rein und leer, ich ging zum Bahnhof. Als ich eine Turmuhr mit meiner Uhr verglich, sah ich, daß es schon viel später war, als ich geglaubt hatte, ich mußte mich sehr beeilen, der Schrecken über diese Entdeckung ließ mich im Weg unsicher werden, ich kannte
45 mich in dieser Stadt noch nicht sehr gut aus, glücklicherweise war ein **Schutzmann** in der Nähe, ich lief zu ihm und fragte ihn atemlos nach dem Weg. Er lächelte und sagte. „Von mir willst Du den Weg erfahren?" „Ja", sagte ich, „da ich ihn selbst nicht finden kann." „Gib's auf, gib's auf", sagte er und
50 **wandte sich** mit einem großen Schwunge **ab,** so wie Leute, die mit ihrem Lachen allein sein wollen."

policeman

wandte sich ... ab *turned away*

M-T: Tina und Andy, wie findet Ihr diese Geschichte von Kafka?

Tina: Hab' ich noch nie gehört—ist aber *echt stark!* Kannst
55 Du sie bitte noch mal vorlesen?

M-T = *Müller-Thurau*

M-T: „Es war sehr früh am Morgen, die Straßen rein und leer, ich ging zum Bahnhof. Als ich eine Turmuhr mit meiner Uhr verglich, sah ich, daß es schon viel später war, als ich geglaubt hatte, ich mußte mich sehr beeilen, der
60 Schrecken über diese Entdeckung ließ mich im Weg unsicher werden, ich kannte mich in dieser Stadt noch nicht sehr gut aus, glücklicherweise war ein Schutzmann in der Nähe, ich lief zu ihm und fragte ihn atemlos nach dem Weg. Er lächelte und sagte: „Von mir willst Du den Weg erfah-
65 ren?" „Ja", sagte ich, „da ich ihn selbst nicht finden kann." „Gib's auf, gib's auf", sagte er und wandte sich mit einem großen Schwunge ab, so wie Leute, die mit ihrem Lachen allein sein wollen."

Tina: *Die Story törnt mich echt an!* Also, ich finde, der Kafka
70 hat's *gerafft:* Es gibt niemanden, der Dir sagen kann, **wo's längs geht.** *Die schmier'n Dir alle was vor*—haben aber selber keinen *Durchblick.* Wo Du auch hinsiehst: **öde** Insel ...

what the right way is

barren

M-T: Andy, Du studierst ja seit zwei Semestern Sozialwissen-
75 schaft. Gibt es da irgendwelche Einsichten und Erkenntnisse, die Dir weiterhelfen?

Andy: Ehrlich gesagt, bisher *ticke ich da noch nicht ganz durch.* Ich versteh' die an der Uni nicht—und die verstehn mich nicht. (...)

80 M-T: Fällt es Dir schwer, im Seminar mitzudiskutieren?

Andy: Im Seminar, da hab' ich echt das Gefühl, die *labern sich nur gegenseitig den Kopf zu.* Die werden nie konkret—*ziehn sich* immer nur an irgendwelchen Theorien *hoch.*

Nach 'ner Stunde denk' ich immer, ich *knall' gleich auseinander.* (...)

Tina: Das geht mir genauso, wenn ich mit meinen Eltern *Zoff* hab'. Die meinen immer, daß sie mir mit ihren Lebenserfahrungen weiterhelfen können—und dann lassen sie immer wieder **die alte Spule** ablaufen ... von wegen Vernunft, Realitäten und so—, dabei ist die Wirklichkeit für die doch meist das, was man am besten gleich aufessen kann. Mein Problem aber *checken* sie nicht: Warum soll ich überhaupt essen?   *same old thing*

M-T: Dir erscheint das Leben recht sinnlos?

Tina: Ich will leben—aber anders! Die Ideale der Erwachsenen sind doch *total abgespitzt.* Ich brauch' bei dem, was ich tu', 'n *Feeling*, ich muß mich daran *hochziehen* können. (...) Nimm doch die Schule—da gehst Du jeden Mittag raus aus der Scheiße und sagst: Der *Kappes*, den die Dir da *vorlabern*, der reicht doch gerade noch dazu, sich selbst zu betrügen. Das ist doch *der totale Horror!*

Andy: Genau! Wenn ich mir so'n Fachbuch *reintu*, dann denk ich: Das ist doch ein *cooler Typ*, der das geschrieben hat, der hat den *totalen Durchblick*—dann *fahr' ich voll drauf ab.* Aber wenn ich das dann alles **durchgeackert** hab', fühl ich mich irgendwie leer—dann frag' ich mich, was das wohl alles überhaupt mit mir zu tun hat. (...)   *plowed through*

M-T: Du meinst, daß alles wirklichkeitsfremd ist?

Andy: Ich meine, die Wirklichkeit ist zuerst mal etwas, was man anfassen kann. Ich will wissen, wofür ich etwas lerne—aber da ist *tote Hose.* Wir müssen uns für 'ne Prüfung alles mögliche *reinziehn*—nur leben lernen wir nicht ...

M-T: Wie stellt Ihr Euch denn Eure Zukunft einmal vor?

Tina: Weißt Du, der Gedanke *bringt mich manchmal echt finster drauf*—und dann auch wieder nicht. Lehrstelle *ergeiern, Kohle bunkern,* **Kücheneinrichtung** und Terrassenstühle—nein, danke. Am liebsten möchte ich mal in 'ner *Szene* leben, *wo echt Power abgeht.* So mit Leuten zusammensein, *geile* Gespräche führen, 'n bißchen *rumflippen.* (...) Vielleicht mach' ich auch irgendwann 'ne Biege und schau mir die Welt an ... irgendwie möcht' ich jedenfalls verrückt leben—das ganze Leben ist ja irgendwo Wahnsinn ...   *kitchen furnishings*

M-T: Und Du, Andy—was stellst Du Dir mal so vor?

Andy: Ich möcht' schon mein *Studium durchziehen,* auch wenn es 'ne *tierische Maloche* wird. Aber ich möchte mir da nichts mehr *vortürken* lassen—ich möcht' mir meine eigenen Gedanken machen können und dürfen. Ich möchte,

130 daß 'ne Uni, ja daß die Wissenschaft allgemein nicht wie 'ne Fabrik betrieben wird, von der ich so'n **Anhängsel** bin, sondern daß das, was im Kopf läuft, etwas mit mir zu tun hat. Meine **Devise** lautet deshalb: **Hütet** Euch **vor** den Eierköpfen!

appendage

motto / beware of

135 III. *No future* für die Sprache der Jugend?
Vielleicht ist die Sprache der Jugend ein wenig so, wie sie sich die Philosophin und Sprecherin der „**Grünen**"[2], Manon Maren-Grisebach, wünscht: „Bunt, frisch und manchmal **liederlich, aufmüpfig** und frech, aber **nächstennah** und daher
140 verständlich. **Wer** sie benutzt und gestaltet, **wehrt sich** gegen das meist gutgemeinte, **bisweilen** aber auch arrogante „Ihr sollt so werden wie wir". Aber auch dem jugendlichen Sprachbesitz droht bereits die **Vereinnahmung** durch sicher unerwünschte **Teilhaber**, ihre Sprachverstecke werden eifrig **aus-**
145 **gekundschaftet**. In einem Teilbereich unserer Wirklichkeit, dem gerade viele Jugendliche besonders skeptisch gegenüberstehen, wird längst **vorgegeben**, daß aus dem „Ihr sollt so werden wie wir" ein „Wir sind so wie Ihr" geworden sei:

the Greens
lewd
rebellious / real

defends oneself
occasionally

incorporation
partners / sought out

alleged
Note: the following texts are taken from current advertising.

Sorgen um den richtigen *Look?* Wir empfehlen:
150 „Die *knackige Röhre* für junge Mädchen—Levi's."

Für alle, die *durchhängen*—eine Quizfrage: „Wer ist unheimlich stark—**Mars!**"

candy bar

Hallo, ihr *Musik-Freaks:* „Holt Euch jetzt den **bärenstarken** *Sound* von **Juji FR-II**."

brand of stereo equipment

155 Wollt Ihr durch die *Pampa brettern?* „FIAT Panda—einfach *bärig*."

Probleme mit der *Zweierkiste?* „Ein Brief kann auch mal *unheimlich abgehen.* Schreib mal wieder . . . Post."

Schwierigkeiten bei der *Anmache?* „Mit TWENT FLUID
160 *no future* für **Pickel** und Pickelkeime."

pimples

No future für die Sprache der Jugend? Müssen (. . .) Andy und Tina damit rechnen, daß ihre Sprache allmählich **aufgesogen** und ihnen damit weggenommen wird? Vielleicht begreifen sie dies aber auch als **Beweis** für die Lebendigkeit und Lebens-
165 nähe ihrer Art des Sprechens im Vergleich zu den **Wortschöpfungen** der Älteren: Die Chance, daß einmal die „**rauhfutterver-**

absorbed

proof
word creations
"coarse fodder eating cattle unit" / Common Market

[2] *Die Grünen:* A political party originally formed to radically protect the environment. Against nuclear powerplants and the stationing of missiles in Europe. In 1983 the Greens won seats in the German parliament.

Jetzt gibt's ZOFF
Hairstyling das fetzt

NEU · **NEU**

Ob kurzes oder langes Haar, mit Farbe oder ohne, cool oder witzig, ZOFF hat jetzt alles für fetziges Styling.

ZOFF Styling Wet Gel Ultra Strong
Gibt aktuellem Hairstyling superstarken Halt. Ob wild und strähnig oder cool und glatt – ZOFF verleiht der Frisur den idealen supermodischen Wet-Look.

ZOFF Graffiti Mascara Hair and Skincolours
Zwei ultracoole Szenefarben für topmodische Farbeffekte aktueller Trendfrisuren und freche Flash-lights für fetziges Make-up.

ZOFF hat außerdem:
Styling Wet Gel. Super Haarlack. Wild Style Foam. Glitter Gel. Every Day Shampoon.

DRALLE

Warnung: ZOFF ist nichts für Langweiler

zehrende Großvieheinheit" der **EG**-Bürokraten das Wort „Kuh" ersetzen wird, ist doch **verhältnismäßig gering**. Da ist es doch wahrscheinlicher, daß man **sich** eines Tages darauf *[170]* **verständigt**, daß die in Brüssel zweifellos *ein Rad ab haben*.

Bis ihre sprachlichen „**Schlampereien**" von gestern allerdings im **Duden** stehen, haben (...) Andy und Tina längst neue **erdacht** und sich damit einen anderen **Schlupfwinkel** gebaut. Die Jugend—und es ist zu wünschen, daß sie dies *[175]* weiß und nutzt—hat das Gesetz der Zeit auf ihrer Seite. Deshalb kann sie auch recht **selbstbewußt** sagen: *Sie verfolgen uns—doch wir sind schneller.*

- relatively small
- agrees
- carelessness
- standard German dictionary
- thought up / hiding place
- self-assured

Zum Verständnis

1. Wie erklärt der Autor das Entstehen der Jugendsprache? (I)
2. Welche spezifischen Probleme der Jugendlichen werden angeschnitten? Welche Lösungen werden vorgeschlagen? (I + II)
3. Was erfahren wir über Andy und Tina? (II)
4. Worin besteht die Wechselwirkung zwischen Jugendsprache und Hochdeutsch? (III)

Zur Bedeutung

1. Nicht nur im Deutschland der achtziger Jahre gibt es eine Jugendsprache. Bis zu einem gewissen Grade existiert sie zu allen Zeiten in allen Ländern. Untersuchen Sie das Phänomen so genau wie möglich (wie entsteht Jugendsprache? Aus welchen Bereichen entnimmt sie ihr Vokabular? Was beeinflußt sie? Wie kommunikativ ist sie? Welchen Änderungen ist sie unterworfen? Inwiefern ist ihre Zukunft garantiert? usw) und erklären Sie *Ihre* Einstellung zur Jugendsprache.

ANZEIGE

Hey, boys & girls!
Eure heiße Mode

Wer bestimmt, was in Eurer Clique läuft? Wer sagt an, was in ist? Wer hat immer als erster die heißen, flippigen Sachen an? Und wo kriegt er die her? Wenn er cool mit seiner Kohle rechnet, sicher beim Kaufhof. Was Ihr hier auf diesen beiden Seiten seht, ist nämlich unsere original „fashion for boys & girls".

Nur je DM 20,00:
Shirt-Kleid
Größen: XS, S, M.
Weiß, 100 % Baumwolle.

Shirt-Kleid mit Kapuze
Größen: XS, S, M.
Weiß, 100 % Baumwolle.

Ganz schön stark: nur 20 Mark!

Wow, kaum zu glauben – aber jedes hier aufgeführte Stück kostet im Kaufhof nur DM 20,00. Geht direkt vom Taschengeld! Notfalls hilft 'ne kleine Anleihe bei Eltern, Oma, Opa, Onkel oder Tante. Und wenn die hinterher sehen, wie toll Ihr darin aussehen, vergessen sie vielleicht die Rückzahlung.

zu coolen Preisen

Kombination, bestehend aus Top und Shorts, bedruckt.
Größen: XS, S, M.
Weiß, 100 % Baumwolle.
Top und Shorts je DM 20,00
Corsage
Größen: XS, S, M.
Weiß, 100 % Baumwolle.
Krempel-Bermuda
Größen: 158, 164, 170, 176.
Farben: gelb, weiß, türkis, grün.
100 % Baumwoll-Crinkle.
Corsage und Bermuda je DM 20,00

Fashion – frech, flippig, fetzig

Natürlich gibt es im Kaufhof noch mehr als das, was wir hier zeigen: lustige Coordinates, Jeans-Mode in allen Variationen (auch von Markenherstellern), kesse Shirt-Kleider, Tops, heiße Shorts, Röcke und Hosen für den Sommer und natürlich Super-Disco-Mode.

2. Vergleichen Sie die ‚modernen' Definitionen der folgenden Wörter mit denen in einem deutsch-deutschen Standardlexikon. Wie hat sich ihre Bedeutung geändert?

locker: steht für den idealen zwischenmenschlichen Umgangsstil: mit anderen **locker drauf sein**–was soviel bedeutet wie *kontaktfreudig, unkompliziert, spontan, zwanglos.*

geil: ist alles, was angenehm, wunderbar, toll ist: geile Musik, geile Klamotten (Kleidung), geiles Gespräch, geiles Feeling, geiler Typ, . . . Gegensatz: ungeil. Man kann auch geil auf etwas sein—zum Beispiel auf ein Gespräch.

Kohle: Geld; übliche Wendungen: **Kohle machen, nach Kohle stinken.**

raffen: verstehen, begreifen, kapieren. Typische Redewendungen: **raffen, was läuft, das rafft der nie!, die raffen das doch nicht!** . . .

Röhre: Hose; z.B. eine **knackige Röhre** tragen.

Intelligenz für Ihren C 64
Was ist künstliche Intelligenz?

Ein „intelligenter" Computer soll sich unterhalten können, Sprache und Bilder verstehen, Probleme selbständig lösen und wissen, wie es auf der Welt so zugeht. Die Wissenschaft, die Computern dies alles **beibringen** will, nennt sich Künstliche   *teach*
5 Intelligenz (KI). Die zentrale Frage, um die es in der KI geht, ist folgende: „Wie kann das, was Menschen wissen, im Computer dargestellt und **verarbeitet** werden?" Das Schlagwort Wis-   *processed*
sensrepräsentation bezeichnet genau dieses **Kernproblem**.   *central problem*

„Na, – vielleicht wird's bald, verehrter Herr Kollege!"

Die Probleme der Künstlichen Intelligenz können mit den bisherigen Programmiermethoden nicht mehr gelöst werden. Man braucht **geeignete** Methoden, um die Dinge der realen Welt (beispielsweise Personen, Gegenstände, **Gesetzmäßigkeiten,** Zusammenhänge) auf dem Computer darzustellen. Der Computer soll ja die Realität kennenlernen, denn nur wenn er über die Welt, in der die Menschen leben, **Bescheid weiß,** kann er intelligent agieren. Ein solcher Computer „weiß" zum Beispiel.

„Bäume sind Pflanzen."

„Bäume sind grün."

Damit hat er Informationen über Dinge, nämlich Bäume.

„Menschen brauchen Nahrung, weil sie sonst verhungern."
„Autos fahren nur, wenn sie genug Benzin im Tank haben." (. . .)

Diese Gesetzmäßigkeiten muß man auch als Computer einfach kennen.

So wie eben beschrieben, kann Wissen über die reale Welt aussehen. Nun braucht man geeignete Methoden, um dieses Wissen auf einem Computer darzustellen. Daher wurden neue Sprachen und Konzepte entwickelt, mit denen diese komplexen Aufgaben zu lösen sind. Lisp und Prolog sind bekannte KI-Sprachen, die speziell für solche Zwecke entwickelt wurden.

Aber neue Programmiersprachen allein **reichen** nicht **aus.** Auch der Aufbau von Programmen mußte neu durchdacht werden. Ein Basic-Programm besteht aus den Computeroperationen auf der einen Seite. Auf der anderen Seite stehen die **Eingabedaten,** mit denen das Programm arbeitet. KI-Programme arbeiten nicht mehr mit Zahlen, sondern mit Information in Form von Regeln. Diese Regeln werden wie die Basic-Eingabedaten außerhalb des Programms in einer **Datei** zusammengefaßt. Eine Regel könnte so aussehen:

IF das Auto hat genug Benzin im Tank THEN es fährt

Diese IF-THEN Form gibt es in Basic auch. In unserer Regel haben wir aber keinen Befehl, der sagt, was der Computer tun soll! Die Regel sagt nur aus, wie ein Auto reagiert, wenn es genug Benzin im Tank hat.

In einem Basic-Programm würde man im Programm den Befehl IF Benzin > 0 THEN GOTO Autofährt schreiben. In einem KI-Programm werden solche Informationen aus dem Programm rausgezogen und in einer eigenen Datei **abgelegt.**

suitable
regularities

is knowledgeable

reichen . . . aus suffice

input data

file

deposited

Diese Ansammlung von Wissen nennt man „Wissensbasis"
und ein KI-Programm, das darauf arbeitet, heißt „wissensba-
siertes" Programm oder im Spezialfall Expertensystem. —
„Wissensbasis" und „Expertensystem" sind ganz wesentliche
Fachbegriffe in der KI-Forschung. (...) — Die wissensbasier- *technical terms*
ten Programmsysteme und die Expertensysteme gehören zu
den bekanntesten Konzepten, mit denen sowohl Wissen über
Objekte und Zusammenhänge als auch Metawissen (Regeln
darüber, wie man Wissen anwendet) in Programmen dargestellt werden kann. Mit diesen Methoden kann auch sogenanntes „vages" Wissen erarbeitet werden. „Vage" ist alles, was
man nicht mit 100prozentiger Sicherheit weiß. Man wirft zum
Beispiel eine Münze und weiß: Mit 50prozentiger Wahrscheinlichkeit werfe ich Kopf. Aber genau so wahrscheinlich ist es,
daß eine Zahl geworfen wird. Expertensysteme **zeichnen sich** *zeichnen sich ... aus*
unter anderem dadurch **aus**, daß sie auf solch „vagem" Wis- *distinguish themselves*
sen arbeiten.

Was ist an Prolog so anders?

Prolog wurde etwa 1970 in Marseille entwickelt. Ähnlich wie
Lisp, die wohl bekannteste Sprache der künstlichen Intelligenz, unterscheidet Prolog sich **grundlegend** von Sprachen *fundamentally*
wie Basic und Pascal. Prolog ist ebenso wie Basic eine interak-
tive Sprache. Die Entwicklung und Ausführung von Prolog-
Programmen erfolgt im Dialog mit dem Computer. Das ist aber
auch schon die einzige Gemeinsamkeit von Basic und Prolog.
Denn diese Sprache **beruht auf** einem radikal neuen Konzept. *is based on*
Der Programmierer braucht sich nicht mehr um Algorithmen
zur Lösung seines Problems zu kümmern, sondern muß genau
angeben, worin sein Problem besteht.

In **herkömmlichen** Programmiersprachen, wie auch zum *traditional*
Beispiel in Basic, bestimmt der Programmentwickler die **Rei-** *order*
henfolge der Computeroperation. Er **legt** sie nämlich mit den *legt ... fest determines*
Programmbefehlen **fest**. In Prolog-Programmen wird nicht
mehr das „wie" spezifiziert, sondern das „was". Prolog besitzt
keine Sprachelemente, die festlegen, in welcher Reihenfolge
der Computer die Programmoperationen ausführt. Solche An-
weisungen sind in Basic IF/THEN, ELSE, FOR, WHILE und
GOTO. Mit solchen Kontrollbefehlen sagen wir dem Computer
„mache zuerst das, dann mache das". Ein Prolog-Programm
dagegen gleicht mehr einer ungeordneten Ansammlung von
Wissen. Mit einfachen Wenn-Dann-Befehlen und mit Fakten
werden **Sachverhalte** beschrieben. Dem Computer wird so *circumstances*
gesagt, was er über seine „Welt" wissen muß. Man nennt
solche Programmiersprachen, die dem Computer nicht sagen,
in welcher Reihenfolge er eine Folge von Problemen bearbei-

ten soll, „nichtalgorithmisch". (...) Wir teilen dem Computer wahre Fakten (Tatsachen) über ein Problem mit und sagen ihm, wie er sie zu interpretieren hat. Und nun soll endlich an einem ganz einfachen Beispiel gezeigt werden, wie solche Fakten (...) in Prolog aussehen können.

Prolog lernt Tiere kennen

Wir geben ein: „Ein Hund ist ein Tier." „Eine Katze ist ein Tier." und „Eine Kuh ist ein Tier."

tier(hund).
tier(katze).
tier(kuh).

Der Punkt hinter jeder Zeile ist wichtig! Prolog erkennt daran das Ende einer Eingabe.

Programmiersprachen

Programmiersprachen-Wirrwarr: Die Abbildung zeigt, daß es sehr viele verschiedene Programmiersprachen gibt

Nehmen wir an, unser Prolog-Programm „wüßte" nur diese
drei Fakten, die wir ihm eingegeben haben. Wir fragen nun
das Programm nach dem, was es weiß.

„Ist ein Hund ein Tier?"
?-tier(hund).

Das Prolog-System antwortet mit:

yes.

„Ist eine Katze ein Tier?"
?-tier(katze).
yes.

„Ist ein Wolf ein Tier?"
?-tier(wolf).
no.

Auf die letzte Frage kann Prolog nur mit „no" antworten,
da dem System ja noch nicht bekannt ist, daß der Wolf auch
ein Tier ist. Ein „no" ist in diesem Sinne immer als ein „ich
weiß es (noch) nicht" zu verstehen.

So läuft **in etwa** eine Prolog-Session ab. Eine Menge von *approximately*
Fakten und Regeln wird eingegeben, wie wir es in unserem
Beispiel in ganz kleinem **Rahmen** getan haben. Die Regeln *scope*
und Fakten können auch als Sätze (wie ein Basic-Programm)
von einer Datei geladen werden. Danach kann der Benutzer
Fragen an das System stellen, auf die Prolog im einfachsten
Fall mit „yes" oder „no" antwortet. Dies ist natürlich noch
keine **anspruchsvolle** Anwendung von Prolog. Die **Fähigkei-** *sophisticated / capabilities*
ten von Prolog sind sehr viel **umfassender**, als hier gezeigt *more extensive*
werden kann. (...)

Zum Verständnis

1. Nehmen Sie an, Sie müßten ein Wörterbuch für Computer-Anfänger
zusammenstellen. Welche Ausdrücke aus dem Text würden Sie aufneh-
men? Seien Sie so gründlich wie möglich!

2. Versuchen Sie, einige von den in 1. gesammelten Ausdrücken zu de-
finieren.

z.B.   KI: Künstliche Intelligenz; Wissenschaft, die Computern bei-
        bringen will, wie es auf der Welt zugeht.
       Lisp: KI-Sprache; Methode, Wissen über die reale Welt auf einem
        Computer darzustellen.

Zur Bedeutung

Läßt sich das Verhältnis zwischen einem Computer und seinem Benutzer mit einer zwischenmenschlichen Kommunikationsform vergleichen? Begründen Sie Ihre Antwort.

schtzngrmm
schtzngrmm
t-t-t-t
t-t-t-t
grrrmmmmm
t-t-t-t
s————c————h
tzngrmm
tzngrmm
tzngrmm
grrrmmmmm
schtzn
schtzn
t-t-t-t
t-t-t-t
schtzngrmm
schtzngrmm
tsssssssssssssssssss
grrt
grrrrrt
grrrrrrrrrt
scht
scht
t-t-t-t-t-t-t-t-t
scht
tzngrmm
tzngrmm
t-t-t-t-t-t-t-t-t
scht
scht
scht
scht
scht
grrrrrrrrrrrrrrrrrrrrrrrrrrr
t-tt

Ernst Jandl, „Schützengraben"

Was ist eigentlich ein Personal Computer?

Ein Personal Computer ist das Ergebnis einer technologischen Entwicklung, die Computer immer kleiner, schneller und preiswerter machte und die Verwirklichung der Idee, daß jeder Mensch seinen eigenen, persönlichen Computer haben sollte.

Ein Personal Computer ist der Gehilfe des Bauschlossers, der im Büro neben der Schlosserwerkstatt werktags in einer Stunde die Rechnungen schreibt, für die der Bauschlosser und seine Frau früher den ganzen Sonntagnachmittag benötigten.

Ein Personal Computer ist die Medizin, die der Doktor seiner Sprechstundenhilfe gegen den Streß der Verwaltungsarbeit verschrieben hat.

Ein Personal Computer ist die rechte Hand des Amtmanns, der dafür sorgt, daß man die Papiere für den neuen Wagen schneller bekommt.

Ein Personal Computer ist der Laufbursche, der dem Bau-

unternehmer hilft, die Baustellen zu überwachen, die Angebote zu kalkulieren und die Bauabrechnungen zu schreiben.
Ein Personal Computer ist die schnelle Verbindung zwischen dem örtlichen Versicherungsvertreter und seiner 566 km entfernten Zentrale, von der er jetzt in wenigen Sekunden die neue Police berechnet bekommt.
Ein Personal Computer ist der Schlauberger, mit dem der Filius zu Hause Mathe, Latein und die Geschichtszahlen paukt.
Ein Personal Computer ist das Archiv, mit dem der Schmetterlingssammler seine Prachtexemplare ordnet und archiviert.
Ein Personal Computer ist also ein Computer, den jeder für seine ganz persönlichen Aufgaben nutzen kann, sei es in großen Unternehmen, in kleinen Unternehmen oder auch zu Hause.

IBM

Wörterputzer
Renate Welsh[1]

Sie lagen im **Strandbad.** „Dein **Nabel** lacht", sagte sie. — *public pool / navel*
„Deiner ist traurig", sagte er. „Was hat er denn?"
„Ich weiß nicht."
„Du, das ist aber gar nicht nett von dir. Er hängt so an dir,
5 und du kümmerst dich nicht darum, wenn er Kummer hat."
Sie lachte.
„Siehst du", sagte er. „Du lachst, obwohl er traurig ist. Ob ich ihn **aufheitern** kann?" — *cheer up*
Er fuhr mit dem Zeigefinger ihren Nabel nach. Das **kitzelte** — *tickled*
10 so sehr, daß sie **aufquietschte.** Ein paar Leute hoben — *squealed*
die Köpfe.
Sie drehte sich auf den Bauch. „**Du spinnst ja**", sagte sie. — *You're crazy*
Er setzte sich auf, machte ein ernstes Gesicht, hielt die
linke Hand hoch, zog mit der rechten einen unsichtbaren **Fa-** — *thread*
15 **den** heraus, rollte ihn sorgfältig auf, zog wieder.
Sie schüttelte den Kopf.
„Ich spinne", sagte er. „Weißt du was? Ich spinne uns ein.
Dann **verpuppen** wir uns und kriegen Flügel und fliegen weg. — *change into chrysalis*
Wohin magst du fliegen?" „Ich glaube, ich mag jetzt lieber
20 schwimmen." Er legte die **nicht vorhandene** Spindel sorgfäl- — *non-existing*
tig auf die Decke, legte das **Knäuel** daneben. „Nicht drauf- — *ball of yarn*
trampeln", sagte er, „sonst zerreißt du meinen Faden."
Sie liefen zum Schwimmbecken, schwammen ein paar Län-
gen, dann tauchte er unter ihr durch, packte sie an den Schul-
25 tern, **prustete** ihr einen Kuß in den Nacken. Sie schwammen — *blew*
mit ineinander verhakten Fingern Karussell.
Als sie aus dem Wasser stiegen, hatten beide weißlich **auf-** — *softened*
geweichte Hände und Füße. Sie schüttelten sich, daß die
Tropfen flogen, rannten zu ihrer Decke zurück, lagen ne-
30 beneinander, die Handflächen nach oben, spürten die Sonne,
spürten jeder die Bewegungen des anderen.
„Du hast ja eine **Gänsehaut**", sagte sie. — *goosebumps*
Er fing an, mit den Armen zu schlagen und zu **schnattern.** — *cackle*
Sie hielt ihm die flache Hand hin, als wollte sie ihn füttern.
35 Er **stupste** die Nase in ihre Hand, **knabberte** an ihren Fin- — *nudged / nibbled*
gern. Sie zog seinen Kopf an sich. Seine Haare waren naß.
„Magst du ein Eis?" fragte sie.

[1] *Renate Welsh:* Born 1937 in Vienna. Studied languages and political science. Worked as translator. Has been writing widely acclaimed books for children and youths since 1970. Lives in Vienna.

Sie gingen Hand in Hand zum Kiosk. Ein roter Ball rollte ihnen vor die Füße. Ein kleiner, **krähender** Blonder wackelte *squeaking*
40 hinter dem Ball her, fing ihn überraschend **geschickt** auf, als *skillfully*
sie ihn ihm zuspielte.

Ein **Marienkäfer** flog auf ihre Schulter, krabbelte hin, krab- *ladybug*
belte her, wanderte ihren Arm hinunter. Die dünnen, durch-
sichtig grauen Flügel hingen unordentlich gefaltet unter den
45 roten Deckflügeln heraus.

„Wie deine Hemden", sagte sie.

„Aber ich würde mich nie trauen, auf dir spazierenzugehen.
Der ist **ausgesprochen frech**, der Kerl." *really fresh*

Der Marienkäfer breitete die Flügel aus, flog weg. Auf ihrem
50 Arm blieb ein winziger gelber Fleck zurück. Er pflückte ein
Blatt und putzte den Fleck ab. „Weißt du, was ich am liebsten
werden möchte?" fragte er.

„Nein. Sag mir's."

„Wörterputzer."

55 „Wörterputzer? Warum nicht gleich Lampenputzer?" Eine
Spur von Schärfe geriet in ihre Stimme. „War einmal ein Re- *trace*
voluzzer, im Zivilstand Lampenputzer", zitierte sie.

Er ergänzte: „Ging im Revoluzzerschritt mit den Revoluz-
zern mit."[2]

60 „Aber im Ernst," fragte sie, „wieso Wörterputzer?" Er
drehte sich zu ihr. „Es gibt doch so viele Wörter, die sind kaputt geredet worden. Ganz verkrustet sind sie—die großen
Wörter vor allem. Man kann sie kaum noch verwenden, so
scheußlich schmecken sie im Mund. Aber man braucht sie ja
65 doch, manchmal. Darum möchte ich sie putzen."

Sie pflückte einen **Grashalm**, schob die **Rispen** zwischen *blade of grass / panicles*
zwei Fingern hoch, blies sie weg. „Große Wörter. Meinst du *(botanical)*
solche wie ... Heimat oder ... Liebe?"

Ja, und viele andere, alle, die mißbraucht worden sind. Ich
70 stelle mir vor, man müßte sie vorsichtig baden, zuerst vielleicht **einweichen** ..." *soak*

---

[2] Quote referring to Erich Mühsam, a prominent socialist and political writer. (1878–1934).

„Ob sie da nicht **zergehen?** Wie Papiermaché?" „Glaube ich eigentlich nicht. Sie sind ziemlich **zäh,** sie haben schon so viel ausgehalten. Stell dir vor, man könnte sie richtig putzen, bis sie wieder glänzen und funkeln wie neu . . ."

„Du"—sie legte ihm die Hand auf den Arm, spürte, wie ihr, knapp bevor sie ihn berührte, die **Härchen** entgegenkamen, **verlor den Faden,** setzte noch einmal an. „Du—mit einer so geputzten Sprache könnte man ja gar nicht lügen. Das würde doch jeder gleich merken." Er nickte. „Stimmt. Stimmt genau. Was dann alles anders würde . . ."

Sie saßen eng nebeneinander, das **Gewühl,** der Lärm ringsum, war auf eine merkwürdige Art nicht störend, bildete eine Glocke, unter der sie beide Platz hatten. Die Sonne **stach.** Sie standen beide gleichzeitig auf, gingen zum **Beckenrand.**

„Ich nehme jetzt gleich ein Wort ins Wasser mit, häng mir's ans **Handgelenk",** sagte er. „Bindest du mir eine **Schleife?"**

Sie machte einen sorgfältigen Luftknoten, zog die Enden des Luftbandes glatt. „Meinst du nicht, daß das Chlor dem Wort schadet?"

„Nein", sagte er. „Ich nehme es ja dann gleich mit unter die Dusche."

Als sie später wieder auf der Decke lagen, fragte sie: „Glaubst du, es hat genützt, das Wörterbaden?" Sie **spreizte** Finger und Zehen, streckte sich. „Und was für ein Wort hast du überhaupt mitgenommen?" Ein **Zittergrasschatten** fiel auf ihre Schulter. „Na, was denkst du?" Er schluckte. „Wir können es gleich ausprobieren. Du, paß gut auf beim Zuhören, und ich werde ja merken, wie es mir auf der Zunge liegt." Sie rückte ein Stück näher. Der Zittergrasschatten **rutschte** in ihre Halsgrube. „Ja?"

„Also . . ."

„Also?"

„Also: Ich liebe dich."

„Ich dich auch", sagte sie.

Er schüttelte den Kopf. „Kannst du es nicht sagen? Trotz Putzen?"

Eine Falte erschien auf ihrer Stirn. „Müßte ich probieren. Also: ich . . . lie . . . be . . . dich . . ." Sie fuhr sich mit der Zunge über die Zähne, die Falte auf ihrer Stirn verschwand. „Ja . . . ichliebedich."

„Und?" fragte er. „Wie schmeckt's?"

„Gut", sagte sie. „Richtig gut—ganz frisch. Wie neu."

Zum Verständnis

1. Schlagen Sie in einem deutsch-deutschen Wörterbuch die verschiedenen Bedeutungen von *Putz, putzen; kümmern, Kummer; spinnen,*

Spindel nach. Inwiefern hilft Ihnen diese Information, den Text besser zu verstehen?

2. Stellen Sie sich vor, Sie liegen auch im Strandbad und beobachten das junge Paar. Geben Sie Ihre Eindrücke wieder! Wenn Sie sich nicht einig sind, besprechen und klären Sie Ihre Unstimmigkeiten.

3. Viele Gedanken in dieser Erzählung verselbständigen sich und springen wie Ping-pongbälle zwischen den jungen Leuten hin und her.

>z.B. Sie: „Dein Nabel lacht"
>Er: **(nimmt den Ball auf)**: „Deiner ist traurig." **(wirft ihn zurück)**: „Was hat er denn?"
>Sie: **(fängt ihn auf und schlägt ihn zurück)**: „Ich weiß nicht."
>. . . usw.

Finden Sie die vielen anderen Beispiele dieses verbalen Ballspielens im Text.

4. Untersuchen Sie den Stil der Erzählung (Wortwahl, Satzbau, grammatikalische Eigenheiten usw.) und begründen Sie, was sie so lesbar macht.

Zur Bedeutung

1. Warum haben die jungen Leute keine Namen?

2. Welche Bedeutung haben die Wortspiele (Zum Verständnis #3) für die Erzählung?

3. Sprache entlarvt (*unmasks*). Wie zeigt sich das in Renate Welsh's Erzählung?

4. Wie, glauben Sie, könnten oder sollten Wörter „geputzt" werden? Welche Wörter würden *Sie* vorschlagen?

Diskussionsthemen und Debatten

1. Sprechen Sie mit allen Leuten gleich? (Freunden, Eltern, Lehrern, Vorgesetzten, usw.) Wo liegen die Unterschiede?

2. Fällt es Ihnen jemals schwer, sich sprachlich auszudrücken? Unter welchen Umständen? Was können Sie dagegen tun?

3. Was halten Sie von einer gemeinsamen Sprache für alle Völker? (z.B. Esperanto)

4. Fachterminologie: worin liegen ihre Vorteile, worin ihre Nachteile?

5. Benutzen Sie ein englisch-englisches Wörterbuch? Zu welchem Zweck?

6. Was hat Sprache mit Selbstgestaltung zu tun?

7. Inwiefern sind Computersprachen echte Sprachen?

8. Diskutieren Sie nichtsprachliche Formen der Kommunikation!

Schriftliches

Wählen Sie eine beliebige Anzeige aus einer deutschen Zeitung oder Zeitschrift. Besprechen Sie, wie die Werbung Sprache benutzt, um das dargestellte Produkt zu verkaufen.

Grammar Notes

Adjectives

Strong and Weak Endings

Strong Endings

	Masculine	Neuter	Feminine	Plural
Nom.	-er	-es	-e	-e
Acc.	-en	-es	-e	-e
Dat.	-em	-em	-er	-en
Gen.	-en	-en	-er	-er

Strong endings are used when no limiting word is present (a **der**-word or **ein**-word), or when uninflected forms of the indefinite article or **ein**-words precede the adjective. The strong adjective endings indicate the gender, case, and number information for the following noun. Note the exceptions to this rule with the genitive masculine and neuter singular endings:

Weak Endings

	Masculine	Neuter	Feminine	Plural
Nom.	-e	-e	-e	-en
Acc.	-en	-e	-e	-en
Dat.	-en	-en	-en	-en
Gen.	-en	-en	-en	-en

Weak endings are used with attributive adjectives after the definite article, after **der**-words, after the inflected forms of the indefinite article, and after **ein**-words. Note the five occurrences of the **e**-ending.

Summary: If the case, gender, and number information are not conveyed by a limiting word immediately preceding the attributive adjective, that information will be indicated by the primary ending on the attributive adjective.

Adjectives Used as Nouns

Adjectives referring to persons, things, or abstract concepts may function as nouns. These forms are capitalized like nouns but follow the rules for strong and weak endings as noted above.

Reference to Persons

Reference to persons is expressed by either the masculine or feminine gender forms or by the plural form. The masculine singular form is used to indicate reference to an unspecified individual:

der Fremde *male stranger*
die Alte *old woman*
die Gleichgesinnten *persons with similar interests*
Jugendliche (pl.) *young people, youths*

Reference to Things

Reference to things or abstract concepts is expressed by neuter forms. The indefinite pronoun forms **etwas, nichts,** and **alles** frequently precede these neuter references:

das Ideale *the ideal (thing)*
etwas Erwünschtes *something desirable*
nichts Gutes *nothing good*

Participles as Adjectives

Participles are forms derived from verbs. Both the present and the past participle can function (1) as an adjective and (2) as a noun derived from an adjective:

von einem **kommenden** Wagen
*from an **approaching** car*

die Zahl der **Überlebenden**
*the number of the **survivors***

der Name der **gesuchten** Person
*the name of the person **being sought***

das Verhalten des **Angeklagten**
*the behavior of the **accused***

Extended Participle Construction

Participle constructions used attributively are frequently extended by additional modifiers such as a single word or one or more adverbial phrases:

in einer **traditionell aufgebauten** Kartei . . .
*in a **traditionally constructed** catalog. . . .*

die **von ihnen bewohnten** Häuser . . .
*the houses **inhabited by them** . . .*

Er erkannte den **von der Polizei lange gesuchten** Täter
*He recognized the perpetrator **whom the police had been searching for** for a long time.*

Extended participle constructions often compress the content of a relative clause into a noun phrase, placing the information in front of the noun. Longer phrases are infrequent in conversational German, but are quite common in both scientific writing and elevated prose style. The syntactic structure of many extended participle constructions can be related to specific types of relative clauses which provide the underlying structure for the construction. A summary of the transformational operations necessary to convert the relative clause to the extended participle construction follows each example.

1. Nominative relative pronoun plus **sein** plus predicate adjective

    der Kreis, **der** dicht **geschlossen war**, . . .
    →
    der [dicht **geschlossene**] Kreis

Operations: Delete the relative pronoun, delete **sein,** place the remaining elements between determiner and antecedent, add adjective ending to participle form.

2. Nominative relative pronoun plus verb other than **sein** in the active voice

    eine Kaninchenniere, **die** völlig frisch und natürlich **aussieht**
    →
    eine [völlig frisch und natürlich **aussehende**] Kaninchenniere

Operations: Delete the relative pronoun, change main verb to a participle form, place the remaining elements between determiner and antecedent, add adjective ending to the participle form.

3. Accusative relative pronoun and verb in the active voice

    . . . den Täter, **den** die Polizei lange **gesucht hatte.**
    →
    den [von der Polizei lange **gesuchten**] Täter

Operations: Delete the relative pronoun, change subject to object of **von,** replace main verb with past participle form, place the remaining elements between determiner and antecedent, add adjective ending to the past participle form.

4. Nominative relative pronoun plus passive voice verb

    eine Kaninchenniere, **die** in Flüssigstickstoff **gefroren wurde**
    →
    eine [in Flüssigstickstoff **gefrorene**] Kaninchenniere

Operations: Delete the relative pronoun, delete the passive auxiliary, place all remaining elements between determiner and antecedent, add adjective ending to the past participle form.

5. Nominative relative pronoun plus **sein**, plus complementary infinitive + **zu**

>ein Schaden, **der** nicht wieder **gut zu machen ist**
>
>→
>
>ein [nicht wieder **gutzumachender**] Schaden

Operations: Delete the relative pronoun, delete **sein**, change the infinitive to a present participle, place all remaining elements between the determiner and antecedent, add the adjective ending to the present participle form.

da-Compounds

The demonstrative adverb **da** combines with prepositions and structurally replaces different sentence units without altering the meaning. When the preposition begins with a vowel, a linking **-r-** is inserted: **darauf, darüber,** but **daneben, dabei.** The da-compound cannot be formed with **außer, ohne, seit** and prepositions governing the genitive case.

da-Compound Replacing the Prepositional Phrase

The **da**-compound replaces a prepositional phrase, if the object of the preposition refers to things or concepts, but **not to persons.** Since the **da**-compound contains less specific information than the full prepositional phrase, the co-reference for the **da**-compound must be clearly established:

>Sie betreiben einen kleinen Gemüseanbau und **daneben** eine Kompostanlage.
>(daneben = neben dem Gemüseanbau)

The Anticipatory **da**-Compound

The **da**-compound can also anticipate a dependent clause often introduced by **daß.** The anticipatory **da**-compound occurs when the verb of the main clause requires a prepositional phrase to complete its meaning. The dependent clause fulfills the same syntactic function as the object of the preposition. The **da**-compound occupies the same position in the main clause as the complement prepositional phrase would. The English equivalent often uses a prepositional phrase:

>Expertensysteme zeichnen sich **dadurch** aus, daß sie auf solch 'vagem' Wissen arbeiten.
>*Expert systems are characterized **by the fact** that they operate on 'vague' knowledge.*

Compare a prepositional phrase:

> Expertensysteme zeichnen sich **durch viele Regeln** aus.

Similarly, a **da**-compound may also anticipate an infinitive phrase. The English equivalent often disregards the **da**-compound:

> ... dann bemüht euch **darum,** ihm zu helfen.
> *then make the effort to help him.*

Directives

Directives are communicative acts between two or more persons in which one person, the speaker, commands, requests, or suggests that the other person, the hearer, carry out the specific action. A variety of grammatical forms and sentence structures can be used to express a directive. Some of those common to printed directions and recipes include:

1. The *imperative form* of the verb. One or more persons can be addressed with imperative verb forms:

   > **Garnieren Sie** das Rührei mit Petersilie.
   > ***Garnish*** *the scrambled egg with parsley.* (singular or plural, formal)

   > **Paß** gut auf beim Zuhören.
   > ***Pay attention*** *while listening.* (singular, familiar)

   > Greise und Greisinnen aller Länder **vereinigt** euch!
   > *Old men and women of all countries,* ***unite!*** (plural, familiar)

2. The *infinitive*. The infinitive as a form of directive is often found in advertising slogans, as well as in printed directions, and recipes. It is characterized by an abbreviated and impersonal style:

   > Das Eiweiß schaumig **rühren.** Dann die geschlagene Sahne **dazugeben.**
   > **Beat** *the egg white until fluffy. Then* **add** *the whipped cream.*

3. *The third person singular subjunctive I form:*

   > Man **nehme** vier Eier und 100 g Zucker.
   > ***Take*** *4 eggs and 100 grams of sugar.*

4. The *passive voice:*

   > Die Eier **werden** schaumig **geschlagen** und zu den Pilzen **gegeben.**
   > ***Beat*** *the eggs until fluffy and* ***add*** *to the mushrooms.*

Other syntactic structures which communicate commands, or suggestions include:

5. The *future tense forms* of the verb. Declarative statements in the second person future tense can substitute for the imperative:

>Du **wirst** jetzt sofort still **sein.**
>*You **will be** quiet now.*

6. The *modal verb* **sollen.** The second person forms of **sollen** in a declarative sentence communicate a strong suggestion:

>Aber das Musiktheater **sollten** Sie auch nicht vergessen.
>*But you **should** not forget the musical theater either.*

7. The *first person plural subjunctive I verb form.* This form of suggestion often includes the speaker in the group that carries out the action:

>Stellen **wir** uns diese Szene vor.
>*Let's imagine this scene.*

8. *Subjunctive II verb forms in interrogative sentences:* These interrogative sentences do not ask for a yes-no answer, but make requests for action:

>**Würden** Sie bitte Platz nehmen?
>***Won't** you please sit down?*

>**Könnten** Sie mir helfen?
>***Could** you please help me?*

Infinitives

The *infinitive* is a finite verb form. The *infinitive* occurring with a conjugated verb in a sentence or clause is called a *dependent infinitive* and has no separate tense indication.

There are two types of dependent infinitives: the *simple infinitive* and the *infinitive + zu*. Both types of infinitives occupy the final position in the clause:

>„Ich wollte mich Ihnen nur **vorstellen**," sagte Tobias Hull.
>*"I only wanted **to introduce** myself to you,"* said Tobias Hull.

>Ob der Sohn diese Familientradition fortführen wird, bleibt **abzuwarten.**
>*It remains **to be seen** whether the son will continue the family tradition.*

Infinitive + zu

When the infinitive is modified by other sentence units and expanded to an *infinitive phrase*, it is set off by a comma from the main clause:

> Vielleicht wird sie auch Medizin studieren, **um später in Südamerika zu helfen.**
> *Perhaps she will also study medicine, in order to help out in South America one of these days.*

The dependent infinitive does not have an expressed grammatical subject. The subject of the event or action indicated by the infinitive is either the subject of the conjugated verb:

> **Jeder Meister** ist berechtigt, Lehrlinge **auszubilden.** (Jeder Meister kann Lehrlinge ausbilden.)
> *Each master is certified to train apprentices.*

or the object of the conjugated verb:

> Der Psychologe schlägt **uns** vor, die neurotische Angst **zu bekämpfen.** (**Wir** sollen die neurotische Angst bekämpfen.)
> *The psychologist suggests we fight neurotic fear.*

The verbs **haben, sein,** and **brauchen** can be used with a dependent infinitive preceded by **zu. Haben** combines with the *infinitive + zu* to express necessity, functioning as a synonym for the modal verb **müssen:**

> Sie **haben** in Haft **zu bleiben.**
> *You **must remain** in custody.*

Sein with the *infinitive + zu* functions as a syntactic substitute for sentences containing the modal verbs **können, müssen,** or **sollen** plus the passive infinitive:

> ... bei dem das Gesellenstück **zu arbeiten ist.** (=gearbeitet werden soll/muß)
> *... during which the apprentice piece **is to be completed.***
> ... die im Jahrbuch des Handwerks 1984 **nachzulesen sind.** ... (= nachgelesen werden können)
> *... which one **can read** about in the 1984 yearbook.*

When **brauchen** functions as the negation of the modal verb **müssen** or when the main verb is limited by adverbs such as **bloß** or **nur, zu** is frequently omitted:

> Wir **brauchen** uns nicht (**zu**) **sorgen.**
> *We don't need to concern ourselves.*
> ... einen Spaziergang, auf dem ich mich nur platonisch für Hunde (**zu**) **interessieren brauche.**
> *... a walk during which I only need to be interested in dogs in an uninvolved way.*

The Syntactic Function of the Infinitive Phrase

An *infinitive phrase* can function as the object of a transitive verb. Its position in the sentence is governed by the same word order rules used for noun and pronoun objects:

>Vergebens versuche ich, **meiner inneren Gewissensqual Herr zu werden.**
>*In vain I try to master my inner torment.*

The pronoun **es** can occupy the object position in the main clause when the true object, the *infinitive phrase*, follows:

>... die **es** mir unmöglich machen, **Pluto jetzt anzumelden.**
>*... which make it impossible for me to register Pluto.*

The *infinitive phrase* can also modify nouns and adjectives:

>Der **Wunsch, Geld zu verdienen,** . . . .
>*The desire to earn money . . .*

>Jeder Meister ist **berechtigt, Lehrlinge auszubilden.**
>*Each master is certified to train apprentices.*

The *infinitive phrase* introduced with **um** explains the purpose of the action or situation described in the main clause:

>Interessierte Umweltschützer kommen täglich, **um** mehr über die Regenwürmer **zu lernen.**
>*Interested environmentalists come daily, (in order) to learn more about the earthworms.*

Infinitive Constructions with lassen

When **lassen** is used together with a dependent infinitive, it can express either permission or causation. When **lassen** + *infinitive* expresses permission it corresponds to English *let, allow, permit,* i.e., the subject is the source of the permission:

>Ich **lasse** sie ahnungslos **groß werden** . . .
>*I permit them to grow up unsuspecting . . .*

>Herr Purdan **ließ** den Arzt so leicht nicht **gehen.**
>*Herr Purdan did not let the doctor go so easily.*

This use of lassen is synonymous with comparable expressions using **erlauben** or **dürfen:**

>Ich **erlaube** ihnen ahnungslos groß zu werden.
>Herr Purdan **erlaubte** dem Arzt nicht so leicht zu gehen.
>Die Hunde **dürfen** ahnungslos groß werden.
>Der Arzt **durfte** nicht so leicht gehen.
>NOTE: change in subject with **dürfen.**

When **lassen** + *infinitive* expresses causation, it is rendered by English *have* or *let*. The grammatical subject is the source of the causation, while mention of the person who carries out the action is often omitted:

> Der Richter **ließ** beide **vorführen**.
> *The judge **had** both men **brought** before him.*
>
> **Laß** mich **wissen**, wann du morgen kommst.
> *Let me know, when you are **planning to come** tomorrow.*

The causative use of **lassen** corresponds to synonymous expressions containing verbs and expressions which issue directives:

> Der Richter **befahl,** daß die beiden vorgeführt werden sollten.
> **Sag mir Bescheid,** wann du morgen kommst.

Lassen can also be used with dependent infinitives such as **stehen, sitzen,** or **bleiben** which add a spatial dimension. In these instances **lassen** is rendered by English *leave:*

> Herr Purdan **ließ** seine Portion **stehen**.
> *Herr Purdan **left** his portion (untouched).*

sich lassen + Infinitive

The reflexive use of **lassen** together with a dependent infinitive provides a syntactic alternative to passive voice constructions containing the modal verb **können:**

> Dies **läßt sich** alles in Geld **umwechseln**.

Compare passive:

> Alles **kann** in Geld **umgewechselt werden**.
> *All of this can be turned into money.*
>
> Genau **ließ sich** das nicht **erklären**.
> *That could not be explained exactly.*

Compare passive:

> Das **konnte** nicht genau **erklärt werden**.
> *That **could** not **be explained** exactly.*

Modal Verbs

The *modal verb* does not express action but conveys an *attitude* about the action expressed by the accompanying infinitive:

> Ich **arbeite** heute. (**arbeite** = action)
> Ich **muß** heute arbeiten. (**muß** = attitude of necessity)

Objective and Subjective Use of Modal Verbs

Either an *objective* or a *subjective* attitude can be expressed by the modal verb. The *context* in which the modal appears is important for distinguishing between objective and subjective attitudes. The objective use of modal verbs conveys the speaker's attitude towards the situation. The subjective use of modal verbs conveys varying degrees of belief on the speaker's part toward the content of the communication.

The following table presents the common meanings of the modal verbs used objectively and subjectively:

	Objective	*Subjective*
dürfen	permission	assumption
können	ability, possibility	perceived possibility
mögen	personal preference, inclination	perceived possibility, approximation
müssen	compulsion, necessity	conviction based on observed situation
sollen	duty, obligation	hearsay, rumor; hypothetical possibility
wollen	desire, wish, intent	claim perceived doubtful

Subjunctive II forms of **dürfen, können,** and **sollen** frequently convey subjective attitudes, by making the statement more tentative:

> Bei Heroin **dürfte** das sofort einleuchten.
> (subjective attitude: assumption *one assumes that . . .*)
> Eine Regel **könnte** so aussehen.
> (subjective attitude: perceived possibility *might*)
> Das **sollte** stimmen.
> (subjective attitude: probability *expect to be*)

The grammatical structures for modal verbs used objectively and subjectively when referring to a present action are identical. The modal is accompanied by the simple infinitive:

> Man **soll** gründlich **prüfen.**
> (objective attitude of obligation toward action)
> Der Computer **soll** sich **unterhalten können.**
> (subjective attitude conveying rumor)

The perfect infinitive accompanies the present tense form of a modal used subjectively which expresses an attitude about a past action:

> Der Roboter **muß** etwas **getan haben.**
> (subjective attitude: present conviction about past action)

The objective use of the modal only permits the simple infinitive with either a present or past tense modal verb form:

> Ich muß sofort etwas tun.
> (objective attitude of necessity towards present action: *have to/must do*)
> Ich mußte etwas tun.
> (objective attitude of necessity towards past action: *had to do*)

Special Problems

Negation of **dürfen** and **müssen**

dürfen

The positive objective use of **dürfen** expresses permission:

> Aber **darf** ich Sie fragen?
> *But **may** I ask you the question?*

Negating **dürfen** with **nicht** often expresses prohibition commonly rendered by English *must not:*

> Die Ängste durch Tschernobyl **dürfen nicht** als neurotisch oder hysterisch **abgetan werden.**
> *The fears created by Tschernobyl **must not be cast off** as neurotic or hysterical.*

müssen

The positive objective use of **müssen** expresses necessity or compulsion rendered by English *must* or *have to:*

> Ihr **müßt** so werden wie wir.
> *You **must** become just as we are.*
>
> . . . denn essen **muß** der Mensch.
> *. . . because one **has to** eat.*

Negating **müssen** with **nicht** expresses the absence of necessity rendered by English *to not have to:*

> Er **muß** sich **nicht** beeilen.
> *He **doesn't have to** hurry.*

mögen

When **mögen** expresses the objective attitude of liking, it may be used with or without a dependent infinitive:

> Der Hund **mag** ihn nicht.
> *The dog doesn't **like** him.*
>
> **Magst** du ein Eis **essen?**
> *Do you want some ice cream?*

The subjunctive II form **möchte** conveys a polite form of **wollen**:

> Ich **möchte** Tischlerin werden.
> *I would like to become a carpenter.*

In polite requests **möchte** is often used without a dependent infinitive:

> Ich **möchte** einen Kaffee.
> *I would like a cup of coffee.*

The subjective use of **mögen** like **können** can express a perceived possibility. The use of **mögen**-forms is considered more literary:

> Das **mag** wahr sein.
> Das **kann** wahr sein.
> *That may/can be true.*

The subjective use of **mögen** can also express an approximation or estimate:

> Ich **mag** drei Jahre alt gewesen sein.
> *I may have been three years old.*

Present Perfect Tense

Modal verbs are conjugated with the auxiliary verb **haben**. The modal verb and the dependent infinitive, often referred to as a double infinitive, appear in final position in a main clause:

> Vielleicht **hätte** ich einen anderen Beruf **wählen sollen**.
> *Perhaps I **should have chosen** another profession.*

Note the position of the auxiliary verb form in dependent word order:

> ... daß sie ihre Rechnung **hätte** bezahlen müssen.
> *... that she had to have paid her bill.*

When modal verbs occur in the present perfect tense without a dependent infinitive, the past participle forms are **gedurft, gekonnt, gemocht, gemußt, gesollt,** and **gewollt**:

> Diese Resultate haben die Wissenschaftler nicht **gewollt**.
> *The scientists did not want these results.*

Passive Voice

German and English sentences communicate information in either active or *passive voice*. In an active voice sentence the communication focuses on the grammatical subject which performs or causes the action of the verb:

> Ich schau' mir die Welt an.

In a sentence with a *passive voice* verb, the communication focuses on the action as a process. The grammatical subject does not perform or cause the action to occur, but is affected by that action:

> Ersatzmethoden werden zur Lösung der Frage entwickelt.
> *Substitute methods are being developed as a solution to the question.* (No mention of the persons responsible for the development process.)

Passive voice sentences without grammatical subjects are possible. Other sentence units, such as adverbs or dative objects, may occur in the initial position. In such sentences the auxiliary verb always occurs in the third person singular:

> **Dann** wird angenommen, daß der Computer etwas Bestimmtes weiß.
> *Then it is assumed that the computer knows something in particular.*

If no other sentence unit appears in the sentence initial position, the pronoun **es** is used. It is not the grammatical subject and cannot occur in any other position in the sentence:

> **Es** wird dem Computer gesagt, daß. . . .
> *The computer is told that . . .*
> BUT: Dem Computer wird gesagt, daß. . . .

The *passive voice* is often used as a stylistic device when the information to be communicated focuses on the action as a process more so than on the actor or initiator of the action. It signals a less personal and more official style. References to the initiator of the action, when mentioned at all, are expressed as the object of the preposition **von**:

> Dieses Argument wird seit Jahren vorgebracht.
> *This argument has been proposed for years.*

> Folgende Forderungen werden **von der Landesregierung** im Hinblick auf Tierversuche erhoben.
> *The following claims have been made **by the state government** with respect to animal experiments.*

Modal Verbs and the Passive Infinitive

Modal verbs cannot form the passive voice, but they are used with the passive infinitive which consists of the past participle of the main verb and the infinitive of the auxiliary verb **werden**:

> Nicht alle Fragen können ausreichend **geklärt werden**.
> *Not all questions **can be settled** sufficiently.*

The passive infinitive can be used with either the present or past tense forms of the modal verbs:

Present:	Es **soll** vor vermeidbaren Schmerzen oder Schäden **geschützt werden.** (*should be protected*)
Past:	Und nicht umsonst **konnten** in den letzten Jahren einige Erfolge **verzeichnet werden.** (*could be registered*)

The passive infinitive can also be used with either the indicative or subjunctive forms of the modal verbs:

Indicative:	Altöl aus Autos **kann** zu Schmierstoffen **verarbeitet werden.** (*can be converted*)
Subjunctive I:	Meine Mutter meinte, der Taube **müsse anheimgestellt werden,** . . . (*must be given the choice*)
Subjunctive II:	Jährlich **könnten** pro Haushalt ca. 6 500 000 Kwh **gespart werden.** (*might be saved*)

Reflexive Pronoun/Reflexive Verb

Reflexive Pronoun

The *reflexive pronouns* are identical in form to the accusative and dative personal pronouns in the first and second person singular and plural. In the third person singular and plural and the second person formal, the *reflexive pronoun* is **sich:**

Reflexive Pronouns

	Accusative	Dative
1st Per.	mich—uns	mir —uns
2nd Per.	dich —euch	dir —euch
3rd Per.	sich —sich	sich—sich
2nd Formal	sich —sich	sich—sich

When the subject and the object in a clause refer to the same person or thing, the object is expressed by a *reflexive pronoun.* This *reflexive pronoun* typically functions as the direct object of a transitive verb:

> Er drehte **sich** zu ihr um.
> *He turned (himself) towards her.*
> (The reflexive pronoun **sich** is a second reference to the object indicated by the subject pronoun **er.**

The *reflexive pronoun* is expressed in the dative case whenever another accusative case direct object is present in the clause:

> Das könnte ich **mir** nicht mehr vorstellen.
> *I could no longer imagine that.*
> (The demonstrative pronoun **das** is the direct object.)

The object of a preposition may also refer to the same person or thing named by the subject noun:

> Der Ton schwebte durch die Luft, über **sich** die Sterne.
> *The note glided through the air, the stars above **it**.*
> (**Sich** is a second reference to the subject noun **Ton**.)

The plural *reflexive pronouns* often convey a reciprocal function, i.e., *each other*:

> Die Rentner trafen **sich** täglich im Lokal.
> *The retired people met **each other** daily in the pub.*

The pronoun **einander** is an uninflected reciprocal pronoun.

> Die Rentner helfen **einander** bei der Arbeit.
> *The retired people help **each other** with their work.*

When it occurs following a preposition, **einander** and the preposition are written together as one word:

> Sie saßen eng **nebeneinander** im Strandbad.
> *They sat **side by side** at the pool.*

The reciprocal **einander** is normally interchangeable with the plural *reflexive pronouns*, but only **einander** occurs after a preposition:

> Die Rentner trafen **sich/einander** täglich im Lokal.
> Sie saßen eng **nebeneinander**.

The uninflected forms **selbst/selber** are used for emphasis. They may also intensify a *reflexive pronoun*:

> Das Problem lag bei ihnen **selber** oder in Illusionen über **sich selbst**.
> *The problem was **theirs alone** or in illusions **about themselves**.*

Word Order

The position of the *reflexive pronoun* is determined by the same rules used for the position of personal pronoun objects.

1. After the conjugated verb when the subject occurs in sentence initial position:

> Er drehte **sich** zu ihr um.

2. Following the personal pronoun subject when it does not occur in sentence initial position:

> Dann verpuppen wir **uns** und kriegen Flügel.

3. Before all other elements, usually also noun subjects:

> Auf dem Bahnhofsplatz übergoß **sich** eine noch immer adrette Dame mit Benzin.
> Es wurde berichtet, daß **sich** am Bahnhofsplatz eine noch immer adrette Frau mit Benzin übergossen hatte.

Reflexive pronouns in the dative case follow personal pronoun objects in the accusative case, but precede demonstrative pronoun objects in the accusative case:

> Der Mercedes ist ein schöner Wagen, aber ich kann ihn **mir** nicht leisten.
> *The Mercedes is a beautiful car, but I cannot afford one.*

> Ich möchte selbständig sein, aber ich kann **mir** nur schlecht vorstellen, was das wirklich bedeutet.
> *I would like to be independent, but I have trouble imagining what that really means.*

Reflexive Verbs

Since most German transitive verbs require an expressed object, such verbs can accept a *reflexive pronoun* as object:

> Ich wollte **mich** Ihnen vorstellen.
> *I wanted to introduce **myself** to you.*

Compare the nonreflexive use of **vorstellen**:

> Ich wollte Ihnen **meinen Kollegen** vorstellen.
> *I wanted to introduce **my colleague** to you.*

Many transitive verbs can only be used reflexively because the action designated by the verb can only be carried out upon the subject of the clause. Often the English equivalents are not used reflexively:

> sich schämen: Peter schämte sich darüber.
> *Peter was ashamed (of himself) about it.*

The act of being ashamed can only refer to the grammatical subject. Other common reflexive verbs of this type are **sich beeilen, sich entschließen, sich freuen,** and **sich überlegen.**

Relative Pronouns/Relative Clauses

Relative Pronouns

	Masc.	Neut.	Fem.	Plural
Nom.	der	das	die	die
Acc.	den	das	die	die
Dat.	dem	dem	der	denen
Gen.	dessen	dessen	deren	deren

NOTE: Forms of **welch-** are often used as *relative pronouns* in written German.

The relative pronoun, which unlike English is never omitted in German, agrees in gender and number with its antecedent noun or pronoun and introduces a dependent clause, *the relative clause*. The case of the relative pronoun is determined by its function in the relative clause:

> Nur zögernd bekenne ich mich zu einem Beruf, **der** mich zwar ernährt, mich aber zu Handlungen zwingt, **die** ich nicht immer reinen Gewissens vornehmen kann.
> (The relative pronoun **der** refers to **Beruf** and functions as the subject of its clause; the relative pronoun **die** refers to the noun **Handlungen** and functions as the direct object in its clause.)

The relative pronoun can also function as the object of a preposition; the preposition followed by the relative pronoun introduces the relative clause:

> Über der Straße, in **die** ich jetzt einbiege, . . .
> *Over the street into which I am turning . . .*

The Relative Pronoun **was**

Was functions as a relative pronoun in the following situations:

1. The antecedent is an indefinite pronoun (**alles, nichts, etwas, wenig, viel, vieles**):

> . . . die Wirklichkeit ist zuerst mal **etwas, was** man anfassen kann.
> *. . . reality is first of all **something that** one can grasp.*

2. The antecedent is often a superlative form of an adjective used as a neuter noun:

> **Das Peinlichste, was** mir passierte, geschah am Sonntag im Park.
> *The most embarassing thing **that** happened to me, happened in the park on Sunday.*

3. The antecedent is a whole clause rather than a noun or pronoun:

> Die Familie erkennt den Alkoholismus nicht als eine Krankheit an, **was** das Problem noch steigert.
> *The family does not recognize alcoholism as a sickness, **a fact that** (which) only intensifies the problem.*

Relative Pronouns without Antecedent: wer/was

Both **wer** and **was** function as relative pronouns when no antecedent is present. They are equivalent to *whoever, anyone who* (**wer**), *whatever,* and *anything that* (**was**). The demonstrative forms **der/das** may introduce the main clause, although they are usually omitted:

> **Wer** auf deutschen Landstraßen fährt, (der) fährt nur kurze Strecken.
> ***Whoever*** *drives on German secondary highways, drives only short distances.*

> Typisch für den Schnellimbiß ist, daß (das) öffentlich gegessen wird, **was** öffentlich angeboten und öffentlich zubereitet wird.
> *Typical for a fastfood stand is that **what** is eaten openly is offered openly and prepared in the open.*

Indirect Discourse

The indirect quotation is reported with a *subjunctive verb* form, indicating that the speaker or narrator is reporting the content of another's message but does not accept responsibility for the accuracy of the information. Therefore, indirect discourse is frequently found in journalistic style. The pronouns are adjusted to correspond to the point of view of the speaker/narrator.

NOTE: Many speakers do not use Subjunctive I forms in everyday speech, and these forms are not found in many examples of modern literature:

> Er sagte, er wolle nun weiterreisen.
> *He said he wanted to travel on.*

> Er sagte: „Ich will nun weiterreisen."
> *He said: "I want to travel on now."*

Indirect discourse is generally reported with *subjunctive* I forms. These verb forms are clearly distinct from indicative verb forms in the third person singular:

> . . . er **wolle** nun weiterreisen.
> *. . . he wanted to travel on.*

> . . . deren Zeche **habe** übrigens der Fremde bezahlt.
> *. . . whose bill the stranger had paid, by the way.*

> . . . daß er Kaufmann **sei**.
> *. . . that he was a salesman.*

When the *subjunctive* I forms are identical to the indicative verb forms, *subjunctive* II forms are used:

> (Er berichtete) . . . zwei junge Leute . . . , die während des Essens am Tisch des Gastes gesessen und ihn unterhalten **hätten**. . . .
> *(He reported that) . . . two young people . . . , who had sat at his table during the meal and entertained him. . . .*

Subjunctive I verb forms use the *infinitive stem* plus the *endings* = **e**, = **est**, = **e**, = **en**, = **et**, = **en**, = **en**. Note the *Subjunctive I* of **sein**:

ich sei   wir seien
du sei(e)st   ihr seiet
er ⎫
sie ⎬ sei   sie seien
es ⎭

                  Sie seien

Subjunctive I verbs in indirect discourse convey one of three time designations: present, past, or future. The tense of the verb in the indirect quotation is the same as the tense in the corresponding direct quotation. The tense of the introductory phrase verb *does not affect* the tense of the indirect quote. Compare the text example in indirect discourse with the corresponding direct quotation:

> Dann **befahl** er, Urbini **solle** . . . auf der Straße niedergelegt werden.
> *Then he ordered (that) Urbini should be laid on the street.*
> Compare the direct quote:
> Dann **befahl** er: „Urbini **soll** auf der Straße niedergelegt werden."
> *Then he ordered: "Urbini should be laid on the street."*
> Die Gäste **suchten** Herrn Purdan zu bereden, daß er es über sich **bringe**, das Eis zu essen.
> *The guests attempted to pursuade Herr Purdan, that he force himself to eat the ice cream.*

The indirect quotation normally functions as a *dependent clause*. It may be introduced by the subordinate conjunction **daß** which requires dependent word order:

> . . . **daß** er Kaufmann und seiner Geschäfte halber unterwegs sei.

The *indirect statement* may follow the main clause directly with no conjunction:

> . . . sagten sie, **er habe erzählt,** . . .

Indirect general questions are introduced by the conjunction *ob*:

> . . . diesen fragte er, **ob** er in einer der Nächte etwas geträumt habe.

Indirect information questions are introduced by the interrogative adverbs, i.e., **was, wo, wie**:

> . . . als die Masse . . . erfuhr, **was** Vigilio zu tun habe.

Subjunctive II

Subjunctive II verb forms are used to indicate that the information communicated is (1) relatively unlikely, (2) not plausible, (3) a matter of conjecture, or (4) contrary to fact:

    Wenn es keine Angst vor radioaktivem Regen **gäbe**! (1)
    If there were no fear about radioactive rain.

    Das **könnte** ich mir nicht mehr vorstellen. (2)
    I could no longer imagine that.

    Eine Regel **könnte** so aussehen. (3)
    A rule might look like this.

    Wäre das Loch durch einen Schuß **entstanden**, **lägen** Scherben im Raum. (4)
    If the hole had been caused by a shot, there would be fragments in the room.

Subjunctive II verb forms are used frequently to express polite requests, make suggestions, or make statements more tentative or modest:

Requests:	**Könnten** Sie mir bitte helfen? *Could you please help me?*
	Würden Sie Platz nehmen? *Won't you please sit down?*
Suggestion:	Wie **wär'** es, wenn wir nun damit begönnen zu überlegen, was noch übrig ist? *How would it be if we would begin to consider what is left?*
	Aber das Musiktheater **sollten** Sie auch nicht vergessen. *But you should not forget the musical theater either.*
Tentative Statement:	Mindestens die Leber **würd'** ich **wegwerfen**. *At the very least I would throw away the liver.*

Subjunctive II verb forms express events in two time categories: those in the present or future and those in the past. The events may be expressed in either the active or passive voice:

Present Active:	In einem Basic-Programm **würde** man den Befehl so **schreiben**. *In a Basic-program the command would be written this way.*
	Es **gäbe** aber Gift in Fisch und Fleisch? *You mean to tell me there is poison in fish and meat?*

Present Passive: Zwar **könnte** das auch **erzwungen werden.**
No doubt that might also be enforced.

Past Active: Ich **hätte** die Taube gerne **behalten.**
I would have liked to keep the dove.

The following table illustrates the rules for the formation of subjunctive II verb forms:

SUBJUNCTIVE II: PRESENT TIME

Stem	Weak	Irregular		Modal		Strong	
	sagte-	brachte-	kennte-	konnte-	sollte-	blieb-	sah-
Additions to Stem	0	umlaut	0	umlaut	0	+ e	+ e
	sagte-	brächte-	kennte-	könnte-	sollte-	bliebe-	sähe
		hätte		dürfte-	wollte-		wäre-
				möchte-			
				müßte			

Person Endings   For all verb types: -, -st, -, -n, -t, -n, -n

Present Subjunctive with **würde** + Infinitive

This construction, typically found in the conclusion clause of a present time contrary to fact statement, is normally not used to replace the present subjunctive verb forms of **haben, sein, wissen,** and the modal verbs:

Wenn ich Zeit hätte, **würde** ich dich **besuchen.**

BUT:

Wenn du Zeit hättest, **könntest** du mich **besuchen.**
Wenn du mir das erklärtest, **wäre** ich dir sehr dankbar.
Am Donnerstag hätte ich Zeit, wenn es notwendig **wäre.**
Ich **wüßte** die Antwort auch nicht.

Past Subjunctive II

Past subjunctive II forms are compound forms consisting of the subjunctive forms of the auxiliaries **haben** or **sein** plus the past participle. Unlike the indicative, there is **only one past time subjunctive form:**

Wenn Hans zu Hause **geblieben wäre, hätten** wir ihn **besucht.**
*If Hans **had stayed** home, we **would have visited** him.*

Modal verbs used with a dependent infinitive form the *past subjunctive II* with the double infinitive construction.

> Der Fremde **hätte** die Rechnung selber **bezahlen wollen,** aber . . .
> *The stranger **would have wanted to pay** the bill himself, but . . .*

Note the word order for the *past subjunctive* II form of modal verbs occurring in a dependent clause:

> . . . daß er selber die Rechnung **hätte bezahlen wollen.**
> NOTE: See discussion of modal verbs on the past participle forms of the modal verbs.

Tense

Tenses relate the time at which an action or situation occurs to the moment of speaking about that action or situation. The following chart illustrates the uses of the German tense system in relation to *past, present*, and *future* time. The numbers in parentheses refer to the example sentences below.

```
              Past              Present         Future
                                Present (1)
                                ─────────
  Present (2)
  ─────────────────────────────────────▶
                                              Present (3)
                                              ─────────────▶
  Present (4)
  ─────────────────────────────────────────────────────────▶
  Past (5)
  ──────
  Present Perfect (6)
  ───────────────────
  Past Perfect  Past (7)
  ────────────  ──────
                                              Future (8)
                                              ─────────────▶
```

Present Tense

1. An event that takes place at the moment of speaking:

> Jetzt **sehe** ich zwei runde gelbe Flecken.
> *Now I **see** two round yellow spots.*

2. A situation which began in the past and continues into the present:

> Die Imbißstube **existiert** schon seit dem 12. Jahrhundert.
> *The fast-food stand **has existed** since the twelfth century.*

3. A situation that takes place entirely in the future:

> Meinst du nicht, daß das Chlor dem Wort **schadet?**
> *Don't you think that the chlorine **will harm** the word?*

4. Statements of fact that are continuously valid:

> Essen **ist** immer ein Risiko.
> *Eating **is** always a risk.*

Past Tense

5. An event or situation that takes place entirely in the past; customary in narrative sequences, especially in written German:

> Wenn aber Frieden **herrschte**, so **aßen** die Leute wie man es in den Märchen der Grimms nachlesen kann.
> *When peace **ruled**, the people **ate** in a manner that one can read about in Grimms' fairytales.*

Present Perfect Tense

6. A situation that takes place in the past; customary in spoken German:

> „**Haben** Sie in der Nacht **geträumt?**" fragte der Richter.
> *"**Did** you **dream** during the night?" asked the judge.*

Past Perfect Tense and Past Tense

7. Two situations both taking place in the past, one happening prior (past perfect) to the other (past):

> Der Ton Dis **war** aber glücklich, denn er **hatte** den Platz **wiedergefunden**, an dem er gebraucht wurde.
> *The D-sharp note **was** happy, because it **had found** once again the place where it was needed.*

Future Tense

8. A situation happening entirely in the future:

> Morgen **wird** ein Herr **kommen** und Maß **nehmen**.
> *Tomorrow a gentleman **will come** and **take** measurements.*

Vocabulary Building

The German language adds new words to its vocabulary in many ways. The two processes of *compounding* and *derivation* combine roots and affixes to produce new words. These processes may operate independently or together.

Compounding

The compounding process combines two or more roots, creating a new word with a meaning distinct from the individual parts which compose it. A *root* is the raw material or core of a word. It has no grammatical classification as a noun, verb, preposition, or adjective, although in form some roots are identical to words. Examples of roots and some compounds in which they appear are:

kenn-, lern-, öl-, um-, alt-, welt- →
kennenlernen, die Umwelt, das Altöl

While some noun compounds are formed by combining individual roots directly, such as **Dach-garten, Trink-wasser,** or **Alt-öl,** the linking consonants -**s**- and -**n**- are also used between some roots:

Betrieb-**s**-rat   Sonne-**n**-öl-tube

Gewissen-**s**-qual   Schwester-**n**-heim

These linking consonants originally communicated grammatical information: -**s**- as a genitive singular and -**n**- as a plural form. Although these linking consonants may still indicate a grammatical relationship between the roots, they are also used between roots where they have no grammatical function:

-**s**-   Qualität-s-arbeit, Sicherheit-s-glas
-**n**-   Straße-n-bau, Familie-n-kreis

Derivation

Central to the derivation process is the use of *affixes.* An *affix* may be added to the beginning of a word as a *prefix* or at the end of a word as a *suffix.*

Prefixes change or refine the meaning of the root to which they are added. In addition to the non-separable prefixes commonly associated with verbs, the prefixes **ur-** and **un-** also create new vocabulary items. The following examples demonstrate the meaning which each prefix contributes to a word:

ent-   often shows separation: entkleiden, entnehmen, enthüllen
er-   often shows the beginning of a condition: erscheinen; often indicates the achievement of an end: erreichen

miß-	indicates the opposite of the root, usually negative: mißbrauchen, mißverstehen
un-	indicates the opposite or negative of the root: Unglück, unlesbar
ur-	indicates a primitive state or origin: uralt, Urwald
ver-	often indicates intensification or completion: verschließen
	often indicates a meaning opposite of the root: versetzen
zer-	indicates the forceful breaking up into parts, usually to the point of destruction: zerbrechen, zerreißen

Suffixes generally change the grammatical classification of the word to which they are added. Below are some of the common suffixes used to generate new vocabulary. Nouns can be derived from verbs by adding the following suffixes:

-er	masculine nouns indicating the agent performing the action: Arbeiter, Anfänger, Hersteller
	other masculine nouns not derived from verbs: Gärtner, Tischler
-ung	feminine nouns from verbs: Erscheinung, Verschmutzung Umgebung

Nouns derived from adjectives, participles, or other nouns:

-heit (-keit)   Schönheit, Vergangenheit, Menschheit

NOTE: **-keit** is used after the suffixes **-bar, -ig, -lich, -sam,** and generally after **-el** and **-er.**

Nouns derived from other nouns:

-schaft   feminine nouns: Partnerschaft, Landschaft

Adjectives derived from various parts of speech:

-bar	when derived from verbs indicates possibility or capability similar to the modal verb **können**: sichtbar, lesbar, unverzichtbar
-ig	indicates a condition or similarity: milchig, schaumig
-lich	designates a characteristic: ängstlich, herrlich

Root Vowel Alternation

The root vowel alternation associated with the principal parts of strong verbs provides an additional source for compound and derivational words. Some common examples include:

treiben, trieb	der Treibstoff, der Betrieb, der Antrieb
bieten, bot	verbieten, das Angebot, das Verbot
binden, band, bund	das Armband, der Tierschutzbund
sprechen, sprach	besprechen, das Sprachelement, sprachlos

Many derived forms contain a root vowel originating in historical forms which are not part of the strong verb system in modern German:

ziehen, zog / **zug**	der Aufzug, der Entzug
schließen, schloß / **schluß**	der Schluß, der Entschluß
setzen, **satz**	der Ersatz / ersetzen
	der Einsatz / einsetzen
sehen, **sicht**	sichtbar, voraussichtlich, die Aussicht

The compounding and derivation processes more frequently operate together within a single word by combining roots and affixes:

Ur - auf - führ - ung
profit - gier - ig
Luft - ver - schmutz - ung
durch - schnitt - lich
Groß - industrie
Land - schaft - schutz

Dictionary Entries

Dictionaries reflect how the language is used. A standard dictionary entry gives the spelling, a guide to the pronunciation, the origin of the word, the stylistic register or appropriate speech situation in which the word occurs, and frequently a sample sentence. Study the information which two different Duden dictionaries give for the verb **labern**:

labern [laːbɹn] (sw. V.; hat) urspr. md. zu Labbe (salopp abwertend): dummes Zeug reden, schwätzen: er labert den ganzen Tag

(Aus Duden, *Das große Wörterbuch der deutschen Sprache,* Bd. 4 1978.)

labern—(sw.V.; hat) wohl zu landsch. Labbe = Mund, Lippe (ugs. abwertend: labbern)

labbern—(sw. V.; hat) niederl. labbern = sich schlaff hin und her bewegen: 1. (nordd. ugs.) etw. schlürfend essen od. trinken: Milch 1. 2. (nordd ugs. abwertend) dummes Zeug reden; er labbert den ganzen Tag. 3. (Seemannsspr.) (von Segeln) schlaff herabhängen.

(Aus Duden, *Deutsches Universal-Wörterbuch,* 1983.)

Key to the Abbreviations Used:

sw. V. = schwaches Verb; *md.* mitteldeutsch; *nordd.* norddeutsch; *niederl.* niederländisch = geographischer dialektischer Ursprung; *ugs.* Umgangssprache

New Vocabulary Items

The vocabulary of a language which is in constant use changes continually. New words and phrases are invented or borrowed from other languages to express concepts and ideas for which the borrowing language has no appropriate word(s). This is frequently the case in scientific and technical areas as the language of computers demonstrates:

>   der Computer, die Software, die Diskette

The trendy jargon which characterizes the language of teenagers is another source for new or borrowed words. The forms of borrowed words are frequently altered to fit the linguistic system of the borrowing language:

>   ausflippen, antörnen

Existing words acquire new meanings in addition to their original ones. The language of advertising makes use of this principle:

>   **die Röhre** as an allusion to the straight leg styling in Jeans

Words are also dropped from the active vocabulary of a language when they no longer convey ideas and concepts which are part of the society:

>   Backfisch (der Teenager), Oheim (der Onkel), Base (die Cousine)

Redewendungen

The following list of idiomatic expressions is a sample of how German-speaking people convey a variety of attitudes. Your teacher might want to add his or her favorites, and we encourage you to add your own—either from the reading selections in this book or from your own experience.

1. *Stating opinion:* Ich finde, daß (meine, denke, bin überzeugt) / Meiner Ansicht nach / meines Erachtens / usw.
2. *Clarification:*
   a. Wie war das? / Sag das doch bitte noch mal / Das hab ich nicht genau verstanden / Wie meinst du das? / Kannst du das näher erklären? / Zurück zu dem, was du gerade gesagt hast / usw.
   b. Also, du meinst . . . / Aha! du willst damit sagen, daß . . . / Das bedeutet, daß . . . ? / usw.
3. *Interjection:* Moment mal, was hast du da gerade gesagt? / Dazu hätte ich eine Frage / Dazu möchte ich (et)was sagen / Ich möchte etwas fragen /

4. *Hedging:*		Einen Augenblick, bitte! / Hier muß ich kurz unterbrechen / Darf ich unterbrechen? / usw. Ja, also . . . / na ja . . . / tja . . . nun . . . / eigentlich . . . / irgendwie . . . / wie soll ich sagen . . . / sagen wir mal . . . / ich weiß nicht recht . . . / usw.
5. *Agreement:*	(w. enthusiasm)	Richtig! / Der Meinung bin ich auch! / (Das) stimmt! / Da hast du Recht! / Jawohl! / Das finde ich auch! / Einverstanden! / Ich stimme überein! / Okay (ja), machen wir das! / usw.
	(w.o. enthusiasm)	Wie du meinst (willst) / Meinetwegen / Von mir aus / Das ist mir (eigentlich [ziemlich]) gleich / (Das ist mir) egal / usw.
6. *Disagreement:*		Falsch! / Stimmt nicht! / Ich bin (ganz, völlig) anderer Meinung! / Keineswegs! / Ja, aber . . . ! / Also, ich meine . . . Das gibt's doch nicht! / Quatsch! / Du irrst dich, wenn du meinst . . . / usw.
7. *Stating doubt:*		Darüber bin ich mir nicht ganz im Klaren / Was mich daran stört ist . . . / Da bin ich mir nicht so sicher / Das ist alles schön und gut, aber . . . / Ich finde es wichtiger, daß . . . / Ich habe den Eindruck, daß . . . / usw.
8. *Stating preference:*		Ich lese (wahnsinnig) gern . . . / Am liebsten esse ich . . . / Das gefällt mir überhaupt nicht! / Ich mag . . . / Das langweilt mich (zu Tode)! / Das schmeckt prima! (ausgezeichnet! miserabel!) / Bier vertrage ich nicht / Mir ist Unterhaltungsmusik lieber / usw.

9. *Showing surprise:*   Follow-up

Wirklich?	Wirklich! / Aber sicher! / Natürlich! / (Aber) ja doch! / Ja-Ja! / Dochdoch! / Ehrlich! / Ganz bestimmt! / Ich werd' doch nicht lügen! / Ist wohl wahr! / usw.
Tatsächlich?	
Ehrlich?	
Wahrhaftig?	
Sag bloß!	
Ach was . . . !	
Das kann ja nicht wahr sein!	
Nicht zu glauben!	
Das ist doch nicht wahr!	
Wahrhaftig?	
(Das ist doch) nicht möglich!	
Donnerwetter!	

      Meine Güte!

      Ach du lieber Gott! usw.

10. *Emotional expressions:*

    joy: Prima! / Klasse! / Spitze! / Toll! / Sagenhaft! / Das freut mich wirklich (riesig) / usw.

    disappointment: Schade! / Zu dumm! / Ach! / Das tut mir aber leid / So ein Pech! / usw.

    displeasure: Scheußlich! / Gräßlich! / Wie kann man nur . . . ! / Furchtbar! / Entsetzlich!

Intensifying Particles (Abtönungspartikeln*)

Intensifying particles, or *Abtönungspartikeln,* are uninflected words that do not have a precise meaning by themselves. Depending upon the context, they produce different connotations. The most common ones are **doch, ja, denn, schon, nur,** words which also function grammatically as conjunctions or adverbs with specific meanings. As intensifying particles they are considered filler words, excess baggage, so to speak, and since they never change the factual content of a statement, they are often disregarded in translation. Nevertheless, they are a very important aspect of the German language, because they act as flavor enhancers, expressing the speaker's or writer's subjective attitude about an objective statement. They are predominantly used in communicative situations, rather than for the purpose of exchanging factual information.

Compare

    Das ist wahr!   (*simple factual information*)

with the same factual content when **doch, ja,** or **schon** are added:

    Das ist **doch** wahr!
    Das ist **ja** wahr!
    Das ist **schon** wahr!

In each of the three cases, at least two possible meanings are conveyed. **Doch** could express contradiction (*I don't care what you say, it **is** true!*), or conviction (*Of course this is true!*). **Ja** could express surprise (*What do you know, this is true!*), or appease the opponent (*You're right, it is true!*). **Schon** could convey reluctance (*This is true, but . . . !*), or it could express agreement (*I agree, this is true!*) Exactly which attitude is conveyed each time depends on the context.

* Terminology taken from: Harald Weydt et al.: *Kleine deutsche Partikellehre,* Ernst Klett Verlag, Stuttgart, 1987. This booklet provides a detailed explanation of all intensifying particles as well as many excellent exercises for them.

Although it is almost impossible to pin down the exact meaning of these intensifiers, it is worth while acquiring a feel for them, for using them appropriately greatly enhances the idiomatic character of spoken and written German.

The following 11 particles occur with some frequency throughout the book. They are listed in order of the number of meanings they convey in their respective contexts.

    doch (7 different meanings)
    ja (3 different meanings)
    schon (3 different meanings)
    denn (2 different meanings)
    nur (2 different meanings)
    allerdings (1 meaning)
    eben (1 meaning)
    eigentlich (1 meaning)
    einmal (1 meaning)
    vielleicht (1 meaning)
    wohl (1 meaning)

A. Doch as a conjunction, is a synonym for **aber** (*but*). As a particle, it can

1. *tone down, or generalize a statement:* ".... irgendeinen Körper findet man **doch** immer." (p. 6)

2. *affirm one's point (often with a hint of annoyance):* „Über das Benehmen meines Besuchers **doch** ein wenig erstaunt . . ." (p. 7)

3. *express contradiction (always emphasized):* ".... denn sie nimmt ja **doch** keinen ordnungsmäßigen Verlauf." (p. 111)

4. *stress one's point (often with a hint of spite):* ".... dann wollen wir **doch** wenigstens der Natur dienen." (p. 16)

5. *express suggestion, invitation (sometimes interchangeable with nur, except a little stronger):* „Schauen Sie **doch** einmal selbst herein!" (p. 31)

6. *tone down a request (often together with (ein)mal; sometimes einmal alone, without the doch):* „Und stellt euch **doch einmal** eure Zukunft als Fixer vor!" (p. 70)

7. *express conjecture:* „Das waren **doch** nicht etwa gar profitgierige Kapitalisten . . ." (p. 81)

B. Ja as a particle can

1. *introduce an intensification:* ".... ich bin . . . seine Projektion, **ja**, Agent in Propaganda." (p. 8)

2. *suggest a common understanding (sometimes with a hint of patronizing):* „Sie sind es **ja**, die . . . die . . . Komplikationen hervorrufen." (p. 8)

3. *express surprise:* „Aber dann werden **ja** die Menschen . . . überflüssig." (p. 9)

4. *stress one's point in a gentle manner (as opposed to **doch**, which is much more forceful):* „Ich weiß **ja** nicht mal, ob für meine Söhne die Luft noch reicht, . . ." (p. 88)

C. Schon as a particle can

1. *express limitation, while anticipating a qualification:* „. . . wenn wir **schon** nicht mehr richtig arbeiten können, wollen wir doch wenigstens der Natur dienen." (p. 16)

2. *express confirmation while signaling qualification:* „Aber doch gehört? Ja, gehört **schon**." (p. 142)

3. *express agreement or empathy with a given statement:* „. . . dann fühlte sich die DHS **schon** ziemlich alleingelassen." (p. 67)

D. Denn as a particle (usually used in a question) can

1. *express surprise:* „Aber wieso **denn**?" (p. 6)

2. *express particular interest:* „Wo brennt's **denn**?" (p. 140)

E. Nur as a particle, may

1. *express a particular interest (usually preceding a question):* „Sagen Sie **nur** noch: . . . ist das nun ein Automat oder ein Mensch?" (p. 10)

2. *express suggestion, invitation (similar to **doch**, but in a more subtle way):* „. . . schauen Sie **nur** in den Veranstaltungskalender . . ." (p. 30)

F. Allerdings frequently expresses

qualification (similarly to English 'however'): „Ganz einfach ist die Prozedur **allerdings** nicht." (p. 6)

G. Eben is often used to

express an unalterable fact (sometimes with a hint of resignation or determination): „. . . hier wird **eben** jeder vom andern mitgetragen." (p. 17)

H. Eigentlich as a particle may

*express particular interest (usually in a question; often interchangeable with **denn**):* „Aber woher kommen **eigentlich** die vielen Kaugummis . . .?" (p. 80)

I. **Einmal** (with or without **doch**) may

tone down a request: „Und stellt Euch **doch einmal** Eure Zukunft als Fixer vor!" (p. 70)

J. **Vielleicht** as a particle generally

expresses amazement (both immediate and reflected): „Ich habe mir **vielleicht** die Hacken abgelaufen . . ." (p. 48)

K. **Wohl** may

express conjecture: „. . . aber in einer Hinsicht **wohl** doch eine fürchterliche Ausnahme." (p. 12)

Vorschläge für Übungen:

A. **doch** (expressing a suggestion)

Beispiel: Was sagen Sie zu Ihrer Freundin, wenn Sie gerade ein bißchen Zeit haben? (auf ein paar Minuten rüberkommen): *Komm doch auf ein paar Minuten rüber!*

1. Was sagt der Lehrer dem Schüler, wenn er seine Schrift nicht lesen kann? (leserlicher schreiben)

2. Was sagen Sie zu Ihrer Katze, die sich vor Ihnen versteckt? (herkommen)

3. Was sagen Sie zu Ihrem Freund, der Angst vor einer Prüfung hat? (sich keine Sorgen machen)

4. Was sagen Sie zu Ihrer Freundin, wenn Sie sie am Telefon nicht verstehen können? (bitte etwas lauter sprechen)

5. Was sagen Sie zu Ihrem Bruder, von dem Sie lange keinen Brief bekommen haben? (wieder einmal schreiben)

B. **doch** (stressing one's point)

Beispiel: Was sagen Sie Ihrer Freundin, wenn Sie Ihnen zum dritten Mal die gleiche Geschichte erzählt? (schon dreimal erzählen): *Das hast du mir doch schon dreimal erzählt!*

1. Was sagt Ihr Freund, wenn sich einstellt, was er erwartet hat? (voraussagen)

2. Was sagen Sie über Ihren Nachbarn, den Sie nicht leiden können? (ein schrecklicher Mensch sein)

3. Wie denken Sie über Ihre Tante, die Ihnen gerade einen Scheck über 200 Dollar geschickt hat? (wirklich eine tolle Tante haben)

4. Was sagen Sie Ihrer Freundin, wenn Sie ihr etwas nicht glauben? (gelogen sein)

5. Was sagen Sie, wenn man Sie bittet, 10 Minuten auf dem Kopf zu stehen? (nicht können)

C. **Ja** (suggesting a common understanding)

> Setzen Sie **ja** in die folgenden Sätze ein!
> Beispiel: Natürlich kenne ich Klaus. Er trinkt seit 10 Jahren seinen Frühschoppen bei uns.
> *Natürlich kenne ich Klaus. Er trinkt ja seit 10 Jahren seinen Frühschoppen bei uns.*

1. Gerda, du rauchst schon seit einem Jahr nicht mehr; welchen Rat kannst du einem Raucher geben?
2. Für uns ist diese Nachricht gar nichts Neues.
3. Die Kinder wollen es immer besser wissen als die Eltern.
4. Du bist verrückt!
5. Was Johann sagt, ist alles schön und gut, nur ist mir das alles nicht ganz klar.

D. **ja, denn** (to express surprise; **denn** in questions, **ja** in statements)

> Setzen Sie **ja** in die folgenden Aussagen, **denn** in die folgenden Fragen ein!
> Beispiel: Das ist nicht wahr: *Das ist ja nicht wahr!* Ist das wahr? *Ist das denn wahr?*

1. Will Ludwig nicht mit uns ins Kino gehen?
2. Hast du immer noch nicht mit Christiane telefoniert?
3. Das ist kaum zu glauben!
4. Damit habe ich gar nicht mehr gerechnet!
5. Das brauche ich gar nicht mehr zu machen, das hat Alice schon erledigt! (2×)
6. Ist dein Reisepaß schon abgelaufen?
7. Warum willst du Werner nicht einladen?
8. Anneliese hat wirklich auf alles eine treffende Antwort!
9. Kennt Stefan sich in der neuen Umgebung schon aus?
10. Wenn du recht hast, dann haben wir uns alle falsch benommen!

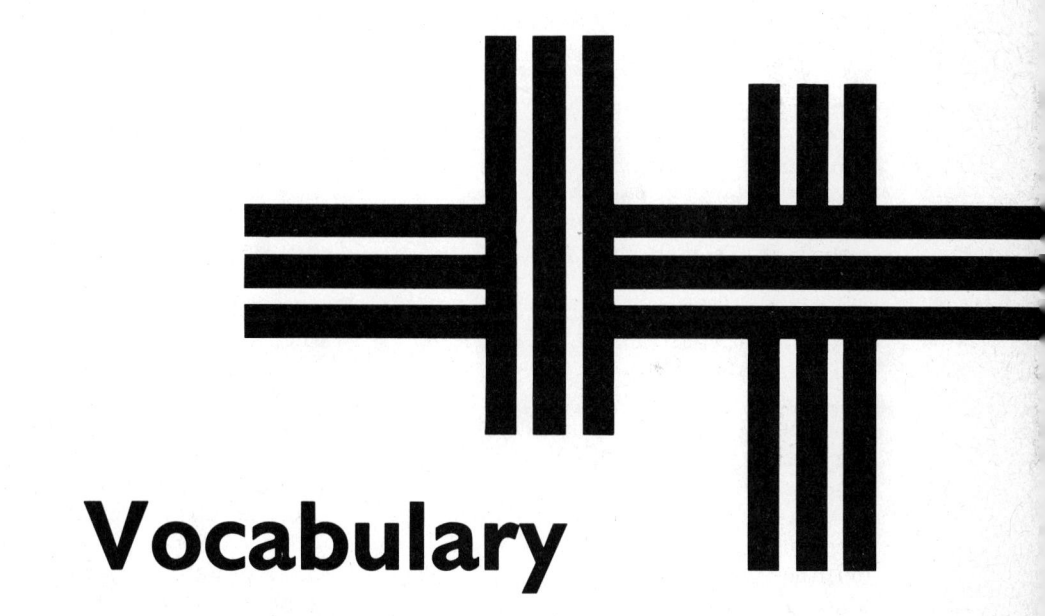

Vocabulary

The following vocabulary list does not contain all words found in the reading selections, but does contain most words which are glossed in the margins. A + before an entry indicates that the English equivalent reflects the meaning for the German context in which the word occurs, not necessarily the standard or most common meaning. Numbers in parentheses indicate the chapter where a particular meaning may be found. The plurals of nouns commonly used in the plural are provided. Parts of speech are indicated only when the form of the word is ambiguous. Principal parts of strong verbs are given in parentheses; the form [ist] indicates the use of **sein** in the perfect tenses. Separable prefixes are indicated with a dot as follows: **ab·fragen.**

die **Aalsuppe, -n** eel soup
+**abartig veranlagt** inclined to be deviant (8)
der **Abfall, ̈e** rubbish
der **Abfalleimer, -** garbage can
sich **ab·finden (a, u) mit etwas** to make the best of something
ab·forsten to log, clear
ab·fragen to question, quiz; **Information(en) abfragen** to access information
das **Abgas, -e** emission
+**ab·geben (i; a, e)** to become (2)
abgesehen von aside from
abgesichert safe
sich **ab·gewöhnen etwas** to give up something
der **Abgrund, ̈e** abyss
abhängig dependent
ab·laden (ä; u, a) to dump
ab·lagern to deposit
+**ab·laufen (äu; ie, au)** to wear out (shoes); +sich die Hacken ablaufen to pound the pavement (4)
ab·legen to deposit (12); **eine Prüfung ablegen** (9) to take a test; +to take (4)
ab·leiten to deduce (11); to divert (things) (10)
ab·lenken to divert (people)
ab·lösen to replace
ab·nehmen (i; a, o) jmdm. etwas to take away something from someone; +**sich**

etwas abnehmen lassen to leave something up to someone else (7)
die **Abordnung** delegation
ab·rechnen mit jmdm. to come to terms with someone
der **Absatz** sales
schwer abschätzbar hard to evaluate
der **Abscheu** disgust
ab·schirmen to shield
ab·schlagen (ä; u, a) to deny
der **Abschluß, ̈sse** closing
ab·schrecken to deter
die **Absicht, -en** aim
ab·singen (a, u) to sing to the end
absonderlich strange
Abstriche machen to make cuts
+**ab·tasten** to scan (3)
ab·tun (a, a) to dismiss
abverlangen jmdm. etwas to demand something of or from someone
die **Abwärme** waste heat
das **Abwasser, ̈** waste water
sich **ab·wenden, -wandte, -gewandt** to turn away
+**ab·ziehen (o, o) jmdm. etwas** to rob someone of something (11)
ab·zielen auf to aim for
die **Achselhöhle, -n** armpit
achselzuckend with a shrug of the shoulder
achtlos carelessly; die **Achtlosigkeit, -en** act of carelessness
das **Adernetz** blood vessels
adrett attractive, smart-looking
ADT Allgemeiner Deutscher Tierschutzverband
agieren to act
ahnen to suspect; die **Ahnung, -en** premonition
allerdings of course, to be sure
allmählich gradually
die **Alphabetisierungskampagne** literacy campaign
das **Alter** age
das **Altern** growing old
der **Altersgenosse,** die **-genossin; -genossen** (*pl.*) peer, contemporary
die **Altersversorgung** old-age pension(s)
das **Altöl** used motor oil
ambulant without hospitalization

die **Ameise, -n** ant
das **Amt, ⁻er** office; **die Ämter** (*pl.*) the authorities (10); **Hundesteueramt** dog licensing office
an·brüllen to bellow at
sich **ändern** to change
die **Andeutung, -en** indication
+**an·fahren (ä; u, a)** to hit (9)
die **Anforderung, -en** demand
das **Anführungszeichen, (-)** quotation mark
die **Angaben** (*pl.*) data
angeblich supposedly
angeboren innate
angemessen sufficient
angesichts in view of
der/die **Angestellte** (*noun decl. like adj.*) employee; **leitende Angestellte** (*pl.*) middle management
an·halten (ä; ie, a) **jmdn. zu etwas anhalten** to urge, order someone to do something
der **Anhang** appendix
der **Anhänger, -** trailer
das **Anhängsel, -** appendage
+**anheim·stellen** (*dat.*) to give the choice to (11)
an·klagen to accuse of, charge with
an·kommen (a, [ist] o) to succeed, get across; **an·kommen auf** to depend (up)on; **es kommt darauf an** it depends; **es kommt auf jeden an** each one matters
an·künden to announce
die **Anlage, -n** installation; **die Anlagen** (*pl.*) natural tendency, nature
an·langen to concern
der **Anlaß, ⁻sse** cause
an·lasten jmdm. etwas to blame something on someone
die **Anleitung, -en** instructions
der **Anlieger, -** someone living along a public road
an·melden to register; **unangemeldet** unregistered
sich **an·nehmen (i; a, o) einer Sache** to take care of something
an·packen to lend a hand
anregend animated, stimulating, with great interest (11)

an·richten to do damage
sich **an·sammeln** to collect, pile up; **die Ansammlung, -en** collection, accumulation
an·schaffen to buy, purchase
anscheinend apparently
sich **an·schließen (o, o)** (*dat.*) to join
an·schwellen (i; o, o) to intensify
an·setzen to begin, undertake
ansonsten otherwise
+die **Ansprache, -n** approach (10)
der **Anspruch, ⁻e** demand
die **Anspruchshaltung, -en** exacting attitude
anspruchsvoll sophisticated
der **Anstoß, ⁻e** impetus, impulse
die **Anstrengung, -en** effort; **Bildungsanstrengungen** efforts concerning education
der **Antrag, ⁻e** application; **einen Antrag stellen auf** to apply for
der **Antragsteller, -** applicant
die **Anwendung, -en** use
das **Anzeichen, -** sign
an·zetteln to instigate
die **Anziehungskraft, ⁻e** power of attraction
apart unusual
arg wicked
der **Ärger** aggravation
das **Ärgernis, -se** nuisance
die **Art, -en** species
artgemäß appropriate
die **Arzneimittelindustrie** pharmaceutical industry
die **Ärztekammer** medical society (AMA)
der **Ärztetag** meeting of the German Medical Association
auf·brechen (i; a, [ist] o) to leave, exit
der **Aufenthalt, -e** stay
auf·führen to enumerate
+**auf·geben (i; a, e)** to pose (8)
aufgeschlossen (*adj.*) open-minded
auf·heben (o, o) to lift (8); to nullify, cancel (3)
auf·heitern to cheer up
auf·klären to educate; **die Aufklärung, -en** education, information
der **Aufkleber, -** sticker
auf·kreuzen to appear

+die **Auflage, -n** condition (11); **zur Auflage machen** to order
auf·lauern to lie in wait for
die **Auflösung, -en** solution
aufmüpfig rebellious
die **Aufnahmefähigkeit** ability to absorb
auf·nehmen (i; a, o) to accommodate, take in
auf·quietschen to squeal out loud
aufrecht erhalten (ä; ie, a) to sustain
aufrichtig honest
aufs neue once more
auf·saugen (o, o) to absorb
auf·spüren to track down
die **Aufstallung, -en** stall construction
auf·stocken to raise (by one or more floors)
der **Auftrag, ⸚e** order
der **Auftraggeber, -** employer
auf·treten (i; a, [ist] e) to step, tread
auf·weichen to soften
auf·wühlen to disturb
auf·zählen to list, enumerate
die **Aufzeichnung, -en** record
die **Augenringe** (*pl.*) dark circles under the eyes
das **Augenmerk** attention
aus·beuten to exploit
der **Ausbildungsinhalt, -e** curriculum
die **Ausdehnung, -en** increase
außergewöhnlich extraordinary
äußerlich externally
+sich **äußern** to be (11)
+**aus·fahren (ä; u, [ist] a)** to deliver (4)
die **Ausfallstraße, -n** exit road
ausfindig machen to discover
der **Ausflug, ⸚e** trip
das **Ausflugsziel, -e** recreation area
ausgeglichen well-balanced
+**aus·gehen (i, [ist] a)** to come to an end (10); **davon ausgehen** to assume (5)
ausgereift well thought out
ausgerichtet auf directed to
+**ausgesprochen** real (2)
ausgewogen well-balanced
ausgiebig long
aus·halten (ä; ie, a) to endure; **es vor Wut fast nicht mehr aushalten** to barely contain one's anger
sich **aus·kennen, kannte, gekannt** to be versed in, know all about

aus·kundschaften to seek out
+sich **aus·lassen (ä, ie, a) über** to elaborate on, express oneself (5)
+**aus·liegen (a, e)** to be available (8)
aus·liefern to deliver, hand over
aus·lutschen to suck empty
aus·machen to make out, spot
das **Ausmaß, -e** proportion, dimension
ausnahmsweise by way of exception
aus·nutzen to exploit
aus·pfeifen (i, i) to hiss at
das **Auspuffrohr, -e** exhaust pipe
aus·reichen to suffice
+**aus·richten** to achieve (5); die **Ausrichtung, -en** orientation
die **Aussage, -n** statement
aus·schalten to eliminate
der **Ausschnitt, -e** sample
ausgiebig big
aus·spucken to spit out
aus·statten to equip
die **Ausstattung, -en** facility (3)
aus·stellen to issue
die **Aussteuer** trousseau, dowry
aus·stopfen to stuff
aus·stoßen (ö; ie, o) to leave behind, emit
aus·suchen to choose
sich **aus·wachsen (ä; u, a) zu** to grow into
aus·weisen (ie, ie) to show
die **Auswertung, -en** evaluation
aus·zeichnen jmdn. to distinguish someone or something
die **Autobahnraststätte, -n** rest stop on the autobahn

die **Backentasche, -n** cheek-pocket, cheek-pouch
bagatellisieren to belittle
bahnen: sich einen Weg bahnen to force or work one's way
die **Baldriantropfen** (*pl.*) herbal extract
die **Ballung, -en** concentration
die **Bami-Scheiben** (*pl.*) Indonesian dish
+die **Bande, -n** boards (places for advertisements) (5)
der **Bau** structure
der **Baustein, -e** brick
beanspruchen to claim, reserve
beantragen to request
bebartet bearded
der **Beckenrand, ⸚er** edge of the pool

bedauerlicherweise regrettably
bedenklich questionable
sich **bedienen einer Sache** to use a thing
bedrängen to harass
bedrückend depressing
das **Bedürfnis, -se** need
beeinflussen to influence
befallen (ä; ie, a) to be overcome
beflügeln to motivate
beförderlichst immediately
befördern to transport; **ins Jenseit befördern** to transport into the next world
die **Befriedung, -en** cultivation
befürchten to fear; die **Befürchtung, -en** apprehension; +**eher ist zu befürchten** I rather fear (7)
sich **begeben (i, a, e)** to go
begehen (i, a) to commit; die **Begehung, -en** perpetration
begehrenswert desirable
die **Begierde, -n** desire
begierig eager
das **Begräbnis, -se** funeral
begütert well-off; **leidlich begütert** reasonably well-off
behaglich comfortably
beharrlich persistent; **Beharrlichkeit abverlangen** to demand persistence
das **Behelfsheim, -e** shack, temporary shelter
die **Behörden** (*pl.*) authorities
behutsam carefully
bei·behalten to hold on to, keep intact
bei·bringen, -brachte, -gebracht to teach
bei·fügen (*dat.*) to attach
das **Beileid** sympathy; **jmdm. sein Beileid aussprechen (a, o)** to express one's sympathy to a person
der **Beirat, ⸚e** committee
beiseite·schaffen to remove
der **Beistand** aid, help, assistance
bei·tragen (ä; u, a) to contribute to; **einen Beitrag leisten** to make a contribution
sich **bekennen, bekannte, bekannt** to confess to, own up to
beklommen apprehensive
belasten to burden (6); to incriminate (8)
beliebig lange for any length of time; **beliebig viele** any number
belustigt bemused

sich **bemächtigen** (*dat.*) to take over
bemitleiden to pity
bemühen to try
die **Beratungsstelle, -n** counseling center
berechtigen jmdn. to license someone
bereden to convince
der **Bereich, -e** area, realm
sich **bereit·finden zu (a, u)** to agree to
die **Bereitschaft** willingness
bereit·stellen to provide
+**bergen (i; a, o)** to cuddle (11)
berücksichtigen to take into account
sich **berufen (ie, u) auf** to refer to
der/die **Berufstätige** (*noun declined like adj.*) working person
beruhen auf to be based on; **etwas auf sich beruhen lassen (ä; ie, a)** to let something be
die **Bescheinigung, -en** attestation
bescheren to offer; +**bescheren** to create (4)
die **Beschwerde, -n** pain
die **Beschwichtigungstaktik, -en** tactic of appeasement
beseelen to inspire, to fill
sich **besinnen (a, o)** to reflect
die **Besinnungslosigkeit** unconsciousness
bestätigen to attest to, confirm
die **Bestattungsfirma, -en** funeral parlor
bestehen (a, a) to pass an examination
bestenfalls at best
bestürzt perplexed
die **Besuchskarte, -n** business card
betäuben to deaden
das **Betäubungsmittelrecht** law governing narcotics
betrachten to consider; **beträchtlich** considerable
betreffend in question
betreiben (ie, ie) to manage, run
+der **Betreiber, -** manager (6)
betreuen to care for
der **Betrieb, -e** the work place
der **Betriebselektriker, -** company electrician
der **Betriebsrat, ⸚e** labor council
die **Betriebswirtschaft** business administration
der/die **Betroffene** (*noun decl. like adj.*) afflicted one, affected person
die **Betroffenheit, -en** trepidation

die **Beute** booty
bewahren to protect; **jmdn. vor etwas bewahren** to protect someone from something
bewältigen to master, overcome
der **Beweis, -e** proof
beweisen to prove
bewirken to accomplish
bewirtschaften to cultivate, farm
die **Bewirtung, -en** service
das **Bewußtsein** awareness
die **Bewußtseinswelt** consciousness
bewußt werden to become aware
ihrerseits bezeichnend characteristic in their own way
die **Bezeichnung, -en** designation
sich **beziehen (o, o) auf** to refer to, apply to; +**beziehen (o, o)** to obtain, get (1)
die **Bilanz, -en** accounting
der **Bildhauer, -/die Bildhauerin, -nen** sculptor
der **Bildschirm, -e** screen
binnen within
bisweilen occasionally
bitten lassen to ask to come in
blähen to bloat
sich **blamieren** to make a fool of oneself
die **Blase, -en** blister
die **Blechdose, -n** tin can
das **Blei** lead
+**bloß nicht** anywhere but (2)
bloß·stellen to expose
die **Blutlache, -n** puddle of blood
die **Bordsteinkante, -n** edge of sidewalk
die **Börse** stock exchange
der **Botschafter, -** emissary
+**Boulevard** entertainment (3)
die **Branche, -n** profession
die **Breitenwirkung, -en** mass effect
die **Briefschaften** (*pl.*) correspondence
bringen jmdn. um etwas, brachte, gebracht to rob someone of something
der **Brocken, -** a bit, tidbit
die **Brombeere, -n** blackberry
die **Brotzeithütte, -n** snack place
buchstäblich literally
sich **bücken** to bend down
bummeln gehen (i, [ist] a) to go for a stroll
das **Bundeskriminalamt** Federal Department of Justice

der **Bundestag** Lower House of the German Parliament
die **Bundestagswahl** federal parliamentary elections
der **Bürgersteig, -e** sidewalk
der **Bursche, -n** fellow
bzw. = beziehungsweise (or) rather

ca. = circa approximate(ly)
das **Cäsium** cesium (element)
der **Chirurg, -en** surgeon
die **Crevette, -n** shrimp

dahin·schwinden (a, u) to fade, disappear slowly
die **Darbietung, -en** program, event
die **Datei, -en** file
das **Datensichtgerät, -e** computer terminal
per Dauermedikation with unlimited refills
sich **davon·stehlen (ie; a, o)** to sneak away from
davon·stürzen to dash off
+der **Deckmantel, ¨** pretense (5)
decken to cover
das **Delikt, -e** crime
demnächst in the near future
die **Deponie, -n** dump
derart in such a manner
derweil while
die **Deutlichkeit, -en** clearness, clarity
die **Devise, -n** motto
der **Diebstahl, ¨e** theft; **Diebstähle begehen (i, a)** to commit thefts
der **Diensteifer** professional zeal
das **Dis** D sharp (music)
der **Doppelgänger, -** double
dornig thorny
drängen to urge
der **Dreck** dregs
dreschen (i; o, o) to thresh
die **Droge, -n** drug(s)
drohen to threaten
+**drüben** over there, referring to the German Democratic Republic (10)
der **Druck** pressure
+sich **ducken** to hide (4)
der **Duden** standard German dictionary
dumpf dull

düngen to fertilize
durch·ackern to plow
durchaus totally
die Durchblutung circulation
der Durchbruch breakthrough, success
durchführbar feasible
durch·schleppen to carry along
durchschnittlich average
durch·tränken to saturate
+durch·ziehen (o, o) to take a drag (5)
düster bleak, dark, gloomy

eben just
die Eberesche, -n rowan tree
der Edelstein, -e gem
EG = Europäische Gemeinschaft
  Common Market
ehe before
der Eheberater, -/die Eheberaterin, -nen
  marriage counselor
der/die Ehemalige (*noun decl. like adj.*)
  former mate
eher rather
ehrfürchtig reverential
das Ei des Kolumbus a pat solution
das Eichamt, ⸚er bureau of standards
die Eifel Eifel mountains
eigen (*adj.*) own; etwas Eigenes of their own
die Eigenart uniqueness
der Eigennutz self-interest
der Eigentümer, -/die Eigentümerin, -nen
  owner
eigentümlich strange
eigenwillig stubborn
die Eignung, -en suitability
ein·beziehen (o, o) mit to encompass
ein·biegen (o, [ist] o) to turn into
die Einbildung, -en imagination
ein·brechen (i; a, o) to burglarize
eindeutig clearly
eindringlich penetratingly
der Eindruck, ⸚e impression
ein·ebnen to equalize
die Einengung, -en confinement
einerlei indifferent; **es war ihm plötzlich einerlei** he suddenly did not care
ein·fallen (ä; ie, [ist] a) jmdm. to come to mind
sich ein·finden (a, u) to appear

ein·flößen jmdm. etwas to instill something in someone
ein·frieden to enclose, fence in
die Eingabedaten (*pl.*) input data
ein·gehen (i, [ist] a) to perish
eingerußt sooty
sich ein·gestehen (a, a) to admit to oneself
ein·gießen (o, o) to pour
ein·greifen (i, i) in to take part in
ein·halten (ä; ie, a) to observe
die Einheit, -en unit
ein·kochen to can, make preserves
sich ein·lassen (ä; ie, a) mit jmdm. to associate with someone; ... **er sich mit ihr einließ** *here:* as their eyes met (7)
ein·leuchten jmdm. to be clear to someone; **einleuchtend** clear, obvious
ein·nehmen (i; a, o) to take; die Einnahme, -n revenue
sich einquartieren to move in
ein·richten to furnish
die Einsamkeit, -en loneliness, isolation
ein·sammeln to collect
der Einsatz, ⸚e commitment
ein·schlagen (ä; u, a) to pursue (fig.)
einschließlich including
ein·schmelzen (i; o, o) to melt (down)
die Einschränkung, -en limitation
ein·seifen to lather up
ein·setzen to use
ein·speichern to enter
sich ein·spinnen (a, o) to spin into a cocoon
von einst of former times
sich einstellen to come, occur (3)
der Einstieg, -e in etwas getting into something
ein·tauschen to exchange
der Eintrag, ⸚e entry
die Einwegflasche, -n nonreturnable bottle
ein·weichen to soak
ein·wenden, wandte, gewandt to object
ein·werfen (i; a, o) to interject; der Einwurf, ⸚e interjection
die Eisenschachtel, -n *lit.:* iron box
der Eiserne Vorhang Iron Curtain
ekelerregend sickening
ekelhaft disgusting
der Elfenbeinturm ivory tower

empfehlenswert recommended
das Empfinden sensitivity
empfinden (a, u) to feel
empor·steigen (ie, ie) to ascend
sich engagieren to commit oneself; engagiert committed
entfalten to unfold; die Entfaltung, -en development
entgegen contrary to; entgegen der Gepflogenheit contrary to custom
entgegen·wirken to counteract
entheben (o, o) to relieve
das Entkommen escape
entlasten to unburden
das Entmisten manure removal
entnehmen (i; a, o) to draw, take from
die Entscheidung, -en decision; eine Entscheidung treffen to make a decision; das Entscheidungsgremium, -gremien decision-making body
entschlüpfen to slip out
entsetzt horrified
entsprechen (i; a, o) (*dat.*) to correspond to; entsprechend appropriate, corresponding
entstehen (a, a) durch to cause by means of
entströmen to escape
enttäuschen to disappoint
entweichen (i, i) to flee
entwerten to cancel
die Entwöhnungskur, -en rehabilitation program
+entzogen exempt from (4)
der Entzug withdrawal (program)
der Erbauer, - builder
der Erbfeind, -e arch enemy
die Erbse, -n pea
die Erdbeere, -n strawberry
erdenken, erdachte, erdacht to conceive, to think up
ereignisreich eventful
erfassen to include (8); to strike (9)
+erfolgen to occur (8); to be conducted (11)
erfolgreich successful
erfordern to require; erforderlich required, necessary
ergänzen complement
ergeben (i; a, e) to yield
das Ergrauen becoming gray, graying
+ergreifen (i, i) to move (feelings)

ergründen to discover
erhalten (ä; ie, a) to preserve
sich erheben (o, o) to arise
die Erhebung survey; Verdienst- und Arbeitszeiterhebung survey on earnings and working hours
die Erkenntnislücke, -n gap in knowledge
erklingen (a, u) to be heard, resound
erkunden to find out
erlassen (ä; ie, a) ein Gesetz to pass a law
erlauben to allow; +aber—erlauben Sie mal Huh? Wait a minute! (1)
erläutern to explain
+erlegen sein to be paid (7)
erleichtern to relieve; +sich erleichtern to urinate, to relieve oneself (4)
+erlesen *adj.* gourmet (7)
ermahnen to admonish
ermitteln to ascertain, determine
ermöglichen to make possible
ermüden to tire, exhaust
die Errettung, -en salvation
die Ersatzmethode, -n substitute method
erschießen (o, o) to shoot (dead)
das Ersparte savings
+erst recht to say nothing of (1)
erstarren to solidify
+erstellen to compile; die Erstellung, -en drawing up (8)
ersticken to suffocate
erstrebenswert desirable, worth-while
ertragen (ä; u, a) to put up with
ertränken to drown
der/die Erwachsene (*noun declined like adj.*) adult
erwecken to wake up, arouse, awaken
sich erweisen (ie, ie) to become evident; der Erweis, -e proof
erweitern to expand
der Erwerb, -e acquisition
erwischen to catch
erzwingen (a, u) to force
etliche numerous
etwa for instance; in etwa approximately
e.V. eingetragener Verein registered association
das Expertengremium, -gremien body of experts

der Fabrikant, -en manufacturer
der Fachbegriff, -e technical term

die **Fachleute** (*pl.*) professionals
die **Fackel, -n** torch
der **Faden, ⸚** thread; **den Faden verlieren** to become distracted
fahl pale
die **Fahndung, -en** search, pursuit
die **Fahrerflucht** hit-and-run offense
der **Fall, ⸚e** case; **auf alle Fälle** in any case
fallen (ä; ie, [ist] a) to fall; **in Ohnmacht fallen** to faint; +**fallen** (ä; ie, [ist] a) to be mentioned (6)
die **Falte, -n** furrow
der **Farbstoff, -e** dye
der **Fasan, -e** pheasant
fassen to seize, grasp; **einen Entschluß fassen** to make a decision
fechten (o, o) to fight
feige cowardly
der **Feigling, -e** coward
der **Feinschmecker, -** gourmet
der **Felssturz, ⸚e** rock slide
fernab far away
fern · bleiben (ie, ie) to stay away
fertigen to make
fesseln to bind
fest · legen to determine
fest · setzen to set, schedule
FIAT Panda Italian make of car
das **Finanzamt, ⸚er** similar to U.S. Internal Revenue Service
+sich **finden** (a, u) to come to (7)
flink quick
flöten · gehen (i, a) to get lost
flüchtig superficially
das **Flugblatt, ⸚er** leaflet
der **Flüssigstickstoff** liquid nitrogen
flüstern to whisper
die **Fonds** (*pl.*) funds, capital
die **Forderung, -en** demand
die **Förderung, -en** promotion
fort · fahren (ä; u, [ist] a) to continue
frech fresh; **ausgesprochen frech** really fresh
das **Freibad, ⸚er** public pool
der **Freiherr, -en** baron
freilich to be sure
freimütig openly
der **Freizeitverein, -e** recreational club
fressen (i; a, e) to eat (used for animals);

die **Fresse** mouth (vulgar); **in die Fresse hau(e)n** to slug in the mouth
die **Frikadelle, -n** meat patty
der **Frühschoppen** morning glass of wine or beer
Frühstücksbrötchen musikalisch belegen serve music with breakfast (poetic)
+**führen mit Vorliebe** to list frequently (7)
der **Fuhrmann, ⸚er (-leute)** driver
die **Führung, -en** management; +recording (11)
+die **Führungsaufgaben** (*pl.*) leading positions (4)
die **Führungskraft, ⸚e** director
das **Führungszeugnis, -se** certificate of good conduct
die **Furcht** fear, terror
Furchterregendes horror stories

der **Galgenhumor** black humor
die **Gänsehaut** goosebumps
die **Gardine, -n** curtain
der **Gaumen, -** palate
das **Gebirge, -** mountain range
Gebrauch machen to use
gebühren to be due to
die **Gedankenlosigkeit, -en** thoughtlessness
geeignet appropriate, suitable
die **Gefahr, -en** danger
gefährden to endanger
sich **gefallen lassen** (ä; ie, a) to tolerate
+**gefällig** perhaps (4)
die **Gefangenschaft, -en** imprisonment (POW)
sich **gefaßt machen** to get ready
+das **Gefilde, -** street (4)
die **Gefriertruhe, -n** freezer
die **Gegenmaßnahme, -n** counter-measure
+**gegenteilig** another (2)
gegenüber vis-à-vis
gegenwärtig current, present-day
der **Gehalt** substance
das **Geheimnis, -se** secret
das **Gehirn, -e** brain; +**das Gehirn** head (5)
gehörig belonging
der **Geist** intellect
der **Geisteswissenschaftler, -** humanist, a person studying the humanities
das **Gekläff** yelping

das **Gekreisch** shrieking
das **Gelächter**, - laughter; **Gelächter erhob sich** laughter arose
gelangen to attain, reach
gelassen (*adv.*) calmly
gelingen (a, [ist] u) to succeed, be successful; +**es gilt** it is necessary (10)
gelten (i; a, o) to be worth
gemäß (*dat.*) according to
Gemeinheit! what a rotten thing!
gemeinhin generally
die **Gemeinschaft**, -en community
die **Gemütslage**, -n disposition
genehmigungspflichtig requiring permission
Genüge tun to do justice
der **Genuß**, ⸚sse pleasure, consumption
die **Genußsucht** epicureanism
geraten (ä; ie, a) to come into; **ins Schwanken geraten** to hesitate
+**gerecht** rightous; **ungerecht** wicked (7)
die **Gerechtigkeit** justice
das **Gericht**, -e court, meal; **Hohes Gericht!** Your Honor (addressing a judge)
gering small
geringfügig minor
das **Gerümpel** junk
die **Gesäßschwiele**, -n callus on hindquarters
das **Geschäft**, -e business; **(seiner) Geschäfte halber** on (his) business
geschichtsträchtig historical
die **Geschicklichkeit**, -en skill
geschickt clever(ly), skillful(ly)
das **Geschöpf**, -e creature
die **Geschwindigkeit**, -en speed
die **Geschwindigkeitsbeschränkung**, -en speed limit
der **Geselle**, -n companion, apprentice (4); **finsterer Geselle** sinister character (5)
sich **gesellen** to join
das **Gesellenstück**, -e apprentice project
die **Gesellenzeit** apprenticeship
gesellig social
die **Gesetzmäßigkeit**, -en regularity
das **Gestade**, - coastline
die **Gestalt**, -en shape; **in Gestalt von** in the shape of
gestatten to permit
gestehen (a, a) to admit, confess

das **Gesundheitsamt**, ⸚er public health office
sich **getrauen** to dare
gewährleisten to guarantee
die **Gewalt**, -en force
+das **Gewand**, ⸚er packaging (4)
das **Gewebe**, - tissue
das **Gewehr**, -e gun, firearms
die **Gewerkschaft**, -en labor union
das **Gewissen** conscience; **reinen Gewissens** with a clear conscience
die **Gewohnheit**, -en habit
die **Gewöhnung**, -en addiction
das **Gewühl** throng
die **Gier** greed
gierig greedily
der **Gitterboden**, ⸚ grated floor
die **Gitterstange**, -n iron bar
die **Glasscherben** (*pl.*) broken glass
der/die **Gleichgesinnte** (*noun decl. like adj.*) person with the same interests
gleichsam as it were
das **Glied**, -er limb, member
glimpflich relatively smoothly
das **Gottesurteil**, -e divine judgment
der **Grabstein**, -e tombstone
der **Grashalm**, -e blade of grass
gräßlich awful
das **Grau** (*noun decl. like adj.*) gray
das **Grauen** horror
graugesichtig gray-faced
sich **grausen** to shudder
greifbar tangible
greifen (i, i) to reach for
der **Greis**, -e old man
die **Grenzschutzbehörde**, -en border patrol
der **Greuel**, - horror
die **Grille**, -en cricket
die **Grünanlage**, -n park
sich **gründen auf** to be based on
der **Gründer**, - founder
grundlegend fundamentally
grundsätzlich fundamental, as a rule
die **Grünen** the Greens (political party)
die **Grütze** oatmeal
günstig fortunate
die **Gurke**, -n cucumber
das **Gut**, ⸚er possession
das **Gutachten**, - expert opinion

gutmütig benevolent
der **Gutschein, -e** voucher
die **Guttempler** (*pl.*) International Order of Goodtemplars

das **Haar, -e** hair; **aufs Haar** exactly
hadern to complain
die **Haft** custody; **in Haft bleiben** to remain in custody; **verhängte Haft** imposed imprisonment
haftbedürftig in need of confinement, to be jailed
die **Hagebutte, -n** rosehip
halber because of
die **Halbwertzeit, -en** half-life
halten (ä; ie, a) to hold; **auf dem neuesten Stand halten** to keep up to date; **auf Abstand halten** to prefer to keep one's distance; **sich etwas halten** to keep something; **sich halten an** to live by, abide by
Hamadryas Hamadryas L. type of baboon
Hamm city near Düsseldorf
handeln to act; **es handelt sich um** it refers to; +**um wen es sich handelte** who it was (7)
das **Handgelenk, -e** wrist
+**ein Hannoveraner** a soldier of the Hannover regiment (19th century) (10)
hantieren mit to work with
die **Härchen** (*pl.*) tiny hairs
das **Haschisch** hashish
der **Hase, -n** rabbit
hasten to scurry
der **Hauch** touch; sound (3)
hauen to hit
sich **häufen** to accumulate
die **Hausdurchsuchung, -en** search (a house)
das **Haustier, -e** domesticated animal
häuten to skin
der **Hebel, -** lever
das **Heck** rear of car
heftig violent
heim (*adv.*) home
herab·rieseln to drizzle
+**heran·ziehen (o, o)** to train (4)
heraus·befördern to throw out
heraus·geben (i; a, e) to publish
+die **Herauslösung, -en** removal (6)

heraus·stellen to demonstrate; **sich heraus·stellen** to come to light
herbei·holen to summon
herkömmlich traditional
herrlich wonderful
herrschen to reign
her·stellen to produce, manufacture
herum·hacken to pick on
herum·stochern to poke around
herunter·kommen (a, [ist] o) to come down, deteriorate
hervor·rufen (ie, u) to cause
der **Herzschlag** heart attack
heulen to scream
hilfsbedürftig in need of help, to be helped
die **Himbeere, -n** raspberry
hinaus·schieben (o, o) to postpone
hinaus·zögern to put off
hindurch·waten to wade through
sich **hin·geben jmdm. (i; a, e)** to surrender to someone
hingegen however, on the other hand
+**hin·halten (ä; ie, a)** to put off (7) **mit windigen Ausflüchten hinhalten** to put off with flimsy excuses
Hinsicht: in einer Hinsicht in one way; **in vielerlei Hinsichten** in many respects; **in dieser Hinsicht** in this regard; **zweierlei Hinsicht** two ways
hinterlassen (ä; ie, a) jmdm. etwas to leave, bequeath something to someone
hin·werfen (i; a, o) to throw down
hinzu·fügen to add
der **Hirsebrei** gruel
hochgerüstet armed to the hilt
hochgeschnürt high-laced
hochmütig arrogant
hocken to crouch
+sich **holen** to catch, contract (4)
+**holpernd** erratically (9)
der **Holunder, -** elderberry
horchen to listen
die **Hungersnot, ⸚e** famine
die **Hürde, -n** hurdle
husten to cough
hüten to keep; **sich hüten** to beware of
der **Hüter, -** guardian

die **Imbißbude, -n** fast food stand
immerhin after all

in etwa approximately
der **Inhaber,** - owner
das **Inkrafttreten** taking effect
inne·halten (ä; ie, a) to stop
innig close
die **Inschrift, -en** epigraph
das **Inserat, -e** advertisement
der **Intendant, -en** director
inwiefern to what extent
inwieweit to what extent

jäh sudden(ly)
der **Jahrmarkt, ⸚e** fair
der **Jalousiebauer,** - maker of blinds
je . . . desto the . . . the (used with comparative forms)
das **Jod** iodine
die **Johanniter** (*pl.*) Order of St. John
Juji FR-11 brand of stereo equipment
jüngst most recent

kalkreich calcium-rich
der **Kamin, -e** fireplace, chimney
die **Kantine, -n** cafeteria
der **Kantor, -en** choirmaster
der **Kapaun, -e** capon
die **Kartei, -en** catalog
die **Karteikarte, -n** registration card
die **Kastanie, -n** chestnut
der **Kasten, ⸚** box
+**in Kauf nehmen** to accept the possibility (10)
der **Kaugummi** chewing gum
kegeln to bowl, bowling
die **Kehle, -n** throat
die **Kenntnis, -se** knowledge; **zur Kenntnis gelangen** to learn of
kennzeichnen to characterize
das **Kerbtier, -e** insect
das **Kernproblem, -e** central problem
die **Kette, -n** chain; **Kette rauchen** to chain-smoke
das **Kfz. Kraftfahrzeug, -e** motor vehicle
kippen to dump, pour
die **Kirmes, -sen** parish carnival
die **Kiste, -n** box, crate
kitzeln to tickle; der **Kitzel** titillation
klammern to clasp
klanglich tonal
der **Klappstuhl, ⸚e** folding chair

die **Kläranlage, -n** sewage plant
der **Klassenkamerad, -en** school mate
klauen to steal
kleben to stick
die **Kleine-Leute-Küche** small-sized food business
der **Klempner,** - plumber
klirren to clatter
knabbern to nibble
+**knallen** to throw (6)
knapp barely
das **Knäuel,** - ball of yarn
knifflig tricky
knüpfen to attach
der **Knüppel,** - club
knurren to growl
der **Kohl** cabbage
kommen: auf die Beine kommen to get on one's feet; +**klar kommen (a [ist] o)** to have good rapport (4)
der **Komposthaufen,** - compost heap
die **Konservenbüchse, -n** tin can
der **Konsistorialrat, ⸚e** church official
Kopf und Kragen life and limb
der **Kopfkeil, -e** headrest
die **Koppelung, -en** combination
das **Korn, ⸚er** grain
die **Kostbarkeit, -en** precious object
köstlich delicious
der **Köter,** - mutt
der **Krach, ⸚e** fight
die **Kraft, ⸚e** power; **in Kraft treten (i; a, e)** to become law
kräftezehrend debilitating
das **Kraftfahrtbundesamt** equivalent of Department of Motor Vehicles
das **Kraftwerk, -e** power plant
+**krähend** squeaking (12)
kraulen to pet
die **Kräutersalbe, -n** herbal ointment
der **Krebs** cancer
kredenzen to present
kreischen to screech
der **Kreislauf** circulation
der **Krückstock, ⸚e** cane
krümmen to bend, curve, twist; **gekrümmt** crumpled up
der **Kryobiologe, -n** cryobiologist
der **Küchendunst, ⸚e** kitchen smell(s)
die **Kücheneinrichtung, -en** kitchen furnishings

die **Kumpanei, -en** cronyism
kundig knowledgeable
kündigen to give notice
künftig future
die **Kunst, ⸚e** art; **bildende Kunst** fine arts; **darstellende Kunst** pictoral arts
die **Kunstbörse, -n** art exchange
der **Kunstrasen, -** artificial lawn
die **Kursschwankung, -en** price fluctuation
kürzlich recently

die **Labilität, -en** instability
der **Laie, -n** lay person
das **Lampengestell, -e** frame of a lamp
der **Landgerichtsrat, ⸚e** county judge
längst long since; **längst nicht** not for a long time
die **Lärmbelästigung, -en** noise pollution
lärmundurchlässig soundproof
die **Last, -en** burden
lauernd watchful
laufen (ä; ie, [ist] au) to run; **nicht viel läuft** not much happens
das **Lauffeuer, -** wildfire
lauschen (*dat.*) to listen to
sich **lausen** to pick one's lice or fleas
laut according to
der **Lebensabend** the later years of one's life
die **Lebensgier** lust for life
die **Lebensmitte** middle age
der **Lebensunterhalt, -e** livelihood
der **Leckerbissen, -** delicacy
lediglich only
die **Legehenne, -n** laying hen
der **Lehrling, -e** apprentice
der **Leib, -er** body
die **Leiche, -n** corpse
der **Leichenwagen, -** hearse
leiden (i, i) to suffer
die **Leidenschaft, -en** passion
leisten to accomplish; die **Leistung, -en** achievement
lenken to steer; **Aufmerksamkeit lenken auf** to call attention to
der **Leuchtreklamehersteller, -** maker of neon signs
die **Liebhaberei, -en** hobby
liederlich lewd
die **Linderung, -en** relief

das **Loch, ⸚er** hole
locken to entice
die **Lohnskala, -en** wage scale
los·kommen (a, [ist] o) von etwas, jmdm. to rid oneself of something or someone
der **Loszettel, -** lottery ticket
lugen to glance, peek
die **Lumpen** (*pl.*) rags
die **Lust, ⸚e** enjoyment
lüstern (*adj.*) lascivious
+der **Lustgewinn** instant gratification (7)

Mah-Jongg Chinese game
mahnen to plead, ask for
die **Malerei, -en** painting
mangeln to lack
+der **Mangel, ⸚** handicap (9)
der **Marienkäfer, -** ladybug
das **Maß, -ße** measurement; **Maß nehmen** to measure
maßlos excessive
die **Matrize, -n** ditto master
matt languid
das **Maul, ⸚er** snout, mouth (of an animal)
der **Maulkorb, ⸚e** muzzle
die **Mautstelle, -n** toll booth
die **Meldebehörde, -n** registration office
das **Menjoubärtchen, -** goatee
merken to notice
das **Merkmal, -e** characteristic
der **Mief** stale air
die **Miene, -n** look, air; **Miene machen, sich zu verabschieden** to prepare to take one's leave
der **Mietwucher** rent gouging
der **Minnesänger, -** minstrel
die **Mißachtung, -en** disregard
mißbilligen to disapprove
die **Mißernte, -n** crop failure
mißtrauen to mistrust; **mißtrauisch** suspicious(ly)
die **Mitarbeiterführung** personnel management
+**mitbekommen etwas** to perceive something (8)
mitsamt together with
mitunter at times, now and then
die **Möbelschreinerei, -en** carpenter's shop
+**mögen, mochte, gemocht** to manage (8)
die **Molkerei, -en** dairy

die **Morchel, -n** morel, mushroom
die **Morgendämmerung** dawn
die **Mulde, -n** hollow
der **Müll** garbage, refuse
der **Mull** gauze
die **Mülldeponie, -n** garbage dump
der **Müllwagen, -** garbage truck
den **Mund voll nehmen (i; a, o)** to make much noise
münden in to lead to, end in
die **Mußezeit, -en** leisure time
der **Muskat** nutmeg
der **Mut** courage; **Mut machen** to encourage; **aus mangelndem Mut** for lack of courage
mutwillig on purpose

der **Nabel, -** navel
nachdenklich machen jmdm. to make someone think
+**nach·fahren (ä; u, a)** to touch, follow around (12)
die **Nachforschung, -en** investigation, inquiry
die **Nachrüstung** armament
nach·sagen jmdm. etwas to attribute something to someone
nach·schauen to have a look
nach·schleifen to drag behind
die **Nachsicht, -en** leniency
+die **Nächstenlieben** (*pl.*) (poetic) "good neighbors" (9)
nächstennah real
nachträglich after the fact, subsequent(ly)
nach·weisen (ie, ie) to prove
der **Nachwuchs** trainees, young talent
necken to tease
nehmen (i; a, o): zu Protokoll nehmen to record
der **Neid** envy
neigen to bow; **neigen zu** to be inclined to, tend to
die **Neugier** curiosity
nicken to nod
der **Niedergang** fall
sich **nieder·lassen (ä; ie, a)** to sit down; to settle down (3)
nieder·tauchen to plunge
die **Niere, -n** kidney
die **Not, ⸚e** need; **der Not gehorchend** out of necessity

nötigen jmdn. zu etwas to insist, force someone to do something
die **Notlösung, -en** temporary solution
der **Numerus Clausus** a quota system (pertaining to university entrance)
das **Nummernschild, -er** license plate
der **Nutznießer, -** beneficiary
das **Nutztier, -e** animal raised for food or labor

obendrein at that, moreover
die **Oberfläche, -n** surface
die **Oberflächenbeschaffenheit, -en** surface condition
der **Oberlandesgerichtsrat, ⸚e** circuit court judge
obliegen (a, e): es obliegt jmdm. it is someone's duty
die **Obrigkeit** officials, authorities
öde barren
offenbar apparently
öffentlich public
ohnehin anyway
die **Ohnmacht** unconsciousness
das **Ohr, -en** ear; **jmdm. in den Ohren liegen (a, e)** to nag someone
Ohropax type of earplugs
die **Ortschaft, -en** town; **außerhalb geschlossener Ortschaften** outside city limits

+**packen** to grab (2)
der **Pantoffel, -n** slipper
paritätisch equally
der **Passant, -en** passer-by
der **Pavian, -e** baboon
peinigen to torture
das **Pfand** deposit
die **Pfandflasche, -n** bottle with deposit
pferchen to pen in
der **Pferdefuß** catch, snag (lit: clubfoot)
pflegen zu sagen to always say; +**pflegen** to maintain (5); die **Pflege** care
der **Pickel** pimple
die **Pinselmarke, -n** brush stroke
der **PKW (Personenkraftwagen)** passenger car
plakatieren to publicize
das **Planquadrat, -e** sector (on a grid)
plastisch three-dimensional (3)

254 Vocabulary

der **Plauderton**   conversational tone; **in leichtem Plauderton**   casually
prägen   to shape
der **Prall**   thud
die **Probe, -n**   trial, test; **die Probe überstehen**   to pass the test; **auf Probe**   provisional(ly)
der **Produktionsmangel, ⸚**   production defect
die **Profilspur, -en**   tire track
protokollieren   to take down for the record, record
+**prusten**   to blow (12)
der **Psychotherapeut, -en/die Psychotherapeutin, -nen**   psychiatrist
+das **Pult, -e**   music stand (3)
pusten   to blow

quälen   to torture; **die Qual, -en**   pain, ordeal; **Gewissensqual**   pangs of conscience
die **Qualmwolke, -n**   cloud of smoke
die **Quartiergruppe, -n**   sit-in group

der **Rahmen, -**   scope
den **Rang einnehmen**   to take on importance
der **Rasterpunkt, -e**   dot
der **Ratekrimi, -s**   murder mystery game
das **Rätsel, -**   puzzle
raufen   to pluck, pull; **sich die Haare raufen**   to tear one's hair
der **Rausch, ⸚e**   high (from drugs)
+**rauschend**   swelling (3)
das **Rauschgift, -e**   drug(s), dope
sich **räuspern**   to clear one's throat
+der **Realabbau**   reduction (2)
realpolitisch   pragmatic
das **Rebhuhn, ⸚er**   partridge
die **Rechnung, -en**   calculation; **die Rechnung ging nicht auf**   something went wrong
die **Rede, -n**   conversation, topic (6)
der **Reetdachdecker, -**   roofer of thatched roofs
regungslos   motionless
reichen   to be sufficient
reiflich   thorough(ly)
die **Reihenfolge, -n**   order
der **Reinfall**   "bust" (colloquial)
reizen   to invite, entice

sich **rekeln**   to loll around
der **Renter, -/die Rentnerin, -nen**   pensioner
sich **rentieren**   to be worth it
restlos   completely
richten   to judge
der **Richter, -/die Richterin, -nen**   judge
rinnen (a, o)   to run
das **Rinnsal, -e**   trickle
die **Rispe, -n**   panicle (botanical)
roh   rough
die **Rohheit, -en**   brutality
die **Rohstoff-Rückgewinnungsanlage, -n**   Raw Materials Recycling Center
der **Rolladenbauer, -**   maker of shutters
der **Röntgenstrahl, -en**   x-ray
die **Rübe, -n**   turnip; +head (colloquial) (9)
ruchlos   infamous
der **Ruck**   jolt
der **Rücklauf**   return
die **Rücksicht, -en**   consideration
sich **rühmen**   to boast
das **Rührei**   scrambled eggs
runderneuern   to retread
die **Rundumversorgung**   complete care
rüstig   able-bodied
rutschen   to scoot, slide

sachgerecht   expertly
sachlich unabweisbar richtig   factually, undeniably correct
die **Sachverhalte** (*pl.*)   circumstances
der **Sachverstand**   expertise
der/die **Sachverständige** (*noun decl. like adj.*)   expert
die **Sackgasse, -n**   dead end street
sage und schreibe   no less than
+**salopp**   off the cuff (7)
samt   including
satt   complacent; **ich hab's langsam satt**   I'm getting tired of it
der **Sattler, -**   upholsterer
die **Säure, -n**   acid
sausen   to rush, dash
schablonenmäßig   according to pattern
der **Schädelbruch, ⸚e**   skull fracture
der **Schaden, ⸚**   loss; **den Schaden hatte wieder einmal der Baron**   the Baron was the loser again (7)
der **Schadstoff, -e**   pollutant
schaffen   to bring

die **Schallschutzwand, ̈-e** sound insulation wall
die **Schamesröte ins Gesicht treiben** to make blush
die **Schar, -en** group
das **Schaschlik** shishkabob
schätzen to appreciate, estimate; die **Schätzung, -en** estimate; **Schätzungen zufolge** according to estimates
schauen: nach dem Rechten schauen to check up on things
der **Schauer, -** shudder
die **Scheibe, -n** target
der **Scheinwerfer, -** headlight
schellen to ring the doorbell
die **Scherben** (*pl.*) pieces of glass
der **Scherge, -n** constable
der **Scherz, -e** joke; **ähnliche Scherze** similar things (colloquial) (4)
scheuen to dread, shun
der **Schiettopf, ̈-e** chamber pot (vulgar) (8)
der **Schlachter, -** butcher
der **Schlag, ̈-e** blow
das **Schlagwort, ̈-er** catchword
die **Schlamperei, -en** carelessness
schlechterdings simply
die **Schlehe, -n** sloe berry, wild plum
der **Schleier, -** veil
das **Schlepptau, -e** tow rope; **im Schlepptau** in tow
schleudern to hurl
schlicht simple, simply
die **Schleife, -n** bow
schließen (o, o) (einen Vertrag) to agree to (a contract), enter into (a contract)
sich **schlingen (a, u)** to tie oneself
der **Schlupfwinkel, -** hiding place
der **Schlüsselbegriff, -e** key word
schmackhaft tasty
schmelzen (i; o, o) to melt
der **Schmierstoff, -e** lubricating agent
der **Schnaps, ̈-e** a type of hard liquor; +alcoholic drink (5)
schnattern to cackle
der **Schnellimbiß, -sse** fast-food place
die **Schnitzeljagd** paper-chase (an outdoor game)
+das **Schnupfen** snorting (drugs) (5)
schnuppern to sniff; +to search (4)
der **Schöffe, -n** juror

der **Schöpfer, -** creator
der **Schoß, ̈-e** lap
der **Schrebergärtner, -** home gardner
der **Schrecken, -** shock
schreien (ie, ie): wie am Spieß schreien to yell bloody murder (8)
schreinern to do carpentry
der **Schuldbeweis, -e** proof of guilt
schuldig sprechen (i; a, o) to find guilty
der **Schutz** protection
der **Schutzengel, -** guardian angel
der **Schutzmann, ̈-er** policeman
die **Schutzmaßnahme, -n** protective measure
schwachsinnig moronic
schweben to be suspended, float; **in Lebensgefahr schweben** to hover between life and death
schwefelhaltig sulfurous
Schweinerei! how disgusting!
der **Schweißtropfen, -** bead of perspiration
die **Schwelle, -n** threshold
+**schwindelnd** lofty (4)
schwinden (a, u) to wane, dwindle
+sich **sehen lassen können** to be impressive (4)
die **Sehnsucht, ̈-e** longing
der **Seiler, -** ropemaker
seinerseits he himself
die **Sektflasche, -n** champagne bottle
der **Sektierer** member of a sect
selbstbewußt self-assured
das **Selbstbewußtsein** self-esteem
der **Selbstgestaltungsversuch, -e** attempt at self-realization
selbstgezogen home-grown
selbstherrlich self-righteous(ly)
die **Selbstverteidigung, -en** self-defense
der **Sellerie** celery
die **Seuche, -n** epidemic
der **Sicherheitsgurt, -e** safety belt, seatbelt
einen Silberblick haben to be cross-eyed
die **Sintflut** the Flood
die **Sitten** (*pl.*) manners; **gegen die guten Sitten verstoßen** to ignore good manners
der **Sitz, -e** headquarters
sitzen (a, e): in Haft sitzen (a, e) to be in jail

+**skandieren** to chant (2)
die **Sofortmaßnahme, -n** emergency measure
der **Spaltenboden, ⸚** grated floor
spannen to stretch; **die Spannung, -en** tension
die **Sparbüchse, -n** piggy bank
der **Spaßvogel, ⸚** joker
der **Speicher, -** attic
die **Spindel, -n** spinning wheel
die **Spinne, -n** spider
spinnen (a, o) to spin; '**du spinnst ja**' you're crazy (12)
der **Spott** mockery
der **Sprachverfall** language decay
spreizen to spread
der **Spritverbrauch** gasoline usage
die **Spritze, -n** shot, fix (drugs)
das **Spritzen** shooting up (drugs)
der **Spruch, ⸚e** saying (1), expression (12)
die **Spule, -n** reel, spool; +**die alte Spule** the same old thing (12)
die **Spur, -en** trail, trace; **jmdm. auf die Spur kommen** to uncover someone
spüren to feel, sense
der **Staatsanwalt, ⸚e** district attorney
der **Stachel, -n** stinger
die **Stachelbeersauce, -n** gooseberry sauce
der **Stacheldrahtzaun, ⸚e** barbed-wire fence
stachlig prickly
die **Stadtverwaltung, -en** city government
ständig constantly, continually
starr stiff
der **Starrsinn** stubbornness
statthaft permitted
stattlich impressive
der **Staub** dust
stechen (i; a, o) to sting
stehen (a, a): hoch im Kurs stehen to be desirable
steigern to raise, increase; **sich steigern** to escalate
der **Steinbutt, -e** turbot
der **Steinmetz, -e** stone mason
der **Stellvertreter, -** representative
das **Steueramt** tax bureau (similar to Internal Revenue Service)
das **Steuermittel, -** taxes
das **Stichwort, ⸚er** key word

stickstoffreich nitrogen-rich
die **Stiftung, -en** foundation
der **Stiftungsrat, ⸚e** Foundation Board of Directors
stimmen; jmdn. nachdenklich stimmen to make a person think
stirnrunzelnd frowning(ly)
stöhnen to groan
störend disturbing
der **Strand, ⸚e** beach
das **Strandbad, ⸚er** public pool
strapaziös strenuous
die **Straßenverkehrsordnung** traffic regulations
auf den Strich gehen to work as a prostitute
+die **Studentenkantorei** student organists (3)
der **Studienrat, ⸚e** teacher (at a Gymnasium)
stupsen to nudge
der **Sturzhelm, -e** crash helmet
die **Sucht** addiction
der/die **Süchtige** (*noun decl. like adj.*) addict
die **Süchtigkeit** addiction
der/die **Suchtkranke** (*noun decl. like adj.*) addict
die **Suchtüberwindung, -en** overcoming an addiction
der **Suff** boozing
summen to hum; **das Summen** buzzing

der **Tadel, -** reproach
die **Tagung, -en** conference
der **Taktstock, ⸚e** baton
die **Tanne, -n** spruce
tapezieren to wallpaper
tarnen to disguise
der **Taschenspielertrick** sleight of hand
tasten to grope
der **Tatbestand, ⸚e** infraction; **die anderen Tatbestände** all other infractions
der **Tatort, -e** scene of a crime
taub deaf; **sich taub stellen** to pretend to be deaf
tauschen to exchange, trade
der **Teer** tar
der **Teilhaber, -** partner

das **Tempotaschentuch,** ¨er   tissue (similar to Kleenex)
das **Terrain**   ground; **auf steuerrechtlichem Terrain**   concerning tax laws
der **Tiefkühltote** (*noun decl. like adj.*)   quick-frozen dead person
die **Tierärztekammer**   Veterinary Association
das **Tierschutzgesetz, -e**   animal protection law
die **Tollwut**   rabies
tölpelhaft   simplistic
töpfern   to make pottery
'toten Käfer' spielen   to play dead (*lit:* dead bug)
der **Totenschein, -e**   death certificate
das **Traben**   footsteps (trot)
trächtig   pregnant (used only for animals)
+**tragen (ä; u, a)**   to be valid (2)
die **Trägheit**   laziness
der **Tränengaswerfer, -**   teargas launcher
das **Transparent, -e**   banner
der **Trauergottesdienst, -e**   memorial service
die **Traufe, -n**   rain gutter; **vom Regen in die Traufe**   "from the frying pan into the fire"
+**treffen (i; a, o)**   to affect (11); **getroffen**   spoken to, affected by
treiben (ie, ie)   to drive; **jmdn. zu etwas treiben**   to induce someone to do something; **sich treiben lassen**   to let oneself drift; +**treiben**   to play (7); **das Treiben**   activity, goings-on
der **Trost**   comfort
der **Tröster, -**   consoler
die **Trostlosigkeit**   dreariness
das **Trottoir, -s**   sidewalk
der **Trotz**   defiance; **zum Trotz**   despite
trüb   cloudy; **die Trübung, -en**   cloudiness
die **Truhe, -n**   chest
der **Trumpf**   trump (card); **den Trumpf ausspielen**   to play one's trump
der **Tugendwächter, -**   watchdog of virtue
der **Tümpel, -**   pool
die **Tüte, -n**   bag

der **Übeltäter, -**   villain
überein·kommen (a, [ist] o)   to agree
überfallen (ä; ie, [ist] a)   to surprise, come over
überfeinert   over-refined
überflüssig   superfluous, unnecessary
+**überfordern**   to tax (3); **überfordert**   excessively burdened (10)
die **Übergangsfrist, -en**   transition period
über·gehen (i, [ist] a) zu etwas   to switch over to something
überheblich   arrogant
überholen   to pass (on a road)
der **Überholvorgang,** ¨e   passing maneuver
überlaufen (*adj.*)   full
überlegen   to think over
überlegen (*adv.*)   superior; **die Überlegenheit**   superiority
überlegt   prudently
+**überliefern**   to turn over to (4)
die **Überschlagschaukel, -n**   loop-the-loop ride
+**überstehen (a, a)**   to pass (8)
übertreiben (ie, ie)   to exaggerate
übertreten (i; a, e)   to violate
überweisen (ie, ie)   to refer
sich **überwerfen (i; a, o)**   to have a falling-out
überwinden (a, u)   to overcome
die **Überzeugung, -en**   conviction; **zu der Überzeugung gelangen**   to become convinced
der **Überzieher**   overcoat
um·denken, ·dachte, ·gedacht   to change one's way of thinking
der **Umfang**   extent
um·fassen   to comprise
umfassend   extensive
das **Umfeld**   environment
der **Umgang**   contact; **Umgang mit**   dealing with
die **Umgebung, -en**   environment
um·gehen (i, [ist] a) mit jmdm. (freundlich)   to treat a person (friendly)
umschlingen (a, u)   to embrace
um·setzen   to convert
umsonst   for free; +**nicht umsonst**   that's why (11)
umsorgen   to care for
sich **um·stellen**   to adapt; **die Umstellung, -en**   change
umstritten   disputed

um·stürzen to fall down (over)
die Umwälzung, -en revolution
die Umweltgefährdung, -en danger to the environment
der Umweltschutz environmental protection
die Unachtsamkeit, -en lack of attention
unanständig indecent
unaufhörlich incessantly, continuously
die Unaufrichtigkeit, -en insincerity
unausweichlich inescapable, unavoidable
unbedingt definitely
unbefriedigt unfulfilled
unbeirrt unperturbed
unbeschwert carefree
unbeweibt unattached (without a wife)
die Unbotmäßigkeit, -en unruliness
der/die Unerwägte (*noun declined like adj.*) diehard
der Unfall, ⸚e accident; +erhöhte Unfallbelastung increase in accidents (9)
die Unfallflucht hit and run
ungerecht unjust
die Ungezwungenheit, -en ease
ungünstig adverse
das Unkraut weed(s); überdüngtes Unkraut overfertilized weeds
unmittelbar immediately; die Unmittelbarkeit immediacy
unnachahmlich matchless, inimitable
der Unrat rubbish
+die Unschädlichkeitsversicherung assurance of wholesomeness (10)
unter·bringen, ·brachte, ·gebracht to place, store; die Unterbringung -en quarters (11)
unterhalb below
unterhalten (*adj.*) entertained
unterhalten (ä; ie, a) to entertain, converse; +to maintain (7)
+unterliegen (a, e) (*dat.*) to be subject to (11)
der Unterschlupf, ⸚e refuge
unter·tauchen to disappear
unterwandern to infiltrate
unterwerfen (a, o) (*dat.*) to be subject to
sich unterziehen (o, o) einer Sache (z.B. Prüfung) to undergo, undertake something

+unübersichtlich blind (9)
unumstößlich irrevocable
unveräußerlich unsalable; inalienable
+unverschämt undeserved (1)
+unverzichtbar sein not to be relinquished (11)
unvorhersehbar unexpected
die Unzufriedenheit, -en dissatisfaction, discontent
die Urahnen (*pl.*) ancestors
die Uraufführung, -en première
die Urform, -en original
die Urhorde, -n first tribe
der Urmensch, -en primitive man
das Urrecht, -e basic right

sich verabschieden to take leave
verankert; in einem Gesetz verankert embodied in a law
veranlagen to assess taxes
die Veranlagung, -en talent; predisposition
der Veranstaltungskalender, - calendar of activities
verarbeiten to process
+verbindlich courteous (1)
verblüffend amazing
der Verbund connection
verdächtigen to suspect; verdächtig suspicious; der Verdächtigte (*noun decl. like adj.*) suspect; der Verdacht suspicion
verdanken jmdm. etwas to owe something to someone
verderben (i; a, o) to spoil
der Verdienst, -e merit; Verdienst erwerben to be rewarded
verdrängen to repress; die Verdrängung, -en repression
verdreckt filthy
der Verdruß chagrin
vereinbaren to combine (4)
die Vereinnahmung, -en incorporation
das Verfahren, - method, procedure
die Verfassung, -en disposition
+verfremden to change (1)
verfügbar available
verfügen to order; zur Verfügung at one's disposal; zur Verfügung stehen to be available

verführen   to seduce
+vergeben   to miss (11)
vergebens, vergeblich   in vain
der Vergleich, -e   comparison
vergönnen   to allow
verhaften   to arrest
das Verhalten   behavior
sich verhalten (ä; ie, a)   to behave; **sich anders verhalten**   to behave differently; **sich verkehrswidrig verhalten**   to violate traffic rules
+verhaltensgerecht   fitting (11)
verhältnismäßig   comparatively, relatively
die Verhandlung, -en   hearing
verhelfen (a, o)   to help
verheißen (ie, ei)   to promise
verhöhnen   to ridicule
verhören   to interrogate; **das Verhör, -e**   interrogation
die Verkehrssünderkartei, -en   file of traffic violators
der Verkehrsverstoß, ⸚e   traffic violation
die Verkehrswacht   traffic control agency
verknüpfen   to link
verkrustet   incrusted
verlangen   to demand
verläßlich   reliable
der Verlauf   course
+verlegen   to install (2)
verlegen (*adj.*) **sein um etwas**   to be at a loss for something, embarassed; +**nicht verlegen sein um**   no need to worry about (4)
der Verleger, -   publisher
die Verleugnung, -en   denial
+verlöschen   to disappear (9)
der Verlust, -e   loss
vermachen   to leave to
sich vermehren   to propagate
vermeidbar   preventable
vermeintlich   supposedly
vermiesen   to spoil
die Vermittlung, -en   mediation
vermodern   to rot
vermögen, vermochte, vermocht   to be able to, can
vermuten   to suspect; **die Vermutung, -en**   supposition
vernehmen (i; a, o)   to interrogate
die Verordnung, -en   prescription, regulation

verpesten   to pollute
+verpfänden   to sell (7)
verpflichten   to obligate
sich verpuppen   change into a chrysalis
verrichten   to carry out
die Verringerung, -en   reduction
versagen   to fail
+Versäumtes   missed opportunities (2)
+verschaffen   to give (1)
verschandeln   to desecrate
verschlagen (ä; u, a): **die Sprache verschlagen**   to leave speechless
+verschmähen   to refuse (7)
verschreiben (ie, ie)   to prescribe
verschrotten   to scrap
verschwenden   to waste
verseuchen   to contaminate
versichern   to assure, insure
versklaven   to enslave
verspielt   lost
verspüren   to experience
der Verstand   understanding
verständigen   to make oneself understood; **sich verständigen**   to agree (12)
verständlich   comprehensible
verstatten jmdm. etwas   to allow someone to do something (archaic)
verstehen (a, a,): **sich zu etwas verstehen**   to agree to something
verstört   consternated, bewildered
der Verstoß, ⸚e   violation
verstoßen (ö; ie, o) gegen   to violate
verstreichen (i, i) (Zeit)   to pass (time)
der Versuchsansteller, -   applicant for experiments
verteidigen   to defend; **der Verteidiger,**   - defense attorney
der Verteidigungsminister   Secretary of Defense
verteilen   to distribute
verteufeln   to damn
+vertilgen   to devour (7)
vertrauen auf   to trust in; **das Vertrauen**   trust; **Vertrauen fassen** to develop trust
der/die Vertraute (*noun decl. like adj.*)   confidant
der Vertreter, -   representative, salesman
verunglücken   to have an accident
verurteilen   to sentence
vervielfältigen   to duplicate
vervollkommnen   to perfect

verwachsen (*adj.*) attached to, part of
verwechseln to confuse
verweigern to refuse, deny
verwenden, verwandte, verwandt to use; **sich verwenden für jmdn.** to put in a good word for someone
verwerten to utilize
verwickeln to involve
+**verwirken** to lose (7)
verwirklichen to fulfill
verwitwet widowed
verwöhnen to spoil
verwüsten to devastate, lay waste to
verzehren to consume, eat; **der Verzehr** consumption
verzeichnen to register
verzichten to do without, forego; **der Verzicht** giving up, renunciation
das Vesperbrot, -e sandwich
vielfältig varied
vierspurig four-lane
vollbringen, -brachte, -bracht to accomplish
vollenden to complete
vollklimatisiert fully air-conditioned
vollzählig all
sich vollziehen (o, o) to take place
von mir aus as far as I'm concerned
von vornherein from the onset
voraus·haben jmdm. etwas to have an advantage over, be ahead of someone
die Voraussetzung, -en prerequisite
die Voraussicht, -en expectation
+**vorbei·schnüren** to amble by (7)
das Vorbild, -er example, idol, role model
+**vor·bringen, ·brachte, ·gebracht** to tell (1)
die Vorfahrtsverletzung, -en right of way violation
der Vorfall, ⸚e incident
vor·führen to bring before
der Vorgang, ⸚e event
vor·geben (i; a, e) to allege
vor·gehen (i, [ist] a) to occur, go on, happen
der/die Vorgesetzte (*noun decl. like adj.*) boss
vorhanden existing
sich vor·kommen (a, o) to feel; +**sich verkohlt vorkommen** to feel ridiculed (9)
vor·liegen (a, e) to be present

vor·machen to show, demonstrate
vor·nehmen (i; a, o) to undertake
vornüber·sacken to slump forward
+**vorrätig** stored (1)
die Vorrichtung, -en special equipment
der Vorsatz, ⸚e resolution
vor·schreiben (ie, ie) to prescribe
vor·sehen (ie; a, e) to choose, plan
die Vorsorge care
sich vor·stellen (*acc.*) to introduce oneself (**ich stelle mich vor**)
sich vor·stellen (*dat.*) **etwas** to imagine something (**ich stelle mir etwas vor**)
die Vorstellung, -en idea, conception; **keine Vorstellung** no idea (1)
der Vortrag, ⸚e lecture
der Vorwand, ⸚e pretense
vor·werfen (i; a, o) jmdm. etwas to reproach someone with something
vor·ziehen (o, o) to prefer

+**wach** keen (11)
wach·rufen (ie, u) to arouse
das Wachstum growth
der Wachszieher, - candlemaker
wackeln to totter
wacker honest; **wackeres Handwerk** honest work
waghalsig foolhardy
wahr·nehmen (i; a, o) to recognize
der Waldbestand forest stand
die Wandlung, -en change
die Wärmedämmplatte, -n insulation
der Warmwasserbedarf need for hot water
die Warmwasserbereitung production of hot water
die Wäscheklammer, -n clothespin
wedeln to wag
die Wehrdienstverweigerung conscientious objection
sich wehren to defend oneself; **sich gegen etwas wehren** to fight against something
die Wehrpflicht draft; **allgemeine Wehrpflicht** compulsory military service
weihevoll solemn
der 2. Weihnachtstag December 26
die Weintraube, -n grape
die Weise, -n manner, way
weisen (ie, ie) to point out, show
+**weit ausholen** to go back a long way (10)
weitaus by far

weiter·führen to carry on
weitgehend mostly
sich **wenden, wandte, gewandt** to turn
die **Werbung, -en** advertising
+**wes Geistes Kind** what sort of person (6)
das **Wesen, -** creature
wesentlich essential
der **Wettläufer, -** runner
widerlegen to refute
widersinnig nonsensical
widersprechen (i; a, o) to contradict
widerstandsfähig resistant
das **Wiedergabeverfahren, -** copying process
+**wieder·geben (i; a, e)** to reflect (1); to give back, return
wiegend swaying
das **Wild** wild game
wissen (wußte, gewußt): Bescheid wissen to be knowledgeable
Freier Wohlfahrtsverband, ⸚e independent social service organization
das **Wohlleben** good living
die **Wortschöpfung, -en** word creation
die **Würde** dignity
würdig dignified
+der **Wurf, ⸚e** solution (5); litter (4); **der Tag des Wurfes** due date
wurzeln to derive from

zäh tough
zähflüssig viscous
zählen zu to be considered one of
die **Zauberei, -en** magic
z.B. = zum Beispiel for example
die **Zeche, -n** bill
der **Zeigefinger, -** index finger
zeitgenössisch contemporary
die **Zelle, -n** cell
das **Zeltlager, -** camping
zerfressen (i; a, e) to eat up
zergehen (i, a) to disintegrate
+**zermümmeln** to chew up (2)
zerschnipseln to shred
zerspringen (a, u) to crack
der **Zettel, -** leaflet
der **Zeuge, -n** witness
das **Zeugnis, -se** evidence

die **Ziege, -n** goat
+**ziehen (o, o)** to go (7)
ziemlich rather
zieren to decorate
die **Zigarettenkippe, -n** cigarette butt
der **Zimmermann, (-leute)** joiner
zischen to hiss
zögern to hesitate
zudem in addition
zu·erkennen, ·erkannte, ·erkannt jmdm. etwas to grant something to someone
+**zu·fallen (ä; ie, [ist] a)** to happen; +to achieve (2); **jmdm. fällt etwas zu** someone achieves something
die **Zuflucht** haven
zufrieden·stellen to satisfy, please
der **Zugang, ⸚e** access
im Zuge in the course of
zu·geben (i; a, e) to admit
zugegen present
zu·gehen (i, [ist] a) to happen
zu·gestehen (a, a) to admit; **Zugeständnis, -se** concession
+der **Zugführer, -** platoon leader (4)
die **Zugluft** draft
der **Zugriff, -e** grip, seizure; **auf das System Zugriff nehmen** to tap into the system
zu·kommen (a, [ist] o) auf jmdn. to come up to someone
zu·lassen (ä; ie, a) to allow (for)
zumal especially (since)
zumutbar tolerable
zu·muten jmdm. etwas to expect something of someone
die **Zunft, ⸚e** guild
+**zurück·greifen (i, i)** to go back in time (10)
zurück·reißen (i, i) to pull back (8)
sich **zurück·ziehen (o, [ist] o)** to retreat
+**zu·sagen jmdm.** to suit, please someone (11)
der **Zusammenhang, ⸚e** connection
sich **zusammen·nehmen (i; a, o)** to pull oneself together
sich **zusammen·reißen (i, i)** to pull oneself together
zusammen·setzen to put together
der **Zuschuß, ⸚sse** subsidy

zu·sichern   to promise
+zu·stecken   to give (2)
+zu·stoßen (ö; ie, [ist] o)   to happen to (1) (7)
zu·trauen jmdm. etwas   to believe someone capable of something
zu·treffen (i; a, o)   to be true
+zu·treiben (ie, ie)   to drive (6)
sich etwas zu·ziehen (o, o)   to develop

der **Zwang**   restriction
zwecks   for the purpose of
zwei Fliegen mit einer Klappe   "two birds with one stone"
der **Zwiespalt, ¨e**   doubt
zwinkern   to squint
das **Zwitschern**   chirping, twittering